考 古 新 视 野 丛 书

西周乐悬制度的音乐考古学研究

◉ 王清雷 著

文物出版社

目　录

序

    8 年前，一位清贫的农家子弟，因交通事故躺在病床上苦学了一年外语之后，以优异的成绩考上了中国艺术科学最高学府——中国艺术研究院研究生院，成为我的第一位音乐考古学专业硕士研究生；几年后又作为我的博士研究生，出色地完成了"西周乐悬制度的音乐考古学研究"课题；他就是本书的作者王清雷。本书，即他的博士学位论文。

    清雷的《西周乐悬制度的音乐考古学研究》，无疑是学术领域中的一个新课题。

    所以是新，不在于其研究对象"西周的乐悬制度"；也不在于一般考古学的研究方法；而在于运用音乐学的方法，对"西周的乐悬制度"这样一个古老的课题作一次考古学的全面审视。于是我们在清雷的著作中所看到的，已全然不是在以往论著中常见的、似曾相识的词语和论点；而是有关西周乐悬制度的一种新的认识和形象，是从音乐考古学角度对这一课题进行的系统、全面的开创性研究。

    西周乐悬制度的形成，的确并非如先秦典籍中所记载的：某一日，周公制礼作乐，于是一切都如《周礼》中记述的那样井然有序了。关于其形成过程，从它的萌芽孕育到略成雏形，从初步形成到发展、成熟，经历了一个漫长的发展过程。考古发掘出土的乐器，始终在顽强地发出这样的信息。西周乐悬制度的形成有着深刻的社会基础，其源头可以追溯到史前时期。龙山文化时代的陶寺铜铃和石磬，昭示了千年以后，以钟磬乐悬为代表的"金石之乐"时代的产生。商代末期，以编铙与编磬为主体的组合，已成乐悬制度的雏形。西周早期，以钟磬为代表、严格等级化的乐悬制度初步确立，并在西周中期得到进一步的发展，至西周晚期臻于成熟。本书着重从音乐考古学的角度出发，运用音乐学的理论与方法，对西周乐悬制度作较为系统的考察与研究，借以探索西周乐悬制度的真实历史面貌，颇多创见，在很大程度上充实和弥补了文献的失载。

传统的历史学研究，其史料基础主要是文献。引经据典、孤证不立，是其最常用和依赖的方法。既是"引经据典"，那么对认识还没有产生"经典"的时代的历史，就几乎无能为力。中国近代考古学产生以后，从地下发掘出来的大量考古学资料让人耳目一新。人们在惊愕之余，深感考古学对传统历史学的强大冲击力，人们从古书经籍的大量远古神话传说的梦境中，一步一步地走向历史的真实。不过，中国考古学在受到学术界的重视而获得长足发展、也在其为中国的历史科学不断作出重大贡献的同时，逐渐显露出今日中国考古学学科发展方面的一些不足来。

美国的路易斯·宾福德（Lewis Binford）是新考古学派的代表人物。1962 年，他发表了题为《作为人类学的考古学》一文，开门见山地指出"说明和阐释整个时空内的人类生存之物质及文化上的异同"是人类学的目的（译文见《当代国外考古学理论与方法》第 43～55 页，三秦出版社，1991 年），而美国的考古学就是人类学。在中国，虽然考古学从诞生之日起就与历史科学难分难解，因而成为历史科学的重要组成部分；但其所面对的研究对象与美国考古学并无二致，即同样是"古代人类社会生活中遗留下来的物质遗存"，亦即所谓的"考古遗存"。宾福德将"考古遗存"分成技术经济、社会技术和意识形态三类。即把整个文化系统分解为物质、社会和精神生活三个子系统。宾福德认为人工制品必须被当作整个文化系统的产品来考察。每一件人工制品不仅提供了关于经济的资料，也提供了关于社会组织和意识形态（审美意识和宗教信仰等）方面的资料。这是超越于前人的卓识。

在中国文化史上，周代文化占有着极其重要而特殊的地位。特别是西周初期开始建立的礼乐制度，对其后近 3000 年的中国社会及文化产生了深远的影响。今日考古发掘所获得的钟磬文物已是数以千计，有关的研究论著也已不在少数。但是，有关这些考古遗存的研究，有多少已经超越于时代判断和形制辨析的初级阶段，进而更深入地去探讨其背后所隐含的社会组织和意识形态方面的信息和学术意蕴呢？诸如清雷在这里所做的，将大量的钟磬礼乐实器，以音乐学的技术手段，用作为西周乐悬制度、乃至西周礼乐制度本身的实证呢？西周礼乐制度的核心内容之一是"乐"，"乐悬制度"即是这种制度的重要组成部分。乐悬，其本意是指必须悬挂起来才能进行演奏的钟磬类大型编悬乐器。周代统治者赋予钟磬类大型编悬乐器以深刻的政治内涵，形成了以钟磬为代表、严格等级化的乐悬制度。而今天的研究，大多还是停留在考古层位学和器物类型学所揭示的时代、形制、质地等表层内涵之上；而关于宾福德所说的社会组织和意识形态方面的探索，显然是没有获得应有的关注。

即便说编钟的断代问题，传统的做法是根据年代较为可靠的出土标本的形制纹饰，或纪年铭文资料作为断代的标尺。自上世纪初以来，如罗振玉、容庚、王国维、商承祚、于省吾、郭沫若、陈梦家等人，在商周青铜乐钟的研究上，都用此类方法取得了显著的成就。有关的研究还可以上溯到北宋以来众多的金石学家，如赵明诚、吕大临、薛尚功、王厚之等人。只是，今天看来他们的研究存在着一个重大的疏漏：研究的是"乐器"，却把乐器的主体内涵"音乐"丢掉了！所谓"乐器"，一般是指人们在音乐活动中创制和使用的发声器械。作为乐器的编钟，必然有着与其演奏方式相关的造型和结构设计；有着与其音乐性能相关的内部结构特征（如音梁）；有其在长期铸造实践中形成的乐钟独特的调音磨砺手法；更有着其与礼乐制度（当时的社会制度）和音乐艺术（意识形态）息息相关的音列音阶结构（如只用宫、角、徵、羽四声音列）不可分割的关系。

作为人类社会上层建筑、意识形态范畴的音乐艺术，人们在千万年来的艺术实践中抽象出如律制、音阶、旋律等深层内涵，无一不体现在这些尘封斑驳的考古遗存上；千百年来人们制作钟磬乐悬的实践，总结出青铜冶铸、合金配比、锉磨调音、腔体比例等令今人匪夷所思的精湛技艺，也无一不从这些钟磬古物上源源不断地透射出来。只是，在以往太多时候，我们的考古学却视而不见，更毋庸进一步探索其背后的社会组织和意识形态的深层蕴涵。严格说来，不是我们的考古学视而不见，而是今天的考古学研究工作者队伍中，缺少音乐家——音乐考古学家，缺少懂得运用音乐学的理论和方法进行考古学研究的专家。

音乐能"考古"吗？音乐考古学作为考古学的一个专门分支学科能成立吗？研究古代音乐的学问都属"音乐考古学"吗？这种种疑惑，不乏于文史界和考古界，也不乏于音乐理论界。中国音乐考古学与有着近 80 年发展历史的中国考古学相比，无论在一定质量和数量的专家队伍、基础理论的建设、系列成果的积累和较为系统的研究方法等方面，显露出其一定程度的年幼和不成熟。有些研究古谱学、乐律学史，甚至是研究音乐通史的学者，认为自己的工作，是考究中国古代的音乐状况，探讨其发展的规律，是否也应该归入"音乐考古"学？这是他们对于作为现代学科意义上的"考古学"认识不清所致。著名音乐学家黄翔鹏曾把《中国音乐文物大系》，评价为"是当前中国音乐考古学学科建设中最为宏大的工程",并指出音乐考古学"在人类文化史研究中,有其显而易见的不可替代的学术意义"。不难看出,他对音乐考古学学科的存在是确定不疑的。不过,他在论述到音乐考古学研究对象的特殊性这一问题时,也心存疑虑:"古代的陶瓷、丝绸织物、绘画和雕塑作品等,本身就是考古研究的对象。陶瓷考古、丝绸考古、美术考古的文物依据直接就是有关器物或艺术品本身,其考古学的描述和具像物体本相一致。但绝不可能'取出'任何一件'音乐作品',对它直接进行考古学的研究。从考古学现有严格定义说来,'音乐考古'一词,似乎难予认证,充其量只可说是'乐器考古'或'音乐文物遗存的考古'而已。"(《中国音乐文物大系·前言》,大象出版社,1996年)

确定音乐考古学的完整定义应该并不困难。《中国大百科全书·考古卷》有:"考古学是根据古代人类通过各种活动遗留下来的实物以研究人类古代社会历史的一门科学"(夏鼐、王仲殊)。《辞海》则定义为:"根据古代人类活动遗留下来的实物史料研究人类古代情况的一门科学。历史科学的一个部门。"音乐考古学应该是:根据古代人类通过各种音乐活动遗留下来的实物以研究人类古代社会音乐历史的一门科学。

音乐考古学比起一般考古学来,有其鲜明的特殊性。这一特殊性主要体现在其研究对象上。以美术考古为例,美术考古研究的对象,常常就是人类所创造的美术作品本身,如绘画、雕塑作品等。而音乐考古的对象却不可能是音乐作品本身。理由很清楚:其一,音乐艺术是音响的艺术,其以声波为传播媒介;表演停止,声波即刻平息,音乐也不复存在。其二,音乐又是时间的艺术,真正的音乐只能存在于表演的刹那间,古代的音乐作品只能存在于表演当时的瞬间。作为音乐考古学家永远无法以看不见、摸不着的某种特定的声波为研究对象,也无法将早已逝去的历史上的音响为其直接研究对象。

　　由于音乐考古学无法以音乐作品为其研究的直接对象，故黄翔鹏认为音乐考古学充其量只能称其为"乐器考古"，或"音乐文物的遗存考古"的观点，主要是出于对考古学这一概念理解上的偏颇。既然考古学"是根据古代人类活动遗留下来的实物史料研究人类古代情况的一门科学"。音乐考古学作为以古人音乐活动的遗物和遗迹为研究对象、并以此为据了解古人的音乐生活、从而阐明人类音乐艺术发展的历史和规律这样一门科学，是完全可以堂堂正正地纳入专业考古学学科行列的。艺术考古未必一定要以本门艺术的作品为其研究对象。

　　一门学科，或说一个学术部门，不外乎是主要借助一些特定的方法，通过对某些研究对象的研究，以达到一定的学术目的。音乐考古学除了主要借助音乐学的方法之外，需要强调的是，其研究对象，是"古代人类音乐活动遗留下来的实物史料"；其研究目的是"人类古代音乐情况"，或"人类古代社会音乐历史"。这是音乐考古学定义的两大要素，也是为这门学科的概念解惑的两把钥匙。

　　事实上，中国音乐考古学从 1930 年刘半农主持对北京清宫和天坛所藏编钟和编磬等古乐器的测音研究算起，也已经历了近 78 个年头。只是它真正的崭露头角，是在 1978 年曾侯乙墓的发现和发掘以后。其后如以黄翔鹏为代表的大量曾侯乙墓音乐考古学论文的发表、中国艺术研究院和武汉音乐学院相继设立音乐考古学专业、规模宏大的音乐考古学基础工程《中国音乐文物大系》的陆续出版、《文物》等国内重要文物考古理论杂志上有关音乐考古论文的陆续登载，以及国家文物局组织的一些大型考古学丛书中均设置了音乐考古学的专项等；这一方面说明了，中国数代音乐考古学家不懈努力所创造的成果，正逐步在中国学术领域中产生越来越大的影响；另一方面，作为独立于中国学术之林的专门学科中国音乐考古学，也正在获得社会的接纳和重视。

清雷的《西周乐悬制度的音乐考古学研究》，是中国音乐考古学学科建设历程中又一项可喜的新成就。中国考古学发展到今天，迫切需要清雷这样的新一代中国音乐考古学家！

王子初

2007 年 3 月 15 日
于北京天通西苑

绪　论

　　在中国文化史上,周代文化占有着极其重要而特殊的地位,特别是西周初期开始建立的礼乐制度,对其后近 3000 年的中国社会及文化产生了非常深远的影响。西周的礼乐制度是一套十分严密的封诸侯、建国家的等级制度。根据这套制度,西周的各级贵族在使用的配享、列鼎、乐悬、乐曲、舞队规格、用乐场合等方面,皆有严格的规定。乐悬制度,是西周礼乐制度的重要组成部分,也是西周礼乐制度的具体体现。乐悬,"是指必须悬挂起来才能进行演奏的钟磬类大型编悬乐器。"①西周统治者赋予钟磬类大型编悬乐器以深刻的政治内涵,形成了以钟磬为代表、严格等级化的乐悬制度,就像当时的列鼎制度一样不可僭越。"正乐悬之位,王宫悬,诸侯轩悬,卿、大夫判悬,士特悬。"②说的正是这方面的具体规定。本书试图以目前中国音乐考古所见的出土实物为基础,主要运用音乐考古学的理论与方法,结合文献学、乐律学、音乐声学、文物学、文字学等诸多学科,对乐悬一词的定位、西周乐悬制度的滥觞、形成、发展以及成熟过程,作较为系统的考察与研究。

---

① 　王子初:《中国音乐考古学》,第 143 页,福建教育出版社,2003 年。
② 　《周礼·春官·小胥》,《周礼注疏》卷二十三,《十三经注疏》(上),第 795 页,中华书局,1980 年。

一　乐悬厘定

　　"乐悬"一词,最早出现于《周礼·春官·小胥》,即"正乐悬之位,王宫悬,诸侯轩悬,卿、大夫判悬,士特悬,辨其声。"①对于"乐悬"一词的理解,古今学者聚讼不已,莫衷一是,代表性的观点主要有以下四种:

　　第一,钟、磬类乐器说

　　《周礼·春官·小胥》郑玄注:"乐悬,谓钟磬之属悬于簨簴者……钟磬者,编悬之,二八十六枚而在一簴谓之堵。钟一堵,磬一堵,谓之肆。半之者,谓诸侯之卿、大夫、士也。诸侯之卿、大夫,半天子之卿、大夫,西悬钟,东悬磬;士亦半天子之士,悬磬而已。"②那么,郑玄所言的"钟"是否包括镈呢? 首先,从"诸侯之卿、大夫,半天子之卿、大夫,西悬钟,东悬磬"来看,郑玄所言的"钟"并不包括镈。因为周代诸侯之卿、大夫是无权享用镈的,汉代诸侯之卿、大夫也是如此。例如西汉的山东章丘洛庄汉墓,墓主为曾做过吕国国王的刘邦之妻侄吕台③,该墓只出土 19 件编钟和 107 件编磬,无镈④;又如西汉的广东南越王墓⑤,也仅出土有 19 件编钟等乐器,无镈。这两位墓主均为地位显赫的诸侯王,他们都无权享用镈,汉代诸侯之卿、大夫就更没有这个资格了。其次,从《后汉书·礼仪

①　《周礼注疏》卷二十三,《十三经注疏》(上),第 795 页,中华书局,1980 年。
②　《周礼注疏》卷二十三,《十三经注疏》(上),第 795 页,中华书局,1980 年。
③　济南市考古研究所等:《山东章丘市洛庄汉墓陪葬坑的清理》,《考古》2004 年第 8期。
④　王清雷:《章丘洛庄编钟刍议》,《文物》2005 年第 1 期。
⑤　萧亢达:《南越王墓出土的乐器》,第 37 页,《西汉南越王墓文物特展图录》,(台湾)国立历史博物馆,1998 年。

志·大丧》所载"钟十六,无虡;镈四,无虡;磬十六,无虡"①来看,钟与镈是不同的两种乐器,钟不包括镈。因此,郑玄所谓的"乐悬"仅指编钟、编磬,没有镈。

第二,钟、磬、镈类乐器说

1.《仪礼·燕礼》唐·贾公彦疏云:"天子宫悬,诸侯轩悬,面皆钟、磬、镈各一虡;大夫判悬,士特悬,不得有镈。"②由此可见,贾公彦认为《周礼》所载"乐悬"应指钟、磬、镈类乐器。

2. 王子初从音乐考古学角度考证,认为《周礼》所载之"乐悬","是指必须悬挂起来才能进行演奏的钟磬类大型编悬乐器。"③其中的钟包括甬钟、纽钟、镈,④磬包括编磬和特磬⑤。

第三,钟、磬、镈、鼓类乐器说

1.《周礼·春官·小胥》贾公彦疏:"乐悬,谓钟磬之属悬于簨簴者。凡悬者,通有鼓、镈,亦悬之。"认为郑玄"直言钟、磬,不言鼓、镈者,周人悬鼓与镈之大钟,惟悬一而已,不编悬,故不言之。"⑥由此可知,贾公彦认为《周礼》所载"乐悬"不仅包括可以编悬的编钟、编磬,也包括"悬于簨簴","惟悬一而已"的鼓、镈。

2. 清·江藩⑦和台湾的曾永义⑧二位学者与贾公彦的观点一脉相承,同时又把特磬加入其中。二位学者又据《仪礼·大射》的记载绘制了大射乐悬图示。《仪礼·大射》载:"乐人宿悬于阼阶

---

① 《后汉书·礼仪下·大丧》(志第六),第 3146 页,中华书局,1965 年。
② 《仪礼注疏》卷十四,《十三经注疏》(上),第 1014 页,中华书局,1980 年。
③ 王子初:《中国音乐考古学》,第 143 页,福建教育出版社,2003 年。
④ 王子初:《中国音乐考古学》,第 144 页,福建教育出版社,2003 年。
⑤ 王子初:《中国音乐考古学》,第 164 页,福建教育出版社,2003 年。
⑥ 《周礼注疏》卷二十三,《十三经注疏》(上),第 795 页,中华书局,1980 年。
⑦ 江藩:《乐县考》(卷下),《粤雅堂丛书》,咸丰甲寅(1854)刻本。
⑧ 曾永义:《礼仪乐器考》,第 116～117 页,中国东亚学术研究计划委员会年报第六期抽印本(台北),1967 年。

东。笙磬西面，其南笙钟，其南镈。皆南陈。建鼓在阼阶西，南鼓。应鼙在其东，南鼓。西阶之西，颂磬东面，其南钟，其南镈。皆南陈。一建鼓在其南，东鼓。朔鼙在其北。一建鼓在西阶之东，南面。簜在建鼓之间，鼗倚于颂磬西纮。"①江藩、曾永义二位学者认为《周礼》所载"乐悬"不仅包括可以编悬的编钟、编磬，也包括"悬于簨簴"，"惟悬一而已"的鼓、镈和特磬。其中大射乐悬的鼓包括：鼙、鼗、建鼓。

第四，乐队说

王光祈指出："吾国古代所谓'乐悬'，殆与近代所谓'乐队'之意义相似。"②肖友梅③、杨荫浏④、刘再生⑤、金文达⑥诸位学者的看法与王光祈大致相同："乐悬"近似或等同于"乐队"。

那么以上四种观点哪种比较合理呢？先看第三种观点：钟、磬、镈、鼓类乐器说。

首先，贾公彦自己对这个概念的认识就有些矛盾。因为在第二种观点中，他认为《周礼》所载"乐悬"应指钟、磬、镈类乐器。而在这里，他把鼓又加入其中。笔者认为，这种观点有其合理一面，如钟、磬类乐器属于乐悬应该没有问题，把镈纳入乐悬的范畴也是有道理的。但有些方面仍需商榷。第一，周代的镈可以单件使用。但从音乐考古发现来看，更多镈则是成编使用的编镈，如眉县杨家

---

① 《仪礼注疏》卷十六，《十三经注疏》（上），第1028～1029页，中华书局，1980年。

② 王光祈（冯文慈、俞玉滋选注）：《王光祈音乐论著选集》（中册），第183页，人民音乐出版社，1993年。

③ 肖友梅：《17世纪以前中国管弦乐队的历史的研究》，《音乐艺术》1989年第2～4期。

④ 杨荫浏：《中国古代音乐史稿》（上），第33页，人民音乐出版社，1981年。

⑤ 刘再生：《中国古代音乐史简述》，第55页，人民音乐出版社，1995年。

⑥ 金文达：《中国古代音乐史》，第53页，人民音乐出版社，1994页。

村编镈(西周中期,3 件)①、秦公镈(春秋前期,3 件)②、郑子成周编镈(春秋晚期,8 件)③、太原赵卿墓编镈(春秋晚期,19 件)④等等,而非贾公彦所言"惟悬一而已,不编悬";第二,特磬是古代一种色彩性打击乐器,单件使用,产生于新石器时代晚期。从音乐考古发现来看,特磬在商代特别盛行,入周以后少见,逐渐为编磬所取代,东周时期已经难觅其踪。因此,笔者认为曾永义把特磬作为乡饮、乡射、燕礼等场合中"乐悬"的必备成员,⑤似乎有些绝对化;第三,把鼓作为"乐悬"之一,似乎不妥。郑玄注:"乐悬,谓钟磬之属,悬于簨虡者"。有些鼓虽然是"悬于簨虡",但并非"钟磬之属"。所以,这些鼓并非乐悬。江藩、曾永义二位学者认为《仪礼·大射》中涉及的鼓类乐器如鼙、鼗、建鼓也属于乐悬。那么我们就来看看这三种乐器。"鼙,小鼓也";⑥"鼗,如鼓而小,持其柄摇之,旁耳还自击";⑦建鼓,又称"楹鼓","楹,谓之柱贯中,上出也。"⑧可见,这三种鼓均非"悬于簨虡"。既然如此,又何来之"乐悬"? 显然,鼙、鼗、建鼓等并非"悬于簨虡"的鼓类乐器和一些可以"悬于簨虡"的鼓类乐器,应该是在周代的各种礼仪场合中,与"钟磬之属"的"乐悬"配合使用的一般乐器而已,并不包含在"乐悬"之

---

① 刘怀君:《眉县出土一批西周窖藏青铜乐器》,《文博》1987 年第 2 期。

② 卢连成、杨满仓:《陕西宝鸡县太公庙村发现秦公钟、秦公镈》,《文物》1978 年第 11 期。

③ 固始侯古堆一号墓发掘组:《河南固始侯古堆一号墓发掘简报》,《文物》1981 年第 1 期。

④ 山西省考古研究所、太原市文物管理委员会:《太原金胜村 251 号春秋大墓及车马坑发掘简报》,《文物》1989 年第 9 期。

⑤ 曾永义:《礼仪乐器考》,第 123～130 页,中国东亚学术研究计划委员会年报第六期抽印本(台湾台北),1967 年。

⑥ 《仪礼·大射》(郑玄注),《仪礼注疏》卷十六,《十三经注疏》(上),第 1029 页,中华书局,1980 年。

⑦ 《周礼·春官·小师》(郑玄注),《周礼注疏》卷二十三,《十三经注疏》(上),第 797 页,中华书局,1980 年。

⑧ 《礼记·明堂位》(郑玄注),《礼记正义》卷三十一,《十三经注疏》(下),第 1491 页,中华书局,1980 年。

内。

综上所述,从目前的音乐考古发现并结合音乐文献来看,对于周代乐悬的涵义,第二种观点,即钟、磬、镈类乐器说更为合理,其中王子初的观点更为全面。周代乐悬应该包括甬钟、纽钟、镈、磬。周代统治者赋予钟、磬类大型编悬乐器以深刻的政治内涵,形成了以钟、磬为代表,严格等级化的乐悬制度,就像当时的列鼎制度一样不可僭越。而乐队说则属于周代之后"乐悬"一词涵义的流变问题,本文暂不探讨。

二　以往研究成果述略

孔子云:"'礼云礼云',玉帛云乎哉?'乐云乐云',钟鼓云乎哉?"①的确,西周的乐悬制度并非仅仅是钟磬类礼乐器本身。它作为一种社会等级制度的重要载体,有着极其繁琐和丰富的政治内容。有关这一点,古今学者多有著述。所论涉及乐悬的用器制度、摆列制度和音列制度等几个重要方面。

第一,乐悬的用器制度

在西周乐悬制度中,不同等级的贵族在钟磬乐悬种类的配置方面享有不同的待遇。先看天子和诸侯之卿、大夫的乐悬配置。《周礼·春官·小胥》郑玄注:"钟磬者,编悬之,二八十六枚而在一簴谓之堵。钟一堵,磬一堵,谓之肆。半之者,谓诸侯之卿、大夫、士也。诸侯之卿、大夫,半天子之卿、大夫,西悬钟,东悬磬。"②《仪礼·燕礼》贾公彦疏云:"天子宫悬,诸侯轩悬,面皆钟、磬、镈各一

---

① 《论语·阳货》,《论语注疏》卷十七,《十三经注疏》(下),第 2525 页,中华书局,1980年。

② 《周礼注疏》卷二十三,《十三经注疏》(上),第 795 页,中华书局,1980 年。

虡；大夫判悬，士特悬，不得有镈。"①可见，郑玄、贾公彦均认为天子之卿、大夫的乐悬有钟有磬，诸侯之卿、大夫亦有钟有磬。近代王国维的意见则与其向反。其《释乐次》认为，只有天子、诸侯可以享用编钟，大夫有鼓无钟。根据是《仪礼·乡射礼》郑玄注"陔夏者，天子诸侯以钟鼓，大夫士鼓而已。"以及《仪礼·乡饮酒礼》郑玄注："钟鼓者，天子、诸侯备用之，大夫士鼓而已。"②今人杨华也认为："'金石之乐'是一种高规格等级标志，大夫以下一般不配享有。"他的根据也是"《乡射礼》和《乡饮酒礼》注'钟鼓者，天子、诸侯备用之，大夫士鼓而已。'"③今人曾永義的观点与以上诸家之说均有不同。他根据《仪礼·大射》的记载，认为天子和诸侯之卿、大夫的乐悬配置均为钟、磬、镈俱全，他们之间的等级区别只在于规模大小而已。④

有关士的乐悬配置，《周礼·春官·小胥》郑玄注："士亦半天子之士，悬磬而已。"贾公彦疏解释说："天子之士只有东方一肆二堵，诸侯之士半之谓取一堵或于阶间或于东方也。"⑤按此说，天子之士的乐悬配置有钟有磬，而诸侯之士则只有磬一堵。历代学者多从郑、贾之说。近代王国维⑥、今人杨华⑦则有不同看法。他们认为天子和诸侯之士均不能享用编钟，根据均为《仪礼·乡射礼》和《仪礼·乡饮酒礼》郑玄注。今人曾永義根据《仪礼·大射》的记载，认为天子和诸侯之士的乐悬配置为钟、磬、镈俱全，他们之间的

① 《仪礼注疏》卷十四，《十三经注疏》(上)，第1014页，中华书局，1980年。

② 王国维：《释乐次》，《观堂集林》(卷二)，第101页，中华书局，1959年。

③ 杨华：《先秦礼乐文化》，第113页，湖北教育出版社，1997年。

④ 曾永義：《礼仪乐器考》，第128～129页，中国东亚学术研究计划委员会年报第六期抽印本(台湾台北)，1967年。

⑤ 《周礼注疏》卷二十三，《十三经注疏》(上)，第795页，中华书局，1980年。

⑥ 王国维：《释乐次》，《观堂集林》(卷二)，第101页，中华书局，1959年。

⑦ 杨华：《先秦礼乐文化》，第113页，湖北教育出版社，1997年。

等级区别仅是规模的不同。①

　　天子和诸侯的乐悬配置如何呢？《周礼·春官·小胥》贾公彦疏："天子、诸侯悬皆有镈。今以诸侯之卿、大夫、士，半天子之卿、大夫、士言之，则卿、大夫直有钟、磬，无镈也；若有镈，不得半之耳。"②《仪礼·燕礼》贾公彦疏："天子宫悬，诸侯轩悬，面皆钟、磬、镈各一虡；大夫判悬，士特悬，不得有镈。"③可见，贾氏认为天子、诸侯的乐悬配置为编钟、编磬、镈俱全。历代学者，均从其说。除此之外，周天子所用之磬也非一般石料制成。《礼记·郊特牲》载："诸侯之宫悬而祭以白牡，击玉磬，朱干设锡，冕而舞大武，乘大路，诸侯之僭礼也。"④郑玄注："玉磬，天子乐器。"以此观之，周天子所用的乃为玉磬，而非一般的石磬。

　　关于钟磬乐悬的使用场合，主要见于各种祭祀仪式中。"国之大事，在祀与戎。"⑤《周礼·春官·大司乐》载："凡乐事，大祭祀，宿悬，遂以声展之。"贾公彦疏："直言大祭祀者，举大祭祀而言，其实中祭祀亦宿悬也，但大祭祀中有天神、地祇、人、鬼。中、小祭祀亦宿悬，至于飨食燕宾客有乐事，亦兼之矣。言宿悬者，皆于前宿豫悬之。"⑥可见，钟磬乐悬除了用于大、小祭祀活动，"飨食燕宾客有乐事亦兼之"。在这些仪式中，钟磬乐悬均属于常悬之乐。正如《礼记·曲礼下》所载："君无故玉不去身，大夫无故不撤悬，士无故不撤琴瑟。"⑦在周代乐悬

① 曾永義：《礼仪乐器考》，第128～129页，中国东亚学术研究计划委员会年报第六届抽印本（台湾台北），1967年。

② 《周礼注疏》卷二十三，《十三经注疏》（上），第795页，中华书局，1980年。

③ 《仪礼·燕礼》，《仪礼注疏》卷十四，《十三经注疏》（上），第1014页，中华书局，1980年。

④ 《礼记正义》卷二十五，《十三经注疏》（下），第1448页，中华书局，1980年。

⑤ 《左传》成公十三年，《春秋左传正义》，《十三经注疏》（下），第1911页，中华书局，1980年。

⑥ 《周礼注疏》卷二十二，《十三经注疏》（上），第790～791页，中华书局，1980年。

⑦ 《礼记正义》卷四，《十三经注疏》（上），第1259页，中华书局，1980年。

制度中,对于钟磬乐悬的使用还有一些禁忌。在一些特殊情况下,钟磬只是悬而不击,如"凡日、月食,四镇五岳崩,大傀异灾,诸侯薨,令去乐。"①《礼记·曲礼下》也载:"岁凶……祭事不悬。"孔颖达疏:"乐有悬钟、磬,因曰悬也。凶年虽祭,而不作乐也。"②《礼记·檀弓上》又载:"孟献子禫,悬而不乐,比御而不入"③等。还有一些情况下,不仅不能演奏钟磬乐悬,而且还要撤掉。如"大札、大凶、大裁、大臣死,凡国之大忧,令驰悬。"④"疾病,外、内皆扫。君、大夫撤悬,士去琴瑟"⑤等。

第二,乐悬的摆列制度

《周礼·春官·小胥》载:"正乐悬之位,王宫悬,诸侯轩悬,卿、大夫判悬,士特悬,辨其声。"⑥这是先秦典籍中关于周代乐悬摆列制度唯一较为系统的记载。郑玄注:"郑司农云:'宫悬四面悬,轩悬去其一面,判悬又去其一面,特悬又去其一面。四面象宫室四面有墙,故谓之宫悬;轩悬三面其形曲,故《春秋传》曰:'请曲悬,繁缨以朝,'诸侯礼也。……玄谓轩悬,去南面辟王也;判悬左右之合,又空北面;特悬悬于东方或于阶间而已。"⑦由此,人们对周代乐悬的摆列方式比较清楚了。根据等级的不同,周代乐悬的摆列方式分为四种:周天子为宫悬,摆列于四面;诸侯为轩悬,摆列于东、西、北三面,空南面;卿、大夫判悬,摆列于东、西两面,空南、北两面;士

---

① 《周礼·春官·大司乐》:《周礼注疏》卷二十二,《十三经注疏》(上),第791页,中华书局,1980年。

② 《礼记正义》卷四,《十三经注疏》(上),第1259页,中华书局,1980年。

③ 《礼记正义》卷六,《十三经注疏》(上),第1278页,中华书局,1980年。

④ 《周礼·春官·大司乐》:《周礼注疏》卷二十二,《十三经注疏》(上),第791页,中华书局,1980年。

⑤ 《礼记·丧大记》:《礼记正义》卷四十四,《十三经注疏》(下),第1571页,中华书局,1980年。

⑥ 《周礼注疏》卷二十三,《十三经注疏》(上),第795页,中华书局,1980年。

⑦ 《周礼注疏》卷二十三,《十三经注疏》(上),第795页,中华书局,1980年。

特悬，摆列于东面或阶间。至于每一面的规格，《周礼·春官·小胥》郑玄注："钟磬者，编悬之，二八十六枚而在一簴谓之堵。钟一堵，磬一堵，谓之肆。半之者，谓诸侯之卿、大夫、士也。诸侯之卿、大夫，半天子之卿、大夫，西悬钟，东悬磬。士亦半天子之士，悬磬而已。"①按此说，能确定的只有诸侯之卿、大夫的乐悬为西面一架编钟、东面一架编磬，诸侯之士只有一架编磬；而天子、诸侯以及天子之卿、大夫、士的乐悬，其每面的规格则不甚明了。对此，贾公彦在《仪礼·燕礼》中解释的比较明白："天子宫悬，诸侯轩悬，面皆钟、磬、镈各一虡；大夫判悬，士特悬，不得有镈。"②贾公彦此处所言的"大夫"、"士"应为天子之大夫、士。按照贾氏所言，天子、诸侯之乐悬每面都由编钟、编磬、编镈各一架组成，天子之大夫和士的乐悬没有镈，每面由编钟、编磬各一架组成。按照贾说：诸侯之卿、大夫半天子之卿、大夫，士半天子之士，则诸侯之卿、大夫、士乐悬的规格与郑说吻合，即诸侯之卿、大夫的乐悬为西面一架编钟，东面一架编磬；诸侯之士只有一架编磬。对于以上观点，曾永义根据《仪礼·乡饮酒礼》中的记载不认同郑玄、贾公彦所谓的诸侯之士为特悬，有磬无钟之说，而认为是钟磬俱全的判悬之制③。

堵与肆也是乐悬摆列制度中的重要内容。《周礼·春官·小胥》载："凡悬钟磬，半为堵，全为肆。"④但是到底何谓"堵"，何谓"肆"，语焉不详，历代学者见解不一。《周礼·春官·小胥》郑玄注："钟磬者，编悬之，二八十六枚而在一簴谓之堵。钟一堵，磬一堵，谓之肆。"⑤郑氏认为16件编钟或者编磬悬挂于一虡为一堵，一虡编钟和一虡编磬

---

① 《周礼注疏》卷二十三，《十三经注疏》（上），第795页，中华书局，1980年。
② 《仪礼注疏》卷十四，《十三经注疏》（上），第1014页，中华书局，1980年。
③ 曾永義：《礼仪乐器考》，第126～127页，中国东亚学术研究计划委员会年报第六届抽印本（台湾台北），1967年。
④ 《周礼注疏》卷二十三，《十三经注疏》（上），第795页，中华书局，1980年。
⑤ 《周礼注疏》卷二十三，《十三经注疏》（上），第795页，中华书局，1980年。

合称一肆。唐·孔颖达比较认同郑氏之说，不同之处在于他把郑玄的堵钟、堵磬合悬于一虡，这样的一虡即为一肆，单有编钟或者编磬均为半①。杜预则与郑、孔之说有别。《左传·襄公十一年》载："郑人赂晋侯以师悝、师触、师蠲……歌钟二肆，及其镈磬，女乐二八。"杜预注："肆，列也。悬钟十六为一肆，二肆三十二枚。"②杜预认为，肆为列，每肆16件，不包括编磬。也就是说，编钟可以单独称肆，与磬无涉。其后陈旸③、孙诒让④、徐元诰⑤、杨伯峻⑥、陈双新⑦均支持杜预的观点。所谓"堵"，《周礼·春官·小胥》贾公彦疏："云堵者，若墙之一堵"⑧，王国维与贾氏观点接近，"案堵之名出于垣墙，墙制高广各一丈谓之堵，钟磬虡之高，以击者为度，高广亦不能逾丈。"⑨今人黄锡全、于炳文则云："所谓'钟一肆'，可能是指大小相次的编钟一组，多少不等。……所谓'堵'，可能就是一虡（一排，似一堵墙），由上下三层或两层，邵钟'大钟八肆，其寚四堵'，可能就是八组大钟，分四虡（排）悬挂，每虡二层。郑玄所谓'二八在一虡为一堵'，可能是指一虡两层，一层 8 件。"⑩李纯一的观点与以上诸家均不相同，"其实先秦时期的堵肆并无严格区别，一套大小相次的编钟既可称之为堵，又可称之为肆。"⑪

①　《春秋左传正义》卷三十一，《十三经注疏》（下），第 1951 页，中华书局，1980 年。

②　《春秋左传正义》卷三十一，《十三经注疏》（下），第 1951 页，中华书局，1980 年。

③　陈旸：《周礼·小胥》训义，《乐书》卷四十五，光绪丙子(1876)刊本。

④　孙诒让：《周礼正义》，第 1831 页，中华书局，1987 年。

⑤　徐元诰撰　王树民　沈长云点校：《国语集解》，第 413～414 页，中华书局，2002 年。

⑥　杨伯峻：《春秋左传注》，第 991～992 页，中华书局，1990 年。

⑦　陈双新：《两周青铜乐器铭辞研究》，第 24 页，河北大学出版社，2002 年。

⑧　《周礼注疏》卷二十三，《十三经注疏》（上），第 795 页，中华书局，1980 年。

⑨　王国维：《汉南吕编磬跋》，《观堂集林》（别集卷二），第 1217 页，中华书局，1959 年。

⑩　黄锡全、于柄文：《山西晋侯墓地所出楚公逆钟铭文初释》，第 175 页，《考古》1995 年第 2 期。

⑪　李纯一：《中国上古出土乐器综论》，第 288 页，文物出版社，1996 年。

　　古今诸家对堵、肆分组标准以及组成件数，也是聚讼不清。对于堵、肆的分组，考古界原来多以铭文作为分组的标准。容庚曾指出："克钟、刑人钟都合两钟而成全文，则合两钟为一肆。虢叔编钟者沪编钟合四钟而成全文，则四钟为一肆；沪编钟第一组合七钟而成全文，则七钟为一肆。"[①]杨伯峻对此有不同看法，他认为："容庚……以铭文之长短为肆，亦似可商。……以实物证明，似可论断，音调音阶完备能演奏而成乐曲者始得为一肆。"[②]对于容庚之说，陈双新也予以否定，"从出土实物看，堵、肆与编钟全铭的组合形式无多大关系，如子犯钟两组十六件，每组八件合为全铭；晋侯苏钟两组十六件，合为一篇全铭；新出楚公逆钟一组八件，每钟全铭。"[③]

　　关于堵、肆的组成件数，《周礼·春官·小胥》郑玄注："钟磬者，编悬之，二八十六枚而在一簨谓之堵。"[④]《左传·襄公十一年》杜预注："悬钟十六为一肆。"[⑤]近人唐兰通过对一些编钟铭文的考释，认同郑、杜之说。"一组之编钟，当有两虡，虡各二列，列各八钟，正与十六枚为一堵之说合也。""周人尚八，古天子用八佾，八八凡六十四人；然则其乐钟亦当为八肆六十四钟也。"[⑥]对于郑、杜之说，虽有唐兰等少数学者表示认同，但多数学者如王国维、杨伯峻、李纯一、黄翔鹏等诸多学者还是提出质疑。王国维从簨虡的容量出发，指出"钟磬虡之高，以击者为度，高广亦不能逾丈。一丈之广，不能容钟磬十六枚或十九枚，此亦事理也。"[⑦]杨认为"郑玄等所

①　容庚、张维持：《殷周青铜器通论》，第74页，科学出版社，1958年。

②　杨伯峻：《春秋左传注》，第991～993页，中华书局，1990年。

③　陈双新：《两周青铜乐器铭辞研究》，第27页，河北大学出版社，2002年。

④　《周礼注疏》卷二十三，《十三经注疏》(上)，第795页，中华书局，1980年。

⑤　《春秋左传正义》卷三十一，《十三经注疏》(下)，第1951页，中华书局，1980年。

⑥　唐兰：《古乐器小记》，第77页，《燕京学报》第14期。

⑦　王国维：《汉南吕编磬跋》，《观堂集林》(别集卷二)，第1217页，中华书局，1959年。

注，以出土实物证之，皆不甚切合。"①李指出"迄今考古发现先秦实物无一例与之相合，足见郑、杜这些解释都不足为据。"②黄也认为"这些说法对于西周从三件一套到八件一套，春秋的九件一套、十三件一套，竟然到了无一数字相合的程度。说明它们并无多少实际根据，既非西周制度，也不是春秋制度。"③

　　第三，乐悬的音列制度

　　关于编钟的音列，目前已有多名学者进行过深入考察，如《新石器和青铜时代的已知音响资料与我国音阶发展史问题》④和《用乐音系列记录下来的历史阶段——先秦编钟音阶结构的断代研究》⑤、《西周乐钟的编列探讨》⑥、《两周编钟音列研究》⑦等。他们一致认为，西周编钟的音列均不出宫、角、徵、羽四声，不用商音。

　　对于西周编钟音列五声缺商的原因，历代方家多有论述，至今仍聚讼不已，莫衷一是。目前主要有四种观点：其一，《周礼·春官·大司乐》载："凡乐，圜钟为宫，黄钟为角，太簇为徵，姑洗为羽……凡乐，函钟为宫，太簇为角，姑洗为徵，南吕为羽……凡乐，黄钟为宫，大吕为角，太簇为徵，应钟为羽……"⑧。郑玄注："此乐无商者，祭尚柔，商坚刚也。"贾公彦疏："云此乐无商者，祭尚柔，商坚刚也者。此经三者皆不言商，以商是西方金，故云祭尚柔，商坚刚不用。若然，上文云：

①　杨伯峻：《春秋左传注》，第993页，中华书局，1990年。

②　李纯一：《中国上古出土乐器综论》，第288页，文物出版社，1996年。

③　黄翔鹏：《新石器和青铜时代的已知音响资料与我国音阶发展史问题》，《溯流探源——中国传统音乐研究》，第57页，人民音乐出版社，1992年。

④　黄翔鹏：《溯流探源——中国传统音乐研究》，第1～58页，人民音乐出版社，1992年。

⑤　黄翔鹏：《溯流探源——中国传统音乐研究》，第98～108页，人民音乐出版社，1992年。

⑥　陈荃有：《西周乐钟的编列探讨》，第29～42页，《中国音乐学》2001年第3期。

⑦　孔义龙：《两周编钟音列研究》，第11～49页，中国艺术研究院2005届音乐学博士学位论文。

⑧　《周礼注疏》卷二十二，《十三经注疏》(上)，第789～790页，中华书局，1980年。

'此六乐者皆文之以五声。'并据祭祀而立五声者，凡音之起由人心生，单出曰声，杂比曰音，泛论乐法以五声言之，其实祭无商声。"①可见，贾公彦认为周乐五声齐全，并非没有商音，只是因为"商坚刚"而不能用于祭祀音乐。《周礼·春官·大司乐》陈旸训义云："三宫不用商声者，商为金声而周以木王，其不用则避其所剋而已"。并进一步指出"周之作乐非不备五声，其无商声，文去实不去故也。"②也就是说，陈旸认为商与周是相克的关系，所以不用商音，但这仅仅是书面的规定，而在实际的演奏中商音是使用的，即所谓"文去实不去"。王光祈研究发现，《诗经》"三百篇之中罕有商调，惟《商颂》五篇始用商调。故特系在三百篇后，仿佛是一种附录之意。据说，周朝之所以不用商调，系因商调有一种杀声之故。"③王子初则认为周钟禁用商音，应是西周初期周公"制礼作乐"时订立的规矩。周灭商而王天下，商为周之大敌。作为宫廷礼乐重器的编钟，在国家祭祀的重大场合，自然绝不允许出现"商"音④。以上诸家虽角度不同，但均站在政治的高度，认为商音或者商调不利于周的统治，所以不用商音。其二，黄翔鹏认为周乐用商音而不用商调，对周钟不用商音作如是解："宫廷中至少已用全五声；不过，商声却不在骨干音之列。也就是说，西周宫廷音乐，无论其为五声或七声音阶，其可用于不同调式作为主音的音节骨干音却是：'宫一角一徵一羽'的结构。"⑤也就是说，黄先生认为编钟只是用于演奏骨干音，而"骨干音却是：'宫一角一徵一羽'的结构"，所以西周编钟上才没有商音。其三，今人孔义龙对此提出新的看法。他认为

_____

① 《周礼注疏》卷二十二，《十三经注疏》(上)，第789～790页，中华书局，1980年。

② 陈旸：《周礼·春官·大司乐》训义，《乐书》，光绪丙子(1876)刊本。

③ 王光祈：(冯文慈、俞玉滋选注)：《王光祈音乐论著选集》(下册)，第84页，人民音乐出版社，1993年。

④ 王子初：《晋侯苏钟的音乐学研究》，第29页，《文物》1998年第5期。

⑤ 黄翔鹏：《溯流探源——中国传统音乐研究》，第24页，人民音乐出版社，1992年。

对于西周编钟没有商音的问题出于政治上的考虑是可以的，但是"缺'商'问题的客观原因与主观问题是应该分清楚的"。"在西周编甬钟的音列中找不到'商'这个音，客观原因是在作弦上等分取音时不方便获取'商'音"[①]。并指出"到西周中、晚期这种一弦取音的方法趋于统一的时候，仍然将西周钟缺商的原因完全归结于对商的仇恨的结论尚待讨论。"[②] 其四，刘再生认为，西周编钟五声缺商的原因，在于周民族与商民族音乐习俗和审美观念的不同[③]。

此外，关于钟乐的宫调和旋宫转调问题，《国语·周语下》载："钟尚羽，石尚角，匏竹利制，大不逾宫，细不过羽。"[④] 黄翔鹏通过对出土实物的测音分析认为，"钟尚羽"还是有些道理[⑤]。而"'大不逾宫，细不过羽'未必完全是西周钟乐制度。'大不逾宫'可能是东周人对西周人的片面看法。"[⑥] 关于钟乐的旋宫转调，黄翔鹏认为在西周时期"并不存在在同一套编钟内完成旋宫的可能性。"[⑦]

_____

① 孔义龙：《两周编钟音列研究》，第 78 页，中国艺术研究院 2005 届音乐学博士学位论文。

② 孔义龙：《两周编钟音列研究》，第 21 页，中国艺术研究院 2005 届音乐学博士学位论文。

③ 刘再生：《中国古代音乐史简述》（修订版），第 92～94 页，人民音乐出版社，2006 年。

④ 徐元诰（王树民、沈长云点校）：《国语·周语下》第三，《国语集解》，第 110 页，中华书局，2002 年。

⑤ 黄翔鹏：《新石器和青铜时代的已知音响资料与我国音阶发展史问题》，第 25 页，《溯流探源——中国传统音乐研究》，人民音乐出版社，1992 年。

⑥ 黄翔鹏：《新石器和青铜时代的已知音响资料与我国音阶发展史问题》，第 41 页，《溯流探源——中国传统音乐研究》，人民音乐出版社，1992 年。

⑦ 黄翔鹏：《新石器和青铜时代的已知音响资料与我国音阶发展史问题》，第 52 页，《溯流探源——中国传统音乐研究》，人民音乐出版社，1992 年。

三 以往研究方法述评以及本文研究的意义

古今学者对西周乐悬制度的研究，主要还是沿用传统的"从文献到文献"的研究方法。文献的重要性自不待言。郑玄的"乐悬，谓钟磬之属，悬于簨簴者。"① 《周礼》的"正乐悬之位，王宫悬，诸侯轩悬，卿、大夫判悬，士特悬"② 等文献记载，给我们提供了关于周代乐悬制度的重要信息。

但文献的局限性也是学界共知的。如关于西周乐悬制度中不同等级的乐悬配置问题，史学大师王国维在《释乐次》一文中，根据《仪礼·乡射礼》郑玄注"陔夏者，天子诸侯以钟鼓，大夫士鼓而已"以及《仪礼·乡饮酒礼》郑玄注"钟鼓者，天子诸侯备用之，大夫士鼓而已"③ 两段文献记载，认为只有周天子和诸侯才可以享用编钟，大夫的乐悬是没有编钟的。但是从今天的音乐考古发现来看，不仅西周的天子和诸侯可以享用编钟，而且周天子的卿、大夫、士也是可以享用编钟的，只不过此非普遍现象或有僭越而已。再如对于编钟的堵肆问题，王国维从簨簴的容量出发，对郑、杜之说提出质疑。"钟磬虡之高，以击者为度，高广亦不能逾丈。一丈之广，不能容钟磬十六枚或十九枚，此亦事理也。"④ 也就是说，王国维认为一副簨簴无法悬挂 16 或 19 件编钟或编磬。今从音乐考古发现观之，王说值得商榷。如春秋晚期

---

① 《周礼注疏》卷二十三，《十三经注疏》（上），第 795 页，中华书局，1980 年。
② 《周礼注疏》卷二十三，《十三经注疏》（上），第 795 页，中华书局，1980 年。
③ 王国维：《释乐次》，《观堂集林》（卷二），第 101 页，中华书局，1959 年。
④ 王国维：《汉南吕编磬跋》，《观堂集林》（别集卷二），第 1217 页，中华书局，1959 年。

的王孙诰编钟，一副箅虡悬挂编钟 26 件①；曾侯乙墓编磬，一副箅虡悬挂编磬 32 件②；而曾侯乙编钟，一副箅虡悬挂编钟多达 65 件③。从"文献到文献"的研究方法之局限性可见一斑。

"夏礼吾能言之，杞不足徵也；殷礼吾能言之，宋不足徵也，文献不足故也，足则吾能徵之矣。"④ 可知早在孔子的时代，仅仅依靠文献来研究三代礼乐制度已经是困难重重。更何况我们今天所看到的先秦文献，仅是秦火之后的断简残编，又历经多次的传抄转载以及战火硝烟的洗礼。靠这样的文献史料来系统地研究西周礼乐制度，其难度可想而知。

"音乐考古学所依据的实物史料，比起古代的文字记载来，更为直接、更为可靠"⑤。那些出土的礼乐器就是当时礼乐制度的物化。"惟器与名，不可以假人，君之所司也。名以出信，信以守器，器以藏礼"⑥。因此，今人多改用音乐考古学与文献学相结合的研究方法，并取得了较为丰硕的研究成果。如曾永义的《礼仪乐器考》、王世民的《关于西周春秋高级贵族礼器制度的一些想法》、《春秋战国葬制中乐器和礼器的组合状况》、冯光生的《曾侯乙编钟若干问题浅论》等论著，对西周乐悬制度的研究均不乏创见。

当然，这些研究还停留于编钟的器型学研究层面，尚未进一

---

①　赵世纲：《中国音乐文物大系·河南卷》，第 87 页，大象出版社，1996 年。

②　王子初：《中国音乐文物大系·湖北卷》第 250 页，大象出版社，1996 年。

③　王子初：《中国音乐文物大系·湖北卷》，第 202 页，大象出版社，1996 年。

④　《论语·八佾》，《论语注疏》卷三，《十三经注疏》（下），第 2466 页，中华书局，1980 年。

⑤　王子初：《音乐考古学的研究对象和相关学科》，第 53 页，《中国音乐学》2001 年第 1 期。

⑥　《左传》成公二年，《春秋左传正义》卷二十五，《十三经注疏》，第 1894 页，中华书局，1980 年。

步关注到钟磬乐悬的音乐内涵，而这则是乐器研究的核心内容。如对痶钟编列的研究，考古界一般根据其形制纹饰的不同，将 21 件痶钟分为七式①，这并不符合作为一种旋律乐器编列的原貌。陈双新通过对其中 13 件有铭编钟的研究，认为是 8 件一肆，但是对无铭痶钟的编列问题则没有涉及。随着曾侯乙编钟的发掘和研究，许多音乐史学家把出土的钟磬开始纳入到音乐考古学的研究范畴，打破了仅仅停留在钟磬器型学研究的旧有模式，在西周乐悬制度和钟乐研究方面取得了许多突破性进展。如李纯一的《曾侯乙墓编钟的编次和乐悬》②、黄翔鹏的《新石器和青铜时代的已知音响资料与我国音阶发展史问题》③ 和《用乐音系列记录下来的历史阶段——先秦编钟音阶结构的断代研究》④、陈荃有的《西周乐钟的编列探讨》⑤、孔义龙的《两周编钟音列研究》⑥ 等等。其中《曾侯乙墓编钟的编次和乐悬》一文指出，"这个战国早期曲悬实例，不但它本身相当完整，编次清楚，而且它的主人身份、国别和年代也都很明确，这就使得我们对于当时的乐悬制度，以及'礼崩乐坏'情况，能够有一些确实而具体的了解。"⑦从曾侯乙墓乐悬来看，乐悬摆列方式与文献记载相符，为"三面其形曲"的轩悬。它以无可辩驳的事实证明周代乐悬制度的真实存在，为本文的撰写提供了有力的支持。笔者的《从山东音乐考

---

① 方建军：《中国音乐文物大系·陕西卷》，第 37～50 页，大象出版社，1996 年。

② 李纯一：《曾侯乙墓编钟的编次和乐悬》，《音乐研究》1985 年第 2 期。

③ 黄翔鹏：《溯流探源——中国传统音乐研究》，第 1～58 页，人民音乐出版社，1992 年。

④ 黄翔鹏：《溯流探源——中国传统音乐研究》，第 98～108 页，人民音乐出版社，1992 年。

⑤ 陈荃有：《西周乐钟的编列探讨》，第 29～42 页，《中国音乐学》2001 年第 3 期。

⑥ 孔义龙：《两周编钟音列研究》，第 11～49 页，中国艺术研究院 2005 届音乐学博士学位论文。

⑦ 李纯一：《曾侯乙墓编钟的编次和乐悬》，第 70 页，《音乐研究》1985 年第 2 期。

古发现看周代乐悬制度的演变》一文，曾以山东地区的音乐考古
发现所见的钟磬乐悬为基础，从音乐考古学角度对周代乐悬制度
的内容、功能及演变，作了一点初步的探索。

乐悬制度是西周礼乐制度的重要组成部分，在西周礼乐制度
和墓葬制度等课题研究中，占有着举足轻重的地位。有的学者甚
至认为，"青铜乐器在两周统治阶级使用等级的限制上比礼器更
为严格"①。其中的"青铜乐器"，就是指乐悬的重要成员编钟。
目前，史学界和考古界对周代列鼎制度的研究已经非常深入和全
面。但是与之地位同等重要的乐悬制度的研究，无论在深度上，
还是在广度上，都还远远不够。因此，对西周乐悬制度作较为全
面、系统的音乐考古学研究，是目前学术发展的迫切需要。它与
文献学相辅相成，犹如车之双轮、鸟之双翼，缺一不可，可以在
更大的程度上充实和弥补文献记载的局限。

从前文第二部分关于西周乐悬制度研究述略一段可知，有关
西周乐悬制度的探讨由来已久，至今方兴未艾。但由于缺乏可靠
的考古材料为依据，其中的很多问题一直聚讼未决。因此，占有
全面的钟磬实物资料，尤其是占有新的音乐考古资料，是本文研
究的前提和基础。如关于乐悬制度中摆列制度的探讨，即《周礼
·春官·小胥》所载："正乐悬之位，王宫悬，诸侯轩悬，卿、
大夫判悬，士特悬。"② 李纯一认为这"当是已经发展到定制的东
周后期的情况"③，具体说来应是春秋时期④，并非是西周时期。
他的证据是西周早期至西周末期的 5 座墓葬出土的乐悬，即陕西

① 陈双新：《两周青铜乐器铭辞研究》，第 156 页，河北大学出版社，2002 年。
② 《周礼·春官·小胥》，《周礼注疏》卷二十三，《十三经注疏》（上），第 795 页，中华书局，1980 年。
③ 李纯一：《先秦音乐史研究的两种基本史料》，第 36 页，《音乐研究》1994 年第 3 期。
④ 李纯一：《先秦音乐史》，第 90 页，人民音乐出版社，1994 年。

弢伯墓（BZM13）、弢伯各墓（BZM7）、弢伯觯墓（BRM1）、井叔墓（M157）、河南虢太子墓，与《周礼》所载不符。当时所见西周钟磬实物的数量虽然至少也在 200 件以上，但是出土于墓葬的寥寥无几；墓主身份、等级确定的就更少得可怜，对于全面认识西周的乐悬制度确实还存在着相当大的距离。李先生得出以上的结论也是就当时的材料而言。

    1992 年开始发掘的天马——曲村遗址，也就是晋侯墓地，对西周乐悬制度的研究掀开了崭新的一页，给笔者打开了研究西周乐悬制度的一扇大门。目前，晋侯墓地总共清理晋侯及其夫人的墓葬 9 组 19 座①，大多未被盗掘，许多墓葬均出土钟磬乐悬，弥足珍贵。9 代晋侯，从西周一直到春秋初年一直在此，代代相传，具有连续性，全国仅此一处。晋侯墓地是目前为止同时期、同规格的墓地中保存最完整、排列最清楚而且也是随葬品最丰富的一处，是研究西周乐悬制度最为可靠、重要和翔实的考古资料。此外，2003 年陕西眉县杨家村逨器（如逨盘、逨鼎等）的面世，使1985 年同地出土的编甬钟和编镈的器主和级别均得以确认。器主为单逨，其官职从管理四方虞林再到官司历人，应该属于大夫级别②。这为西周乐悬制度的研究又提供了一例非常珍贵的实物资料。笔者通过对这些钟磬乐悬的研究发现，《周礼》等文献中有关乐悬制度的记载与考古发现有不少相合之处，并非妄言。也有一些误载和失载。如《周礼》中"正乐悬之位，王宫悬，诸侯轩悬，卿、大夫判悬，士特悬"这段关于乐悬制度的记载，并非如一些学者所言"当是已经发展到定制的东周后期的情况"，乐悬制度在西周晚期已经发展成熟。

---

① 刘绪：《晋侯邦父墓与楚公逆编钟》，第 56 页，《长江流域青铜文化研究》，科学出版社，2002 年。

② 刘怀君：《眉县杨家村西周窖藏青铜器的初步认识》，第 35～38 页，《考古与文物》2003 年第 3 期。

　　需要说明的是，笔者主要以目前所见的西周钟磬乐悬资料为基础，从音乐考古学角度对西周乐悬制度的形成、发展以及成熟的过程作一些初步的考察研究。考古发现必然带有一定的偶然性。随着音乐考古学学科的不断发展，新的考古资料的不断出现，这一课题将得到进一步深化，笔者的认识也将日臻完善。

第一章　西周乐悬制度的滥觞

　　《说文》载:"礼,履也,所以事神致福也。"可见,"事神致福"的祭祀过程就是礼的起源过程。《礼记·礼运》载:"夫礼之初,始诸饮食,其燔黍捭豚,汙尊而抔饮,蒉桴而土鼓,犹若可以致其鬼神。"①可见,在礼制起源之初,礼和乐就统一于原始先民的祭祀活动之中,供物奉神("其燔黍捭豚,汙尊而抔饮")和用乐娱神("蒉桴而土鼓")成为祭祀活动中不可或缺的两个重要内容。孔子曾说:"殷因于夏礼,所损益可知也;周因于殷礼,所损益可知也。"②《史记·孔子世家》又载:"后虽百世可知也,以一文一质,周监二代,郁郁乎文哉,吾从周。"③可见,周礼不仅"因于殷礼",而且"周监二代",是在继承夏、商两代礼乐制度的基础上"损益"形成。所以,要想了解周礼,必须先研究"殷礼";要研究"殷礼",又要先考察"夏礼"。但是对于如何研究三代的礼乐制度,生长在 2500 多年前的孔子也慨叹不已:"夏礼吾能言之,杞不足征也;殷礼吾能言之,宋不足征也,文献不足故也,足则吾能征之矣。"④可知在孔子的时代,仅以文献来研究三代礼乐制度已经是相当困难。随着中国考古学的迅速发展,大量先秦时期的音乐文物不断出土,其中不乏众多的礼乐器。"从出土情况看,青铜礼器为少数人所占有,是他们权利和地

---

① 《礼记正义》卷二十一,《十三经注疏》(下),第 1415 页,中华书局,1980 年。
② 《论语·为政》,《论语注疏》卷二,《十三经注疏》(下),第 2463 页,中华书局,1980 年。
③ 《史记·孔子世家》卷四十七,第 1936 页,中华书局,1959 年。
④ 《论语·八佾》,《论语注疏》卷三,《十三经注疏》(下),第 2466 页,中华书局,1980 年。

位的象征。青铜礼器主要是一种政治工具,是商代政治制度——礼乐制度的物化形式,具有浓厚的上层建筑色彩,属意识形态产品。"①以此观之,那些出土的礼乐器均应为当时"礼乐制度"的物化,在相当程度上反映了三代礼乐制度的诸多信息。

所谓礼乐制度,一般是指西周初期产生的一种社会等级制度的专称,所谓"周公制礼作乐"者是也。而夏、商以及史前时期还没有"礼乐制度"一说。不过,从先秦文献来看,礼乐制度的涵义似乎没有这么狭隘。如先秦文献中频繁出现周礼、殷礼、夏礼以及夏前的虞礼等名词。这一个"礼"字,是否可以作为一种制度的名称来看? 如是,所谓的礼乐制度似可作广义解:其并非特指西周的礼乐制度,还可包括"夏礼"、"殷礼",甚至史前的"礼"。本文拟从此角度来应用这一概念。

在中国考古学的起步阶段,史学界对殷礼以及史前的礼乐制度大多持怀疑态度。随着近几十年中国考古学的迅猛发展,以及许多重大考古发现的面世,人们逐步走出"疑古时代",对于殷商礼乐制度已不再怀疑。至于史前的礼乐制度,学界还是保守者居多。随着陶寺遗址的发现与发掘,高炜在20世纪80年代末就大胆提出龙山时代已经形成的观点,②当时认同者不多。随着近几年考古学的发展和研究不断深入,越来越多的学者开始赞同高炜的观点,如王震中③、费玲伢④、徐艺、孟华平⑤等等。因此,笔者将第一节的题

---

① 徐良高:《文化因素定性分析与"青铜礼器文化圈"研究》,第232页,《中国商文化国际学术讨论会论文集》,中国大百科全书出版社,1998年。

② 高炜:《龙山时代的礼制》,第242页,《庆祝苏秉琦考古五十五年论文集》,文物出版社,1989年。

③ 王震中:《中国文明起源的比较研究》,第237页,陕西人民出版社,1998年。

④ 费玲伢:《淮河流域史前陶鼓的研究》,第58页,《江汉考古》2005年第2期。

⑤ 徐艺、孟华平:《中国礼乐文明之源——以史前乐舞遗存为例》,第9页,《东南文化》2003年第7期。

目定为"史前时期的礼乐制度"。

关于"礼乐器"一名，有人可能会认为当时出土的一些乐器或是法器，或是祭器，而称为"礼乐器"似不很合适。"龙山时代乐器的功能再一次发生衍化。并逐渐由巫术时代事神致福的原始宗教活动所使用的'法器'和'祭器'而演变成象征人伦与社会政治关系的宗教仪式用品——礼器。这一时期，具有礼器性质的乐器以陶寺遗址出土的陶鼓、木鼓、石磬为代表。"①而且，史前时期的鼍鼓、特磬都是象征王权的重器，它们组合在一起并不是仅作为一般的乐器，而是作为礼仪性的设施，象征着墓主人的等级身份和特权地位，这些乐器已经成为一种礼乐器②。因此笔者认为，既然礼乐制度在龙山时代已经形成，当时的鼍鼓、土鼓、特磬等乐器成为权力、地位的象征，并确已上升为一种礼器。因此名之曰礼乐器应该比较恰当，同时也可以与一般礼器相区别。

第一节　史前时期的礼乐制度

《史记·五帝本纪》载："禹践天子位，尧子丹朱、舜子商均皆有疆土，以奉先祀，服其服，礼乐如之，以客见天子。"③《世本·作篇》云："伏羲制以俪皮嫁娶之礼"。④《礼记·乐记》又载："五帝殊时，不相沿乐；三代异世，不相袭礼。"在《管子·封禅》、《史记·封禅书》中还记载了虞夏之前的无怀氏、伏羲、神农、炎帝、黄帝、颛顼、

---

① 黄厚明：《中国史前音乐文化区及相关问题初论》，第 46 页，《华夏考古》2005 年第 2 期。

② 印群：《黄河中下游地区的东周墓葬制度》，第 183～184 页，社会科学文献出版社，2001 年。

③ 《史记·五帝本纪》卷一，第 44 页，中华书局，1959 年。

④ 秦嘉谟（辑）：《世本八种》，商务印书馆，1957 年。

帝喾、尧、舜的封禅之礼。《尚书》中虞、夏书也将礼的起源追溯到五帝时代的虞礼。陈成国的研究更是把礼的起源追溯到虞夏之前①。如此说来，礼乐制度在夏代之前的五帝时期就已产生。对此，过去很多学者均持怀疑态度。严文明指出，"过去中国治古史传说的学者往往碰到许多时代颠倒、方位错置以及张冠李戴的情况无法作出正确的判断。于是对于所谓三皇五帝的说法产生怀疑，称之为传疑时代，或者干脆把它说成是伪古史。在史前考古学已经得到相当发展的今天，如果把传说资料同考古学文化结合起来进行比较研究，至少可以找到一个辨别真伪的立脚点。现在看来，司马迁《史记》从《五帝本纪》开篇，《尚书》从《尧典》编起并不是没有道理的，这一段历史应该很好的进行研究。"严老所说极是。"越来越多的考古发现和研究成果正在充分证明，依据古史记载的五帝时代事迹而传承数千年的中华五千年文明古国，并非只是一种传说，而是有真实的历史事实作为根据的。"②邹衡在考察二里头文化礼器的来源时指出：犹如周礼承继商礼、商礼承继夏礼一样，夏文化的礼制"可能是继承虞礼而来的"。也就是说，礼制在夏代之前应该已经产生。高炜则大胆提出，"礼乐制度形成于龙山时代"。③ 近年越来越多的学者认同高炜之说。但也有不同意见，印群认为龙山时代只是出现礼乐制度的萌芽而已④。哪种观点更为合理呢？

一　史前礼乐器的考古资料分析

中国音乐考古学的研究表明，史前时期的礼乐器已是数以百

---

①　陈成国：《先秦礼制研究》，湖南教育出版社，1991年。

②　郭人顺：《红山文化》，第378页，文物出版社，2005年。

③　高炜：《龙山时代的礼制》，第242页，《庆祝苏秉琦考古五十五年论文集》，文物出版社，1989年。

④　印群：《黄河中下游地区的东周墓葬制度》，第184页，社会科学文献出版社，2001年。

计。据笔者初步统计,到目前为止已达 200 余件。其中土鼓 207 件,鼍鼓 12 件,特磬 16 件(参见附表一、二)。在这些出土礼乐器的 史前墓葬中,绝大多数仅见土鼓、鼍鼓或特磬,有的墓葬伴出土鼓 和鼍鼓,少数大墓特磬、土鼓和鼍鼓共出。其中,襄汾陶寺遗址乐 器群,是目前中国上古礼乐制度初始阶段最重要、最完整的考古资 料。

第一,仅出土鼓的墓葬

土鼓,又称陶鼓,一种新石器时代即已产生的打击乐器。目 前,考古发现史前土鼓的实物多达 207 件(参见附表一),其中最早 的实物标本为大汶口北辛文化土鼓(5 件),距今约 6210 年①,更多 的则为新石器时代中晚期遗物。

有关土鼓的文献记载颇多。如《礼记·礼运》孔颖达疏:土鼓 为中古神农氏之器②。神农氏乃三皇之一,推测其生活的时代为新 石器时代早期,与山东的北辛文化相当。《礼记·明堂位》载:"土 鼓、蒉桴、苇籥,伊耆氏之乐也。"③《礼记·郊特牲》郑注云:"伊耆 氏,古天子号也,……或云即帝尧"。④《吕氏春秋·古乐》又载:"帝 尧立,乃命质为乐。质乃效山林、谿谷之音以歌,乃以麋𩍐冒缶而 鼓之。"⑤这是帝尧时期一种用麋革冒缶的土鼓。《世本·作篇》又 云:"夷作鼓"、"巫咸作鼓"。张澍按:"夷即黄帝次妃彤鱼氏之子夷 鼓。"巫咸,宋衷曰:"尧臣也。"⑥看来,关于土鼓的产生与流行时 期,文献记载与考古发现基本一致,这说明一些先秦文献记载还

---

① 山东省文物考古研究所:《大汶口续集——大汶口遗址第二、三次发掘报告》,第 54
  ~55 页,科学出版社,1997 年。

② 《礼记正义》卷二十一,《十三经注疏》(下),第 1415 页,中华书局,1980 年。

③ 《礼记正义》卷三十一,《十三经注疏》(下),第 1491 页,中华书局,1980 年。

④ 《礼记正义》卷二十六,《十三经注疏》(下),第 1453 页,中华书局,1980 年。

⑤ 《中国古代乐论选辑》,第 100 页,中央音乐学院中国音乐研究所,1961 年。

⑥ 秦嘉谟(辑):《世本八种》,商务印书馆,1957 年。

是有其真实性的。考古发现的 207 件
土鼓实物中,多数出于大中型墓葬,
有些出于大型祭祀遗址,少数见于灰
坑和居住遗址。其中陶寺遗址除出土
土鼓外,还共出有其他乐器,将单独
论述,其他仅出土鼓的史前墓葬主要
有如下 15 座。

图一　大汶口土鼓·M1018：24

1. 大汶口墓葬群(4 座)

1974 年,山东省文物考古研究所
对大汶口遗址进行了第二次发掘,出
土土鼓共计 12 件①。其中,北辛文化
5 件,分别出土于 H2、F2、5A 层(2
件)、6 层,时代为北辛文化晚期二段,距今约 6210 年;大汶口文化 7
件(图一),时代均为大汶口文化二期,距今约 5800～6000 年,分别
出自 4 座墓葬:M1018、M2007、M2011、M2018。下面把这 4 座墓
葬的考古资料列表如下(表一)。

表一　　　　　　　　大汶口出土土鼓墓葬资料一览表

墓葬号	时代	墓葬规模	随葬品
1018 号墓②	大汶口文化二期	墓长 2.96、宽 1.1 米,属中型大墓。	鼎、豆、杯、钵、壶、罐及石器和骨角器等 45 件。

---

① 山东省文物考古研究所:《大汶口续集——大汶口遗址第二、三次发掘报告》,科学
　出版社,1997 年;周昌福、温增源:《中国音乐文物大系·山东卷》,第 190 页,大象出
　版社,2001 年;何德亮:《大汶口文化的打击乐器——陶鼓浅析》,第 10～15 页,《东
　南文化》2003 年第 7 期;费玲伢:《淮河流域史前陶鼓的研究》,第 48～60 页,《江汉
　考古》2005 年第 2 期。

② 山东省文物考古研究所:《大汶口续集——大汶口遗址第二、三次发掘报告》,第 130
　页,科学出版社,1997 年。

2007 号墓①	大汶口文化二期	墓长 3.3、宽 1.9 米，属大型墓葬。	共计 45 件，其中随葬的 4 件钵形豆中均盛有猪骨，在墓室中还有一只猪蹄骨，墓主的左手部有獐牙勾 1 件。
2011 号墓②	大汶口文化二期	墓长 3.2、宽 1.65 米，属大型墓葬。	盆、鼎、觚形杯、壶、钵等 9 件。
2018 号墓③	大汶口文化二期	墓长 2.3、宽 0.55～0.95 米，属中型大墓。	陶器、石器、骨角器等 49 件。

从表一来看，在出土土鼓的 4 座墓葬中，M2007、M2011 均为大型墓葬，M1018 的规模与大型墓葬相差极微，M2018 为中型墓葬。可见，在大汶口墓葬中，土鼓仅出于大中型墓葬，应为少数高级贵族身份地位象征的礼乐器。

图二　野店土鼓·M22：18

2. 邹县野店墓葬群（10 座）

1971～1972 年间，山东省博物馆等单位对山东邹县野店村村南的大汶口和龙山文化遗址进行了考古发掘，出土土鼓共计 20 件（图二），其中 17 件出自墓葬。现把出土土鼓的 10 座墓葬的考古资料列表如下（表二）。

---

① 山东省文物考古研究所：《大汶口续集——大汶口遗址第二、三次发掘报告》，第 123 页，科学出版社，1997 年。

② 山东省文物考古研究所：《大汶口续集——大汶口遗址第二、三次发掘报告》，第 112 页，科学出版社，1997 年。

③ 山东省文物考古研究所：《大汶口续集——大汶口遗址第二、三次发掘报告》，第 115～116 页，科学出版社，1997 年。

表二　　　　　　邹县野店出土土鼓墓葬资料一览表

墓葬号	时代	墓葬规模	随葬品
36 号墓①	大汶口二期	墓残长 1.86、残宽 0.89 米,属小型墓葬。	觚形杯等 5 件。
1 号墓②	大汶口三期	墓长 2.35、宽 0.95 米,属中型墓葬。	鼎、钵等 9 件。
15 号墓③	大汶口四期	墓长 2.8、宽 1.57 米,属中型墓葬。	鼎、钵、觚形杯等 50 件,随葬的豆、鼎等器皿中常盛有猪骨。
22 号墓④	大汶口四期	墓长 2.33～2.45,宽 1.25～1.4 米,属中型墓葬。	鼎、豆、壶等随葬品达 62 件,另外还有猪下颌骨 1 个。
31 号墓⑤	大汶口四期	墓长 2.3、宽 1.75～1.84 米,属中型墓葬。	鼎、豆、觚形杯、壶、盆等 49 件。
35 号墓⑥	大汶口四期	墓残长 2.0、残宽 1.5 米,属中型墓葬。	鼎、豆、觚形杯、壶、盆等 54 件,另有整猪一架。
47 号墓⑦	大汶口四期	墓长 3.04、宽 1.75～2 米,属大型墓葬。	鼎、豆、杯等随葬品共计 70 件。其中,随葬猪下颌骨 3 个以及鸡、狗骨等。
48 号墓⑧	大汶口四期	墓残长 2.72、宽 1.3 米,属中型墓葬。	觚形杯、鼎、盉、钵等 25 件。
49 号墓⑨	大汶口四期	墓残长 3.5、宽 2.9 米,属大型墓葬。	觚形杯、鼎、豆、钵、象牙雕筒等 28 件。
50 号墓⑩	大汶口五期	墓长 2.95、宽 1.3 米,属中型墓葬。	觚形杯、鼎、豆、壶等 56 件。

从表二可知,在出土土鼓的 10 座墓葬中,小型墓葬只有 1 座

---

① 山东省博物馆、山东省考古研究所:《邹县野店》,第 172 页,文物出版社,1985 年。

② 山东省博物馆、山东省考古研究所:《邹县野店》,第 98～100 页,文物出版社,1985 年。

③ 山东省博物馆、山东省考古研究所:《邹县野店》,第 102 页,文物出版社,1985 年。

④ 山东省博物馆、山东省考古研究所:《邹县野店》,第 103 页,文物出版社,1985 年。

⑤ 山东省博物馆、山东省考古研究所:《邹县野店》,第 103～105 页,文物出版社,1985 年。

⑥ 山东省博物馆、山东省考古研究所:《邹县野店》,第 172 页,文物出版社,1985 年。

⑦ 山东省博物馆、山东省考古研究所:《邹县野店》,第 105 页,文物出版社,1985 年。

⑧ 山东省博物馆、山东省考古研究所:《邹县野店》,第 174 页,文物出版社,1985 年。

⑨ 山东省博物馆、山东省考古研究所:《邹县野店》,第 105～106 页,文物出版社,1985 年。

⑩ 山东省博物馆、山东省考古研究所:《邹县野店》,第 174 页,文物出版社,1985 年。

(M36)，中型墓葬有 7 座（M1、M15、M22、M31、M35、M48、M50），大型墓葬有 2 座（M47、M49）。而且 M15、M22、M48、M50 四座墓葬均属于中型墓葬中的大型墓葬。不难看出，在大汶口文化二、三期，土鼓见于小型墓葬（M36）或者随葬品很少的中型墓葬（M1），土鼓当时应该还只是一种普通的祭祀乐器。到了大汶口文化四、五期，随着贫富的分化，阶级的逐步形成，乐器的功能已经发生改变。这时的土鼓仅见于大、中型墓葬，已不仅仅是一种祭器，而是成为一种高级贵族身份、地位象征的礼乐器。

3. 民和阳山 23 号墓①

1980 年，青海民和阳山 23 号墓出土土鼓 3 件，时代为马家窑文化的半山—马厂过渡时期，年代约为公元前 2300 年左右。阳山墓地共发掘墓葬 230 座，出土陶器多达 2675 件。该墓属于大型墓葬，随葬品最多，数量近 50 件。阳山墓地出土土鼓数量稀少，仅见于随葬品较丰富的大墓中，当是氏族部落中上层统治人物所特有的器物。

从以上 15 座仅见土鼓的墓葬来看，只有 1 座墓葬属于小型墓葬（野店 M36），其余 14 座均属于大、中型墓葬。可见，在新石器时代的中期，土鼓已经成为氏族部落中少数高级贵族等特权阶层权力和地位的象征，是他们专用的礼乐重器，非为中小贵族所有。

第二，仅出鼍鼓的墓葬

鼍鼓，其实就是用鳄鱼皮蒙面的鼓。其鼓腔有的用陶土烧制，有的为木质。所以，鼍鼓也可以是一种土鼓。因鼍鼓在一般考古发掘报告中分列，同时鼍鼓在古代礼仪中有其独特的意义，故这里将其单独讨论。目前，史前时期有关鼍鼓的实物有 12 件（参见附表一），分别为泰安大汶口 10 号墓鼍鼓（2 件）、陶寺遗址鼍鼓（8

---

① 青海省文物考古队：《青海民和阳山墓地发掘简报》，第 393 页，《考古》1984 年第 5 期。

件)、临朐朱封202号墓鼍鼓、泗水尹家城15号墓鼍鼓。其中陶寺遗址除鼍鼓外,还共出有其他乐器,将单独论述。这里,笔者仅谈泰安大汶口10号墓等3例(表三)。

表三　　　　史前时期仅出鼍鼓的墓葬资料一览表

墓葬号	时代	墓葬规模	随葬品
泰安大汶口10号墓①	大汶口文化晚期	大型墓葬	鼍鼓2件,石质饰品77、玉器3、象牙及骨雕器物4、陶器90多件等,还有猪头、兽骨等。
临朐朱封202号墓②③	龙山文化	东西长6.68、南北残宽2.20～3.15米,属大型墓葬。	陶器20余件,石、骨器10件,玉器中有玉钺2、玉刀1件,另有头饰、簪、坠饰、绿松石等1000余件。
泗水尹家城15号墓④⑤	龙山文化	东西长5.8、南北宽4.34米,属大型墓葬。	陶器23件,幼猪下颌骨20副等。

从以上3例仅见鼍鼓的墓葬来看,3座墓葬均属于大型墓葬,而且随葬品非常丰富,非一般大型墓葬可比,墓主应为地位高贵的部落或方国首领。可见,鼍鼓的地位在史前时期远非土鼓可比,它应是握有氏族部落特权的方国或部落首领专用的礼乐重器。

第三,仅出特磬的墓葬

特磬,古代一种重要的打击乐器,产生于新石器晚期。因为单件使用,所以称之为特磬。史前特磬尚未定型,形态各异,制作粗糙,均为素面。目前所见史前特磬的实物有16件(附表二)。其中出土于墓葬的只有5件,分别出自青海柳湾1103号墓和陶寺遗址的4座大墓。陶寺遗址除特磬外,还共出有其他乐器,将另述。青

① 山东省文物管理处、济南市博物馆:《大汶口》,第23页,文物出版社,1974年。
② 中国社会科学院考古研究所山东工作队:《山东临朐朱封龙山文化墓葬》,第587～595页,《考古》1990年第7期。
③ 高广仁、栾丰实:《大汶口文化》,第172页,文物出版社,2004年。
④ 山东大学历史系考古教研室:《泗水尹家城》,第44、157页,文物出版社,1990年版。
⑤ 高广仁、栾丰实:《大汶口文化》,第172页,文物出版社,2004年。

海柳湾 1103 号墓①的时代属齐家文化早期,为小型墓葬。所出特磬说明,当时一些低级贵族可以使用特磬。此时的特磬兼有祭器和礼器的功能,其地位与土鼓、鼍鼓显然无法相比。

第四,陶寺遗址出土礼乐器的墓葬

山西襄汾陶寺遗址的面积达 400 余万平方米,规模巨大,内涵极为丰富。陶寺遗址出土的一批乐器,是龙山时代音乐文化的集中体现,在中国音乐考古学上具有特殊的意义。陶寺文化可分早、中、晚三期,各期的年代跨度约在一两百年间。据一些学者研究,其早期相当于我国历史上的尧、舜时期,晚期已进入夏代纪年范围。从年代和古史地望来看,有学者推测其为陶唐氏遗存;而且遗址恰又处在晋西南"夏墟"的腹心地带。因此,陶寺遗址出土乐器对研究龙山时代乃至夏代的礼乐制度均具有非常重要的学术价值。

陶寺遗址出土的乐器有鼍鼓 8 件、特磬 4 件、土鼓 6 件、陶铃 6 件、铜铃 1 件、陶埙 1 件,合计 26 件。其中,鼍鼓、特磬和土鼓都是陶寺文化早期墓葬的随葬品,其年代约为 B.C. 2500～B.C. 2400 年。除 1 件土鼓(M3032:1)出土于一中型墓,余均出自具有王者身份的方国首领大墓中②。陶寺遗址的发掘者将陶寺墓葬类型划分为大型墓(包括甲、乙两种)、中型墓(包括甲、乙、丙三种或四种)、小型墓三大类(七八种)等级阶梯。其中,处于金字塔顶端的是甲种大墓的墓主人③。可见,当时的等级制度已经形成。而鼍鼓(图三)、土鼓(图四)和特磬(图五)的礼乐器组合作为身份、地位的标志,正是最高统治者权力和地位的象征。在陶寺遗址乐器中,除

---

① 青海省文物管理处考古队等:《青海柳湾》,第 233、248 页,文物出版社,1984 年。

② 中国社会科学院考古研究所山西工作队等:《山西襄汾县陶寺遗址发掘简报》,第 18 页,《考古》1980 年第 1 期;中国社会科学院考古研究所山西工作队、临汾地区文化局:《1978～1980 年山西襄汾陶寺墓地发掘简报》,第 30 页,《考古》1983 年第 1 期。

③ 王震中:《中国文明起源的比较研究》,第 237 页,陕西人民出版社,1998 年。

个别乐器系发掘期内采集外，其余都是考古发掘品，出土时代明确，组合关系清楚。在我国，已有多处史前遗址出土过乐器，但是无论从乐器的种类，还是从乐器的数量以及规格之高来看，陶寺出土的音乐文物都堪称是空前的大发现，是中国史前礼乐制度初始阶段最重要、最完整的资料。

图三　陶寺鼍鼓·M3002：27

二　史前时期的礼乐制度

在金文中，"礼"为鼓与玉之会意，表明玉与鼓均为行礼之器，也就是礼器[1]。史前时期大量玉器和鼓类乐器的考古发现证明确实如此。上述目前发现的207件土鼓中，有5件属于新石器时代早期北辛文化遗物，162件属于新石器时代中期的大汶口文化和仰韶文化遗物。其中，不少土鼓出土于大型祭祀遗址。在15座仅见土鼓的墓葬中，只有1座属于小型墓葬（野店M36），其余14座均属于大、中型墓葬。可知在新石器时代早中期，土鼓不仅是祭祀活动中比较流行的法器，还是氏族部落中少数高级贵族等特权阶层

图四　陶寺土鼓·M3002：53

权力和地位象征的礼乐器。到了新石器时代中期偏晚阶段，蒙着鳄鱼皮的鼍鼓以其"声闻五百里"的巨大声威逐渐被当时的部落首领所认识。3例仅见鼍鼓的墓葬均属于大型墓葬，而且随葬品十分

---

[1]　张辛：《玉器礼义论要》，第29页，《中国历史文物》2003年第6期。

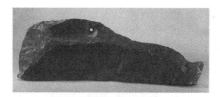

图五 陶寺特磬·M3002：6

丰富，非一般大型墓葬可比，墓主都是地位高贵的部落或方国首领。"国之大事，在祀与戎。"①在先秦时期，祭祀和军事活动是国家的头等大事。在这些活动中，鼍鼓以其"声闻五百里"的显赫声威恰与部落或方国首领的地位相得益彰，从而成为部落或方国首领专用的礼乐重器。而土鼓也已不仅是重大祭祀活动中使用的一种普通的法器或祭器，并逐渐成为一种氏族部落中少数高级贵族权力和地位象征的礼乐重器。

此外，"在大汶口文化早期墓的随葬器物中，陶器已有较稳定的组合——鼎、豆、壶、杯等器类。在 A 组墓地的中、大型墓葬中，同类器的数量多，往往成组出现，并有配套随葬，如 M2005，三足盆中盛牛头，三足钵内盛猪头，一般豆、鼎类内各盛猪蹄或肢骨等。这应是礼仪性葬制的出现。又如大墓随葬成组的觚形杯、高足杯等器，几乎不见于遗迹单位。这应是祭祀的死者专用的供器或礼器，而这种礼仪制度一直为中国后世所沿用。礼仪制度的出现，当与大汶口人意识形态发展密切相关，值得我们重视。"②高广仁、栾丰实指出："大汶口文化丰富的文化内涵，随着对外交流规模的日益扩大，不断传播到中原地区和其他文化区；特别是在礼仪制度的精神文化方面，有许多被夏商文化所继承和吸收，如棺椁厚葬，鼎、豆、壶随葬礼器的组合，龟灵与犬牲，鼍鼓和鸡彝等。"③"至野店第四期时，石制工具非但作为私有财产被埋入墓葬，而且有的还代表

① 《左传》成公十三年，《春秋左传正义》，《十三经注疏》（下），第1911页，中华书局，1980年。

② 山东省文物考古研究所：《大汶口续集——大汶口遗址第二、三次发掘报告》，第205页，科学出版社，1997年。

③ 高广仁、栾丰实：《大汶口文化》，第170页，文物出版社，2004年。

一种权势的象征。……也可以说是死者身旁带有宗教意义的礼器。"①唐兰也认为"三代礼器，大体上是从大汶口文化这类陶器流传下来的"②。从以上诸家观点来看，礼乐制度在大汶口文化时期产生的说法③虽尚难定论，但礼乐制度在新石器时代早中期已经开始孕育萌芽，应该是没有问题的。

　　陶寺遗址乐器群是研究新石器时代晚期礼乐制度最重要、最完整的考古资料。在一个龙山文化遗址出土如此种类众多的乐器，迄今绝无仅有。陶寺遗址已发掘墓葬 1300 余座，大型墓只有 6座，其中地位最高的甲种大墓仅有 5 座。而鼍鼓、特磬与土鼓正是出于这五座大墓中。这一时期的礼乐器已经形成一定的组合，不同等级享有不同的配置。其中，陶寺 M3016、M3015、M3002 三墓礼乐器的配置均为鼍鼓 2 件、土鼓 1 件、特磬 1 件；M3072 礼乐器的配置为鼍鼓 1 件、土鼓 1 件、特磬 1 件；M3073 礼乐器的配置为鼍鼓 1 件、土鼓 1 件。需要指出的是，M3072、M3073 均破坏过甚，出土礼乐器的种类与数量应非原始配置。这两座大墓与 M3016、M3015、M3002 同为大型墓葬，同属于陶寺仅有的 5 座甲种大型墓葬，其墓主为陶寺文化早期的方国首领。据此推测，这 5 座墓葬礼乐器的配置应该相同，也就是说 M3072、M3073 礼乐器的配置，应该同为鼍鼓 2 件、土鼓 1 件、特磬 1 件。其中，鼍鼓、土鼓与特磬的配置等级最高，应为方国国君专用的礼乐重器。这与新石器时代鼍鼓的配置等级相似，具有一脉相承的关系。仅配置土鼓的等级应低一些。石磬，是西周乐悬制度中的一位重要成员。虽然这一时期的磬都是特磬，形制尚未定型，制作粗糙。但它的诞生仍是值得一提的大事。从青海柳湾 1103 号小型墓葬出土有特磬，表明

①　山东省博物馆、山东省考古研究所：《邹县野店》，第 136 页，文物出版社，1985 年。

②　唐兰：《论大汶口文化中的陶温器》，《故宫博物院院刊》1979 年第 2 期。

③　费玲伢：《淮河流域史前陶鼓的研究》，第 58 页，《江汉考古》2005 年第 2 期。

一些低级贵族可以使用特磬。此时的特磬应该还是一种祭器和礼器兼有的功能，其地位尚不如土鼓，更无法与鼍鼓相提并论。

高炜认为："从陶寺的材料来看，龙山时代中原地区的礼器种类较多，组合比较完备，规则比较清晰，礼器制度、用牲制度与商周礼制接近的成分不少。"①据王震中研究，"从陶寺早期开始，亦即从公元前2500年前开始，这里即已形成金字塔式的等级结构和阶级关系。……处于金字塔顶端的是甲种大墓的墓主人。这类大墓使用木棺，棺内撒朱砂。随葬品数量多而精美，可达一二百件。其中龙盘、鼍鼓、特磬、土鼓、玉钺等象征特权的一套重要礼器的存在，说明这类大墓主人执掌着当时最重要的社会职能——祭祀与征伐。陶寺早期大墓中，使用成套礼器不是个别现象，而已经形成制度，即礼制。"②"龙山时期陶制礼器、玉礼器和部分铜礼器的出现，已宣告礼制的诞生。"③费玲伢认为："我国礼乐制度的完善在西周时期……龙山时代至夏、商时代应为礼乐制度的形成与发展时期。"④

图六　陶寺铜铃·M3296：1

因此，在龙山文化时期中原地区的礼乐制度已经初步形成，应该是没有疑问的。特别是陶寺铜铃（图六），作为目前所见中国音乐历史上第一件金属乐器，从形制方面把史前陶铃同商代铜铃、镈乃至周代纽钟之间的发展

① 高炜：《龙山时代的礼制》，第241页，《庆祝苏秉琦考古五十五年论文集》，文物出版社，1989年。

② 王震中：《中国文明起源的比较研究》，第237页，陕西人民出版社，1998年。

③ 王震中：《中国文明起源的比较研究》，第225页，陕西人民出版社，1998年。

④ 费玲伢：《淮河流域史前陶鼓的研究》，第58页，《江汉考古》2005年第2期。

序列连接起来。它的音响效果虽然没有后世编钟那么恢宏，但这种合瓦形结构的铜铃却是中国青铜钟类乐器的滥觞。陶寺铜铃和特磬，昭示了千年以后，以钟磬乐悬为代表的"金石之乐"时代的到来，西周的乐悬制度早在新石器时代已经孕育萌芽。

第二节 "殷礼"

孔子认为，"殷礼"因于"夏礼"并有所"损益"。那么，"殷礼"是如何"因于夏礼"再"损益"而成的呢？到目前为止，出土的商代礼乐器如编铙、石磬、鼍鼓、大铙、镈已达 200 余件。这些礼乐器就是商代礼乐制度的物化形式[1]，从诸多方面折射出殷礼的可靠信息。

一 商代礼乐器及其考古资料分析

目前为止，在出土礼乐器的商代墓葬中，绝大多数仅见特磬或编铙，少数墓葬特磬和编铙或鼍鼓伴出，有的还伴出其他乐器。

第一，仅出编铙的墓葬

殷商编铙，是中国最早出现的青铜钟类定音乐器之一，是"殷礼"的代表性礼乐器。因其大小成编，故被称为编铙（图七），是一种具有一定音律关系的编组乐器。一般 3 件一组，目前尚未发现有单个使用的确切证据。编铙的腔体已经确立合瓦形的结构，可以演奏"一钟双音"，尚

图七 殷墟西区 699 号墓编铙

---

[1] 徐良高：《文化因素定性分析与"青铜礼器文化圈"研究》，第 232 页，《中国商文化国际学术讨论会论文集》，中国大百科全书出版社，1998 年。

处于原生双音阶段①。编铙主要出土于以殷商为中心的北方中原地区,与商代流行于中国南方、主要见于今日的湖南、江西一带的青铜乐器——大铙有较大的区别。

据笔者统计,目前发现的编铙多达 109 件(参见附表三)。其中,出土于墓葬的为 55 件,分别出自 17 座墓葬。除了其中的 5 座墓葬共出有其他礼乐器外,仅出编铙的商代墓葬有 12 例,列表如下(表四)。

表四　　　　　　　　仅出编铙的商代墓葬资料一览表②

序号	墓葬号	墓葬保存情况及规模	随葬品	礼乐器的配置	墓主的身份和地位
1	郭家庄 26 号墓	保存完好,属中型墓葬。	铜礼器有大铜钺、箕形器以及两套觚、爵共计 12 件,殉人 2 个。	编铙 3 件	地位较高的军事首长
2	大司空村 663 号墓	保存完好,属中型墓葬。	铜礼器有 2 觚、2 爵等 9 件,武器有铜钺等 26 件,陶器 10 件以及石器等,殉人 4 个。	编铙(又名古铙)3 件	地位较高的奴隶主贵族
3	戚家庄 269 号墓	保存完好,属中型墓葬。	青铜器有 3 觚、2 爵等 58 件,武器有 2 件铜钺等 30 件,生产工具一套;殉狗 2 只,祭有牛头 1、羊头 2 个,牛前腿 1、羊腿 2 支。	编铙(又名爰铙)3 件	地位较高的军事贵族
4	殷墟西区 699 号墓	该墓被盗,属"甲"字形大墓。	现存武器近 70 件,陶觚、陶爵、陶盘各 1 件,骨器 6 件,玉戈等玉器 4 件以及贝等。现存殉人 5 个。	编铙(又名中铙)3 件	高级奴隶主贵族
5	大司空村 51 号墓	保存完好,属小型墓葬。	铜觚、铜爵、铜弓状器各 1 件。	编铙 3 件	小奴隶主贵族
6	高楼庄 8 号墓	保存完好	铜礼器有 2 觚、1 爵等 5 件,玉器 3 件,武器 12 件。	编铙 3 件(现存 2 件)	地位一般的奴隶主贵族

---

① 冯光生:《周代编钟的双音技术及应用》,第 40~54 页,《中国音乐学》2002 年第 1 期。

② 表中只列出与殷礼直接相关的资料,其他如出土时间、地点、出处均参见附表三。

7	小南张村商墓	出土于农田的浅土坑内,应为一墓葬	铜礼器有 3 爵、2 觚等 9 件,武器 10 余件等。	编铙 3 件	地位一般的狩猎官
8	殷墟西区765 号墓	该墓被盗,属"甲"字形大墓。	现存铜戈、陶器以及骨器、蚌器等。	编铙 3 件	高级奴隶主贵族
9	大司空村288 号墓	该墓被盗	现存陶器 7 件以及石器、蚌器、贝等。	编铙 3 件	至少应为小奴隶主贵族
10	大司空村312 号墓	该墓被盗,属"中"型墓葬。	现存矛 10 件,铜器 27 件,麻黾 35 片,殉人 3 个以及兽腿。	编铙 3 件	地位较高的奴隶主贵族
11	沂源东安商墓	墓葬被毁坏	青铜器有车軎、弓形器、铜镞等 30 余件。	编铙 3 件	地位一般的奴隶主贵族
12	侯家庄1083 号墓	该墓被盗,属大型墓葬。	不清	编铙 4 件,可能还葬有特磬或鼍鼓	最低为商王室成员

在这 12 例仅出土编铙的商代墓葬中,有 2 例墓主为高级奴隶主贵族,4 例为地位较高的军事首长或奴隶主贵族,4 例为地位一般的奴隶主贵族或狩猎官,1 例墓主为小奴隶主贵族,还有 1 例应为高贵的商王室成员。可见,编铙应为商代中高级贵族、军事首脑所享用的礼乐重器。对于那些地位较低的小奴隶主贵族,一般无权使用。其中 2 例高级奴隶主贵族墓葬(殷墟西区 699 号墓、殷墟西区 765 号墓),均被盗,有可能还随葬有特磬。而侯家庄 1083 号墓属于大型墓葬,且位于王陵区,墓主应为王室成员。根据同级别的其他墓葬(如安阳侯家庄 1217 号墓)来看,该墓很有可能还随葬有鼍鼓或特磬。在这 12 座墓葬出土的编铙中,绝大多数为 3 件一组。这说明,在殷礼中对于编铙的编列应该已经有了较为严格的规定,并形成了一定的制度。安阳侯家庄 1083 号墓编铙为 4 件一组是个例外,可能另有原因。

第二,仅出石磬的墓葬

商代的石磬发现很多,绝大多数是特磬。商磬的出土地点基本上位于黄河流域,主要集中于黄河中下游的陕西、山西、内蒙古、河南、河北、山东等地。目前所见商磬大多数是商代晚期的遗物。商代早期的石磬,考古发现较少,主要见于夏家店下层文化。商代特磬较之史前时期特磬,工艺大有进步,有的特磬已经鼓股分明,且多有精美纹饰。

目前,考古发现有关商代石磬的实物多达 63 件(参见附表四)。其中,出土于墓葬的有 24 件,分别出自 15 座墓葬。除了 4 座墓葬共出有其他礼乐器外,仅出石磬的商代墓葬有 11 例,列表如下(表五)。

表五　　　　　　仅出石磬的商代墓葬资料一览表①

序号	墓葬号	墓葬保存情况及规模	随葬品	礼乐器的配置	墓主的身份和地位
1	二里头第六区 3 号墓	保存完好	铜爵、铜戈、铜戚、圆形铜器以及玉铲、玉钺、玉戈、绿松石串珠等。	特磬1 件	小奴隶主贵族
2	大司空村539 号墓	保存完好	铜礼器有 2 瓿、2 爵等 14 件,铜兵器有钺等 68 件,还有铜工具、陶器、玉器、石器、骨器等。另有殉人 1 个,殉狗 1 只。	特磬1 件	地位较高的武将
3	大司空村991 号墓	保存完好	铜鼎、尊等 11 件,陶器 6 件以及玉饰、玉器等。	特磬1 件	小奴隶主贵族
4	殷墟 1004号墓	曾被盗掘,为"亚"字形大墓。	兵器有铜盔 100 多个、铜戈 370把、铜矛头 360 个以及车饰、皮甲及盾等物,铜礼器有斝、瓿、爵及铜面具等。另外北墓道填土中有头颅 7 个。	特磬1 件	商王
5	殷墟西区701 号墓	曾被盗掘,为"甲"字形大墓。	现存铜戈、铜铃、铜镞、玉器、石器、骨器以及陶器(20 余件)等。另有殉人 12 个。	特磬1 件	高级奴隶主贵族
6	滕州前掌大 4 号墓	多次被盗,为"中"字形大墓。	现存陶器 16、原始瓷豆 3、青铜车器及小件 72、玉器 14、绿松石14、石器 21、骨器 122、龟壳 56、卜骨 1、蚌泡 92、蚌片 47 件及海贝 1400 余件等。另有殉人 5 个。	特磬1 件	高级奴隶主贵族
7	殷墟西区93 号墓	曾被盗掘,为"甲"字形大墓。	现存铜器有铜尊、铜戈、铜矛以及陶器、石器、骨器、漆器、蚌饰等。另有殉人 1 个。	编磬5 件	高级奴隶主贵族

① 表中只列出与殷礼直接相关的资料,其他如出土时间、地点、出处均参见附表四。

8	武官村大墓	多次被盗,为"中"字形大墓,王陵之一。	出土大量铜器、玉器、骨器等随葬品。还有殉牲如犬、马、猴、鹿等动物骨架 59 架,殉人 79 个。加上里里外外的人殉以及追祭时的人牲约计 300 人。	特磬1件	商王
9	殷墟西区1769 号墓	曾被盗掘	现存陶器 2 件,铜戈 1 件及蚌饰等。	特磬1件	小奴隶主贵族
10	灵石旌介 3号墓	保存完好	青铜器有鼎、爵、尊、卣、戈等 17件。	特磬1件	小奴隶主贵族
11	藁城台西112 号墓	不清	不清	特磬1件	不清

在以上仅出土石磬的 11 例商代墓葬中,除 1 例资料不清外,在其余 10 例墓葬中,没有被盗掘的墓葬只有 4 例(二里头第六区 3 号墓、大司空村 539 号墓、大司空村 991 号墓、灵石旌介 3 号墓)。其中,3 例墓主为地位较低的小奴隶主贵族,1 例为地位较高的武将。可见,特磬主要见于地位较低的中、小奴隶主贵族墓葬。在被盗掘的 6 例中,有 3 例(殷墟西区 701 号墓、滕州前掌大 4 号墓、殷墟西区 93 号墓)的墓主均为高级奴隶主贵族,推测原来应该还配有编铙。2 例商王墓仅出 1 件特磬,显然并非其所配礼乐器的原貌。从妇好墓编铙和编磬俱全以及侯家庄 1017 大墓随葬鼍鼓来看,这两座商王墓很可能是编铙、编磬以及鼍鼓俱全的。同时,石磬的"大小精粗总是和主人的身份高低大致成正比"。① 在没有被盗掘的 4 例墓葬中,偃师二里头第六区 3 号墓、安阳大司空村 991 号墓和灵石旌介 3 号墓这三座墓葬的主人均为地位较低的小奴隶主贵族,所出特磬的做工亦均较差。偃师二里头六区 3 号墓特磬为打制而成,虽经磨制,但是表面仍凹凸不平,边缘也参差不齐,素面没有纹

① 李纯一:《中国上古出土乐器综论》,第 42 页,文物出版社,1996 年。

图八　偃师二里头特磬

图九　大司空村 539 号墓特磬

图一〇　武官村大墓特磬

饰(图八)[①];安阳大司空村 991 号墓特磬的表面比较平滑,通体绘有红、黑、白三色几何形图案,整体仍较粗糙[②];灵石旌介 3 号墓特磬表面比较平滑,但是边缘参差不齐,素面没有纹饰[③]。而安阳大司空村 539 号墓的主人为地位较高的武将,所出特磬的工艺显然比前 3 例要好得多。该磬表面、边缘均经过精心的打磨处理。通体呈鱼形,用阴线刻出眼、嘴、鳃、鳍、鳞以及尾部,形象逼真,工艺考究(图九)[④]。墓主为商王的武官村大墓所出特磬其做工就更为精美。石磬表面、边缘均经过精心的磨光处理。正面满饰虎纹,虎身饰云纹,纹饰的一笔一划细致考究,堪称商代特磬中的精品(图一〇)[⑤]。

① 中国科学院考古研究所二里头工作队:《偃师二里头遗址新发现的铜器和玉器》,第263 页,《考古》1976 年第 4 期;赵世纲:《中国音乐文物大系·河南卷》,第 54 页,大象出版社,1996 年。

② 赵世纲:《中国音乐文物大系·河南卷》,第 56 页,大象出版社,1996 年。

③ 代尊德:《山西灵石县旌介村商代墓和青铜器》,《文物资料丛刊》第 3 期,文物出版社,1980 年;项阳、陶正刚:《中国音乐文物大系·山西卷》,第 20 页,大象出版社,2000 年。

④ 中国社会科学院考古研究所安阳工作队:《1980 年河南安阳大司空村 M539 发掘简报》,第 515 页,《考古》1992 年第 6 期;赵世纲:《中国音乐文物大系·河南卷》,第 56页,大象出版社,1996 年。

⑤ 郭宝钧:《一九五〇年春殷墟发掘报告》,《考古学报》1951 年第 5 期;袁荃猷:《中国音乐文物大系·北京卷》,第 19 页,大象出版社,1996 年。

可见在"殷礼"中，石磬可以为地位较低的中、小奴隶主所享用。高级贵族和商王虽也享用石磬，但其做工则要考究得多，这与他们的身份、地位密切相关。

第三，仅出鼍鼓或与特磬共出的墓葬

目前，仅出鼍鼓的商代墓葬仅有一例，即灵石旌介 1 号墓[①]；特磬和鼍鼓伴出的商代墓葬也仅有一例，即安阳侯家庄 1217 号大墓[②]。

灵石旌介 1 号墓系 1985 年山西省旌介村民取土烧砖发现的，其时代为商晚期。此墓出土鼍鼓 1 件（图一一）、铜铃 3 件。墓葬保存较好，属一夫二妻合葬墓，葬具为一椁三棺。随葬遗物大部分放在棺椁之间。其中，青铜器有鼎（2 件）、斝、罍、簋、尊、卣（2 件）、觚（4 件）、爵（10 件）、觯、矛（6 件）、戈（2 件）、镞、兽首管状器、弓形器和铃等；陶器有

图一一　旌介 1 号墓鼍鼓

鬲，玉器有鸟、管、鱼、璜、石镰等 51 件。另有殉人、殉狗和殉牛。其中，有两件爵上有铭文，外框亚字，内为羌字。羌应为族名，也是方国名。"亚是一种武职官名，担任这职官的通常是诸侯。凡担任这一职官的诸侯，往往在其国名或其私名前加'亚'字，或框以亚形。此种诸侯之地位，在一般诸侯之上。"[③]可见，墓主应为一位等

①　山西省考古研究所、灵石县文化局：《山西灵石旌介村商墓》，第 2 页，《文物》1986 年第 11 期。

②　梁思永、高去寻：《侯家庄第六本 1217 号大墓》，第 31 页，中国考古报告集之三，台北中央研究院历史语言研究所，1968 年。

③　曹定云：《"亚其"考》，《文物集刊》第 2 辑，1980 年。

图一二 侯家庄 1217 号墓鼍鼓

级很高的方国首领。墓中配置的鼍鼓，是"殷礼"中的礼乐重器，为地位高贵的方国国君才可享用的礼制体现。

安阳侯家庄 1217 号大墓，位于河南安阳殷墟侯家庄西北冈王陵区，其时代为殷墟文化三期。该墓属亚字形大墓，虽曾被盗扰，仍出土青铜器、玉器、兵器等数百件。特磬和鼍鼓（图一二）于 1935 年出土于西墓道的东段，并有磬架和鼓架，是该墓唯一一组尚未被扰毁的遗存。杨锡璋认为，王陵区只有亚字形大墓为商王之墓[1]。既然该墓属亚字形大墓，墓主当为一代商王。墓中鼍鼓和特磬的配置，应为商王方有的礼乐。由于该墓曾经被盗，不排除原来还随葬有编铙和编磬的可能性。

第四，石磬与编铙共出的墓葬

目前，石磬和编铙共出的商代墓葬仅有如下 5 例：

1. 安阳花园庄 54 号墓[2]

2001 年，河南安阳花园庄 54 号墓出土编铙 3 件、特磬 1 件及铜铃等，现藏安阳工作站，其时代为殷墟二期偏晚。墓主男性。该墓墓室面积与妇好墓基本相当，正南北向。葬具为两椁一棺，棺盖四周有金箔痕迹。椁四周有二层台，有殉人 15 个、殉狗 15 只。随葬品极为丰富，数量达 570 余件。其中，3 件编铙于口内壁均有铭文"亚长"2 字。根据曹定云研究，亚是一种比一般诸侯地位还高的

[1] 杨锡璋：《商代的墓地制度》，《考古》1983 年第 10 期。

[2] 刘新红：《殷墟出土编铙的考察与研究》，第 7、14 页，中央音乐学院 2004 届音乐学硕士学位论文。

武职官名①。而且该墓随葬有大型铜钺1件、中小形铜钺6件。由此推测,墓主应是商王手下一位诸侯级别的高级军事首脑。

2. 青州苏埠屯8号墓②

1976年,山东青州苏埠屯8号墓出土编铙3件、特磬1件,另有铜铃8件,其时代为商晚期。礼乐器出土时置于棺的左侧,与矛同出。该墓为甲字形大墓,随葬品有鼎、簋、瓿、爵、斝、尊、觯、卣等青铜礼器,置于墓主头前的椁室内;戈、矛置于棺的两侧。该墓出土有带“亚醜”铭文的铜器。“亚醜”应为其族徽。从地望来看,这一带是薄姑氏所居之地,“亚醜”族文化应该就是薄姑氏的文化遗存。当时,薄姑氏是殷商东方的主要诸侯国,势力强大,与殷商关系非常密切,西周时曾参与叛周活动。根据曹定云研究,亚是一种比一般诸侯地位还高的武职官名③。但是此墓规格和随葬品的数量均与之不能相符。与此墓同时发掘的还有1号亚字形大墓,殉有48人,一般认为1号大墓墓主应为实力雄厚的薄姑氏国君。那么,8号墓的主人应为薄姑氏国君手下的一位高级贵族。

3件编铙(图一三)保存完好。青铜质,制作较精。形制、纹饰相同,大小递减。体作合瓦形,于口弧曲。管状甬与内腔相通,正鼓部有方形台面。两面纹饰相同,均饰简练饕餮纹。3件编铙通高(从大到小)

图一三　青州苏埠屯8号墓编铙

---

① 曹定云:《“亚其”考》,《文物集刊》第2辑,1980年。

② 山东省文物考古研究所、青州市博物馆:《青州市苏埠屯商代墓地发掘报告》,《海岱考古》第一辑;周昌富、温增源:《中国音乐文物大系·山东卷》,第21页,大象出版社,2001年;殷之彝:《山东益都苏埠屯墓地和“亚醜”铜器》,《考古学报》1977年第2期。

③ 曹定云:《“亚其”考》,《文物集刊》第2辑,1980年。

图一四　青州苏埠屯 8 号墓特磬

分别为 21.0、17.3、14.6 厘米。特磬（图一四）为青石质，残。体呈扁三角形，有倨孔，底微弧。表面打磨光滑，边缘参差不齐。素面无纹饰。通长 39.5 厘米。

3. 安阳小屯 5 号墓（妇好墓）

1976 年，河南安阳小屯 5 号墓出土编铙 5 件[1]、石磬 5 件[2]、陶埙 3 件、铜铃 18 件，其时代为殷墟二期。所出青铜器上大多铸有铭文"妇好"，可知墓主为妇好。妇好墓"是殷王室墓葬发掘中保存最完整的一座；随葬器物的品种、数量和有铭铜器之多，在殷墟发掘中，又是第一次。"[3]同时，该墓也是"目前唯一能够同历史文献和甲骨文联系起来，并断定墓主身份与墓葬绝对年代的一座殷代王室墓"[4]，为"殷礼"的研究提供了非常珍贵的考古资料。该墓随葬器物数量近 2000 件，海贝近 7000 枚。其中，大型青铜器有 468 件，包括鼎（30 余件）、甗（10 件）、簋（5 件）、彝（5 件）、尊（10 件）、觚（约 50 件）、爵（40 件）、斝（12 件）等，是目前所见殷墟最完整的铜器群。另有玉器 755 件，石器 63 件，宝石制品 47 件，骨器 564 件，象牙器皿 3 件以及陶器、蚌器、货贝数千件。另有殉人 16 个，殉狗 6 只。

①　中国社会科学院考古研究所安阳工作队：《安阳殷墟五号墓的发掘》，第 69 页，《考古学报》1977 年第 2 期。

②　中国社会科学院考古研究所安阳工作队：《安阳殷墟五号墓的发掘》，第 89 页，《考古学报》1977 年第 2 期。

③　中国社会科学院考古研究所安阳工作队：《安阳殷墟五号墓的发掘》，第 91 页，《考古学报》1977 年第 2 期。

④　中国社会科学院考古研究所安阳工作队：《安阳殷墟五号墓的发掘》，第 92 页，《考古学报》1977 年第 2 期。

妇好是商王武丁(约公元前 12 世纪初)的配偶之一。"妇好"之名,
屡见于武丁时期的卜辞中。在殷墟出土的十余万片甲骨中,有关
她的卜辞就有一百七八十条,条目众多,涉及内容范围广阔。妇好
在当时地位之显赫以及武丁对她的宠爱程度之高,可见一斑①。

编铙 5 件(图一五),形
制、纹饰相同,大小相次。
其中最大 2 件内壁均有铭
文"亚弜"2 字,由此又名亚
弜编铙。其余 3 件因锈蚀
太重,未见铭文。故有的学
者认为,这 5 件编铙可能为

图一五　妇好墓编铙

两组的组合而非同组,即有铭文的 2 件编铙应属另外一组②。陈梦
家认为:"或是大小相次的一类铜器,或是大小相等的一类铜器,或
是数类相关铜器的组合"③都可称"肆"。因此,这 5 件大小相次的
编铙应为一组应该是没有问题的。目前编列完整的编铙一般均为
3 件一组,5 件一组尚属仅见。据研究,亚是一种比一般诸侯地位
还高的武职官名④,"弜"应该是方国名。此套编铙就是"弜"的国君
进献给殷王朝的一组贡品⑤。妇好墓所出石磬共计 5 件。其中一
件因有铭文"妊冉(或释竹)入石"而名之妊冉(竹)入石石磬(图一
六)。该磬素面,表面及边缘经细致打磨,光滑细腻。通长 45.0 厘
米。铭文"妊冉入石"中的"妊冉"大概是方国名或者人名,原意应

① 王宇信、张永山、杨升南:《试论殷墟五号墓的"妇好"》,第 1～21 页,《考古学报》
　　1977 年第 2 期。

② 朱凤瀚:《古代中国青铜器》,第 234 页,南开大学出版社,1995 年。

③ 陈梦家:《西周铜器断代》(三),第 73 页,《考古学报》1956 年第 1 期。

④ 曹定云:《"亚其"考》,《文物集刊》第 2 辑,1980 年。

⑤ 中国社会科学院考古研究所安阳工作队:《安阳殷墟五号墓的发掘》,第 93 页,《考
　　古学报》1977 年第 2 期。

图一六　妊冉(竹)
入石石磬

为"妊冉入贡一件石"①。另一件为鸥鹗纹石磬(图一七),体呈扁平的长方形,石黑色,一端成弧形,通长25.6厘米。表面及边缘经细致打磨,光滑细腻。磬面雕有鸥鹗形纹饰,做工精美。另外3件石磬石料相同,形亦相近,可能是一套编磬②。陈荃有也认为这3件石磬为一组编磬③。笔者认为,这5件石磬虽然形制不同,但应该与安阳殷墟西区93号墓编磬一样,同为编磬初始阶段的产物。

4. 安阳郭家庄160号墓④

1990年,河南安阳郭家庄160号墓出土编铙3件⑤,特磬1件⑥,其时代为殷墟三期。其中,编铙因为有铭文"亚要止",又名亚要止铙。该墓保存完好,属中型墓葬。有棺有椁,有殉人4个、殉狗

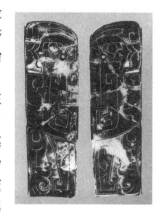

图一七　鸥鹗纹石磬

---

① 中国社会科学院考古研究所安阳工作队:《安阳殷墟五号墓的发掘》,第89页,《考古学报》1977年第2期。

② 刘新红:《殷墟出土编铙的考察与研究》,第12页,中央音乐学院2004届音乐学硕士学位论文。

③ 陈荃有:《从出土乐器探索商代音乐文化的交流、演变与发展》,第129页,《中国音乐学》1999年第4期。

④ 中国社会科学院考古研究所安阳工作队:《安阳郭家庄160号墓》,第390～391页,《考古》1991年第5期。

⑤ 赵世纲:《中国音乐文物大系·河南卷》,第76页,大象出版社,1996年。

⑥ 赵世纲:《中国音乐文物大系·河南卷》,第67页,大象出版社,1996年。

3只。随葬品共计349件，
包括武器、陶器、玉器、象牙
器、竹器、石器、漆器等。其
中青铜器228件，占随葬品
总数的80％。所出兵器的
数量更是令人吃惊，有铜钺
3件（做工和大小仅次于妇
好墓所出的2件铜钺）、铜戈

图一八　郭家庄160号墓编铙

118件、铜矛95件、铜镞9堆902枚。出土如此数量的武器，在殷
墟实属罕见。青铜礼器40件17种，器类有大鼎、圆鼎、方鼎、又盖
提梁四足鼎、甗、簋、方尊、圆尊、方罍、分裆斝、方觚（10件）、角（10
件）、觯、盉、盘、罍、方形器等。其中铜钺、玉钺共有4件，做工精
美，大多有氏族徽号"亚	止"，都以亚形为框。亚是一种比一般诸
侯地位还高的武职官名[1]；钺，是军事统帅权的象征；墓中还发现有
大量的兵器。这些，都充分说明墓主应为商王身边一位比一般诸
侯地位还高的高级军事首脑。

　　所出编铙3件（图一八），保存完好，形制纹饰相同，大小

图一九　郭家庄160号墓特磬

相次。平舞，上置管状甬，于
口弧曲。正鼓部有方形台面，
两面均饰饕餮纹。3件铙均有
铭文，甬上为"中"字，于口
内壁有"亚	止"三字。特磬
（图一九）保存完好。石质坚
硬，浅灰色。表面磨光，边缘
有些参差不齐。体呈倒梯形。
通长42.0厘米，重9.5千克。

---

① 曹定云：《"亚其"考》，《文物集刊》第2辑，1980年。

5. 鹿邑微子启墓①

1997 年 9 月至 1998 年初,河南鹿邑县太清宫镇的太清宫遗址一墓葬出土编铙 6 件、特磬 1 件,另有铜铃 15 件、骨排箫 5 组。该墓所出铜礼器上多有铭文"长子口"三字。因此发掘报告认为"长子口"应为墓主人的名字,该墓应为长子口墓。对此,王恩田诸君则有不同看法。王恩田指出,铭文中的国名"长"应是"微"字的误释,墓主应为殷王之后子姓宋国开国国君微子启或其弟微仲衍,以微子启的可能性最大②。笔者认为王氏所言更为合理。"可以初步推断,该墓年代为西周初年,不晚于成王时期"。③ 但是从墓葬形制、埋葬习俗、出土器物等多方面考察可知,微子启墓属于典型的殷商文化。王恩田指出,墓内遗物特别是铜器大多属于殷代晚期,墓葬仍保持殷末的葬俗。墓主年龄 60 多岁,为殷王之后,跨越了殷、周两个朝代。因此,笔者把它纳入"殷礼"的研究范畴。此墓为"中"字形大墓,有南北两个墓道。从已发掘的商代墓葬资料来看,一般认为双墓道大墓墓主为王室成员。该墓有腰坑,殉人 10 余个。随葬品非常丰富,数量近 2000 件,其中青铜礼、乐器 85 件,陶器 117 件,玉器百余件,还有大量骨器、兵器、车马器等。商周墓葬大多被盗,微子启墓是少数保存完好的大墓之一,其中出土的礼乐器对研究"殷礼"具有重大的学术价值。方形青铜器是商代统治阶级权力和地位的象征④。微子启墓出土的方形铜器在数量和种类

① 河南省文物考古研究所、周口市文化局:《鹿邑太清宫长子口墓》,中州古籍出版社,2000 年;王恩田:《鹿邑太清宫西周大墓与微子封启》,第 41～45 页,《中原文物》2002 年第 4 期。

② 王恩田:《鹿邑太清宫西周大墓与微子封启》,第 41～45 页,《中原文物》2002 年第 4 期。

③ 河南省文物考古研究所、周口市文化局:《鹿邑太清宫长子口墓》,第 208 页,中州古籍出版社,2000 年。

④ 刘一曼:《安阳殷墓青铜礼器组合的几个问题》,《考古学报》1995 年第 4 期。

方面是商代墓葬中最多的一座。一些学者通过对方鼎类型及身份等级的研究指出,凡出土中型方鼎数量达 2 件的墓葬主人多为方国国君,个别为王室重臣,出土小型方鼎数量达 4 件的墓葬主人多为方国国君或其夫人①。而微子启墓出土有 9 件方鼎,其中 4 件属于中型,5 件属于小型。可见,墓主微子启身为殷王之后、宋国国君,其地位绝非一般方国国君可比。微子启墓出土编铙 6 件,是目前一墓出土编铙数量最多的,这恰与其高贵的身份和地位相吻合。

6 件编铙(图二〇)质地厚重。根据其形制纹饰可分为 A、B 两组,每组 3 件②。A 组 3 件编铙(M1∶145、M1∶166、M1∶151)大小相次。但前两件纹饰相同,第三件(M1∶151)纹饰相异,可能非为此组原件。B 组 3 件编铙(M1∶152、M1∶153、M1∶149)均形制、纹饰相同,大小相次,同为一组没有疑问。编铙均平舞,上置管状甬,于口弧曲。正鼓部有方形台面,两面均饰饕餮纹。编铙的形制数据参见表六。墓中所出特磬 1件(图二一)③,保存完好。浅灰色,石质坚硬。通体磨光,但是两面和边缘部分仍是凹凸不平。体近三角形,有倨孔,素面无纹饰。通长 18.2 厘米。

图二〇　微子启墓编铙

图二一　微子启墓特磬

①　杨宝成、刘森森:《商周方鼎初论》,《考古》1991 年第 6 期。

②　河南省文物考古研究所、周口市文化局:《鹿邑太清宫长子口墓》,第 121～126 页,中州古籍出版社,2000 年。

③　河南省文物考古研究所、周口市文化局:《鹿邑太清宫长子口墓》,第 181 页,中州古籍出版社,2000 年。

表六			微子启墓编铙形制数据表		单位:厘米　千克	
出土号	M1∶145	M1∶166	M1∶151	M1∶152	M1∶153	M1∶149
通高	24.5	19.5	15.2	19.0	17.6	16.4
重量	2300	1660	700	880	800	600

在以上 5 例编铙与石磬共出的墓葬资料中,安阳花园庄 54 号墓和安阳郭家庄 160 号墓墓主同是商王手下一位比一般诸侯地位还高的高级军事首脑;青州苏埠屯 8 号墓墓主应为薄姑氏国君手下的高级贵族;妇好墓的主人是商王的王妃;鹿邑微子启墓的墓主则是一位非常有权势的殷王之后宋国方君。由此可见,编铙和石磬相配的这种制度,绝非中小贵族所用;只有高级贵族、军事首脑、王室成员和大国方君方可享用。在这种级别中,王室成员和大国方君的身份地位又高于高级贵族和军事首长,他们享用的礼乐器的配置和工艺也生动体现了这种等级上的差别。安阳花园庄 54 号墓、青州苏埠屯 8 号墓和安阳郭家庄 160 号墓均配置 3 件编铙和 1 件特磬,礼乐器的数量均为 4 件。而妇好墓配有编铙 5 件,编磬 5 件,礼乐器的数量为 10 件;微子启墓配有编铙 6 件,特磬 1 件,礼乐器的数量则为 7 件。同时,在这 5 座墓葬出土的特磬中,妇好墓出土的编磬做工最为精美。其中 2 件石磬表面及边缘均经细致打磨,光滑细腻。一件刻有铭文"妊冉(或释竹)入石",一件表面雕有鸥鸮形纹饰,纹饰细部做工非常考究。与之相比,其他 4 座墓葬出土石磬的工艺则有所逊色:4 件石磬的表面与边缘部分均是凹凸不平,素面无纹。可见当时礼乐制度的规范已经达到了一定的高度。

第五,大铙与镈共出的墓葬

大铙,是一种非定音的青铜钟类打击乐器。关于它的产生时代,学术界争议较大,有的学者认为大铙应为春秋时期的产物[1]。

---

[1]　陈佩芬:《记上海博物馆所藏越族铜器》,《上海博物馆集刊》第 4 期;马承源:《中国音乐文物大系・上海卷》,第 13～18 页,大象出版社,1996 年。

目前,时代最早的大铙是江西新干大洋洲商墓出土的三件大铙[①]。关于其时代,发掘报告认为约在商代后期早段,高至喜则认为应为殷墟中晚期之际[②]。无论在何时,它的出土都证明这种青铜乐钟出现的时代要比春秋时期要早得多。据笔者统计,目前所见商代大铙共计51件(参见附表五)。其中,只有大洋洲大铙出自墓葬,其余均出自山岗丘陵,或发现于江河岸边。由此推测,这些大铙很可能是"祭百神"等仪式后留下的遗物。在商代,许多祭祀之礼都在野外山岗露天举行,每次祭祀均使用大量牺牲和礼乐重器。祭毕,大量礼乐重器就被埋藏下来。大铙的出土情况正与此相符。因此,商代的大铙主要还是一种重要的祭祀法器,同时也兼有礼器的功能。

镈是青铜乐钟家族中非常重要的一员。根据目前的考古资料来看,镈产生于商代后期南方古越族的活动区域。在镈的铭文中,有的自名为"镈",如齐侯镈;也有的自名为钟,如克镈、秦公镈。目前学术界多数学者主张名之为镈。这种乐器的形制与铙差异很大,是与商铙并行发展的两种不同乐器。目前,所见商代与西周镈已有23件(参见附表六),其中商镈10件。大洋洲镈是目前所见有关此类乐器最早的实物标本,也是唯一一件出土于墓葬的商镈。所以,大铙与镈共出的商代墓葬也就仅有江西新干大墓一例。

新干大墓是1989年江西省新干县大洋洲乡程家村农民在涝背沙丘取土时发现的。该墓为大型墓葬,出土随葬品达1374件。其中,青铜器475件,玉器754件,陶器和原始瓷器139件,以及兵器、杂器和生产工具等。从出土的铜器群和陶器群来看,新干大墓所反映出的文化性质不能简单地看做是中原商文化的传播,而是

---

① 江西省文物考古研究所等:《新干商代大墓》,第80页,文物出版社,1997年。

② 高至喜:《论新干大洋洲商墓出土的青铜乐器》,第56页,《商周青铜器与楚文化研究》,岳麓书社,1999年。

图二二　大洋洲大铙之一

图二三　大洋洲镈

属于具有浓郁地域特色的吴城青铜文化的有机组成部分。新干大墓的发现，证明远在3000多年以前，赣江流域确曾有着一支与中原商周青铜文明并行发展着的土著青铜文化，有着与殷商王朝并存发展的一个方国地域政权。从墓葬规模如此之大，随葬品的数量如此之多来看，新干大墓的主人应为这一方国的最高统治者。

3件大铙(图二二)均保存完好①。青铜质。工艺精良。平舞，上置长甬，无旋无斡。除器13921号腔体近六边形外，余两件大铙腔体均为合瓦形。正鼓部敲击处均有一方形台面。于口弧曲，有内唇，内腔平整。3件大铙的纹饰主纹均为兽面纹，但细部差别较大。形制数据参见表七。镈(图二三)保存基本完好②。青铜质，做工考究。平舞，上置环纽。体呈合瓦形。于口齐平，有内唇。纹饰繁复精美。通高32.3厘米，重12.6千克。

表七　　　　　　　　　新干大洋洲大铙形制数据表　　　　　单位:厘米　千克

藏号	13921	13922	13923
通高	41.6	43.6	45.6
重量	18.1	19.4	22.6

"新干商墓出土铜礼器中没有觚、爵、斝和觯等酒器，说明吴城文化古代居民在最先接受中原地区的影响而铸造礼器时，仅为单一的

---

① 江西省文物考古研究所等:《新干商代大墓》，第80～87页，文物出版社，1997年。

② 江西省文物考古研究所等:《新干商代大墓》，第79～80页，文物出版社，1997年。

模仿,而非全部的接受其礼制。"①从新干大墓礼乐器的配置来看,确系如此。其礼乐器的配置不是中原"殷礼"的编铙、特磬或鼍鼓,而是源于南方古越族的青铜乐器大铙和镈。但是,又有"殷礼"的影响在其中。如大铙与编铙的造型相近,主体纹饰均为兽面纹。目前所见,编列完整的殷商编铙绝大多数为3件成编,这已经是"殷礼"的一种规范;而此墓的大铙也配置一组3件,应非偶然。"新干大墓墓主地位甚高是不容怀疑的,……在殷墟商文化中编铙只有高级贵族才能享用,且绝大多数为3件一组成编,很有可能新干大墓3件镛②是模仿了商文化中高级贵族享用3件成编的特点,组合了2件大小略有差异而纹饰全然有别的镛作为随葬品。"③所言极是。

二　"殷礼"

孔子曾说,殷礼因于夏礼。那么殷礼是如何在其前代、甚至更早时代礼制的基础上"损益"而来的呢? 笔者拟从礼乐器的配置和编列两方面来加以探讨。

第一,礼乐器的配置

在礼乐器的配置方面,"殷礼"既有对史前礼乐制度的继承,又有重大发展。从第一节史前时期礼乐制度的音乐考古学分析可知,当时礼乐器的种类只有土鼓、鼍鼓和特磬三种;礼乐器的配置方式也只有三种,即单用土鼓、单用特磬及土鼓、鼍鼓与特磬组合使用。到了商代,史前时期的特磬、鼍鼓仍然沿用,同时又增加了编磬、大铙、编铙和镈4种礼乐器。配置由原来的三种增加到七种,即单用特磬、编铙、鼍鼓,以及四种组合使用:鼍鼓与特磬、编铙与特磬、编铙与编磬、大铙与镈。礼乐器配置形式的多样化,说明商代礼乐制度得到进一步的发展与细化,比起史前时期,内容和形

①　江西省文物考古研究所等:《新干商代大墓》,第203页,文物出版社,1997年。

②　镛指大铙,李纯一的观点。目前学术界还没有达成一致,本文沿用考古界比较多用的大铙之名。下文均同,不再另注。

③　王献本、高西省:《初论江西新干大墓出土的三件镛》,《华夏考古》1998年第3期。

式更为完善。

在这七种配置中,单用特磬的配置等级最低,主要为小奴隶主贵族所享用;其次是单用编铙的配置,主要为中高级贵族、军事首脑等级所用,比单用特磬的等级要高得多;鼍鼓是"殷礼"中的礼乐重器,单用鼍鼓应为方国国君级别的礼制。鼍鼓与特磬、编铙与特磬、编铙与编磬、大铙与镈这四种礼乐器的组合配置等级,显然高于特磬、编铙、鼍鼓的单独配置。在这四种配置中,大铙与镈的组合配置非属中原"殷礼"范畴,带有浓郁的吴城地域文化特色,至少也是方国国君方可享用的礼制。那么鼍鼓与特磬、编铙与特磬、编铙与编磬的组合配置呢?下面分别论述。

从上述商代礼乐器及其考古资料分析可知,配置编铙与特磬的墓葬有4例,分别为安阳花园庄54号墓、安阳郭家庄160号墓,两位墓主应为商王身边一位身份很高,并立有赫赫军功的诸侯级别的军事首长;青州苏埠屯8号墓,墓主为实力雄厚的薄姑国高级贵族;鹿邑微子启墓,墓主则是一位非常有权势的殷王之后宋国国君。可见,编铙与特磬的配置,应为当时的朝廷重臣所享用的礼制。配置编铙与编磬的墓葬只有1例,即妇好墓,墓主为商王武丁的宠妃妇好。在以上5座配置编铙与石磬的墓葬中,妇好的地位最高。在殷墟出土的十余万片甲骨中,有关她的卜辞就有一百七八十条,条目众多,涉及内容范围广阔。如征战方面,她曾参与征伐羌、土方等方国的一系列战争,立下赫赫战功;祭祀方面,她经常代替殷王主持诸多祭祀活动。武丁对妇好也非常关心,有不少卜辞反映武丁为她举行各种祭祀,禳灾祈福,可见武丁对她的宠爱[1]。由此可见,编铙与编磬的配置应为仅次于商王的礼制,只有妇好等极少数特殊权臣方可享用。以上这5位墓主,尤其是妇好,他们的

---

① 王宇信、张永山、杨升南:《试论殷墟五号墓的"妇好"》,第1～21页,《考古学报》1977年第2期。

地位不可谓不高,权势不可谓不重,但是其礼乐器的配置均为编铙和石磬,而没有鼍鼓。虽然鼍鼓未必能经历3000余年的漫长岁月保存至今,但鳄鱼的骨板、鳞片以及鼓腔留存至今的可能性还是比较大的。何况这5座墓葬均保存完好,没有任何盗扰情况,地域均在殷商的主要统治范围之内。因此,他们在礼乐器配置方面所体现出来的一致性应该不是偶然现象,而是当时"殷礼"的真实写照。也就是说,妇好等极少数特殊权臣也是无权享用鼍鼓与特磬的组合配置。那么这种配置属于何种等级呢?

目前,配置特磬与鼍鼓的墓葬只有1例,即侯家庄1217号墓。遗憾的是,该墓曾被严重盗扰,对判断墓主的身份带来一定的困难。1217号墓位于安阳殷墟侯家庄西北冈王陵区,为"亚"字形大墓。商代的墓葬,按照平面形状可分为三种:"亚"字形、"中"字形和"甲"字形。其中"亚"字形为四墓道大墓,级别最高。墓室和墓道的面积大部分是400~800平方米,深度都在10米以上。商代"亚"字形大墓仅发现10座,其中规模最大的是1217号墓,总面积竟然达到了1200多平方米[①]。杨锡璋认为,王陵区只有"亚"字形大墓为商王之墓[②]。如此看来,1217号墓非商王之墓莫属,鼍鼓和特磬的配置应该是商王才能享有的礼乐。这与方国(或古国)时期的陶寺遗址所反映出来的史前礼乐制度有一脉相承的关系,鼍鼓和特磬的配置只有处在权力金字塔塔尖上的大国之君方可享用。从总体来说,殷礼还不如西周的礼乐制度那么细致、严格,但是从位高权重的妇好也无权享用鼍鼓和特磬的配置来看,当时的"殷礼"在某些规矩方面之等级森严,丝毫不逊色于西周的礼乐制度。

较之史前,殷礼中礼乐器配置的最大变化就是青铜乐钟,即编铙、大铙以及镈的诞生与兴起。这三种青铜乐器,均是最早的青铜

---

① 魏建震:《商代墓道初探》,2004会议论文。

② 杨锡璋:《商代的墓地制度》,《考古》1983年第10期。

乐钟之一。关于乐钟,文献多有记载,如《吕氏春秋·古乐》载:"黄帝又命伶伦与荣将,铸十二钟,以和五音"①,帝尧命共工垂作钟②以及炎帝之孙伯歧生鼓延,"鼓延是始为钟"③等等。从出土实物观之,这些记载均不足为信。因为最早的青铜乐钟见于商代。至于编钟的数量达到12件,在音乐性能方面能够"以和五音",已经是西周中晚期的事情,绝非黄帝时期的伶伦与荣将所能为之。在目前所见的商代礼乐器中,编铙有76件、大铙51件、镈4件、石磬63件、鼍鼓2件,青铜礼乐器的总数是石磬和鼍鼓总数的两倍还多。其中,编铙在"殷礼"中使用最为广泛,是"殷礼"标志性的礼乐重器。

特别值得一提的是,编磬于商代晚期已经出现。如妇好墓编磬④、安阳殷墟西区93号墓编磬⑤和于省吾旧藏编磬⑥等。妇好墓出土5件石磬,其中3件石料相同,形制亦相近,可能是一套编磬⑦。安阳殷墟西区93号墓出土编磬共计5件(图二四),李纯一

① 《中国古代乐论选辑》,第100页,中央音乐学院中国音乐研究所,1961年。

② 《礼记·明堂位》,《礼记正义》卷三十一,《十三经注疏》(下),第1491页,中华书局,1980年。

③ 袁珂(校译):《山海经·海内经》,第300页,上海古籍出版社,1985年。

④ 中国社会科学院考古研究所安阳工作队:《安阳殷墟五号墓的发掘》,第89页,《考古学报》1977年第2期;刘东升、袁荃猷:《中国音乐史图鉴》,第14页,中国艺术研究院音乐研究所、人民音乐出版社,1988年。

⑤ 中国社会科学院考古研究所安阳工作队:《1969－1977年殷墟西区墓葬发掘报告》,第103页,《考古学报》1979年第1期;赵世纲:《中国音乐文物大系·河南卷》,第58页,大象出版社,1996年。

⑥ 于省吾:《双剑誃古器物图录》(卷下),图一七～一九,1940年(影印本);杨荫浏:《中国古代音乐史稿》(上册),第23～24页,人民音乐出版社,1981年;袁荃猷:《中国音乐文物大系·北京卷》,第20页,大象出版社,1996年。

⑦ 刘新红:《殷墟出土编铙的考察与研究》,第12页,中央音乐学院2004届音乐学硕士学位论文。

虽把其视为编磬,但还是有些疑问①。现藏故宫博物院的于省吾旧
藏编磬(图二五),1935 年出土于河南安阳殷墟。3 件磬均鼓股分
明,各磬铭文分别为"永启"、"夭余"、"永余"。杨荫浏在 50 年代对

图二四 殷墟西区 93 号墓编磬(5 件)

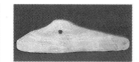

图二五 于省吾旧藏编磬(3 件)

磬进行了测音,结果为:↑^{b}b^2,夭余 c^3,永余 ↑^{b}e^3。刘再生据此结
果认为,此组编磬的发音若视为^{b}E 调音阶,则为 sol、la、do 三个音,
里面包含大二度、小三度和纯四度的音程关系,因此这组磬为旋律
乐器毋庸置疑,应为名副其实的编磬②。李纯一对这套石磬的形制
和音准也给予很高的评价,它"表明商代末期编磬的制造较前有很
大的、可以说是飞跃性的进步,初步做到以因声计材取代以往的因
声就材。"③对此,高蕾有不同看法,提出一些疑问:一方面,从其形
制上来看,除"永余"石磬各边平直、较规整外,其余两件均不同于
此,3 件石磬排列在一起,显得错落不齐,与后世编磬规范的形制、
大小渐次及整齐有序的排列有一定差异;另一方面,就目前的考古
资料来说,3 件一组的编制方式,在我国出土的编磬中仅此一例。
因此,"这两组石磬的形制不规范,与春秋战国时期编磬的统一形

① 李纯一:《中国上古出土乐器综论》,第 45 页,文物出版社,1996 年。

② 刘再生:《中国古代音乐史简述》,第 33 页,人民音乐出版社,1995 年。

③ 李纯一:《中国上古出土乐器综论》,第 46 页,文物出版社,1996 年。

制、大小渐次不同，尚不能确定其编磬的身份。"①对此，笔者有不同看法。何谓编磬？编磬是指成一组自成编列的石磬。所谓"自成编列"，可从两个方面理解。一为其形制方面，如大小有序，造型基本一致；二为音乐性能方面，如音高有序，可演奏音阶和旋律。但是，初期的编磬，其形制未必如西周以后的编磬那么有序；其音乐性能也未必如西周以后的编磬那样成熟。其中，初期编磬形制的不统一，是"由于制磬者对石料的掌握能力有限，较多的依靠因声就材这种比较原始的技术所致。"②另外，殷商编磬处于由节奏乐器向旋律乐器的过渡阶段，所以其不一定构成严格的音列和音阶，仅在当时歌、舞、乐不分的表演中，起到音高变化和音色丰富的作用，使表演的气氛更为热烈。故安阳殷墟西区93号墓磬和妇好墓编磬可看作编磬发展过程中因声就材初始阶段的产物。到了西周以及春秋战国时期，制磬技术迅猛发展，因声计材的技术走向成熟，编磬器型统一，大小规范有序，可以演奏复杂的曲调，这一时期的编磬已是成熟时期的作品。因此，应该用历史和发展的眼光看待殷商编磬这一问题。

　　与史前礼乐制度相比，殷礼中最值得注意的现象是土鼓退出了礼乐器的行列。前述所见的史前礼乐器中，特磬有16件，鼍鼓有12件，土鼓则达207件。可见，土鼓应为史前祭祀活动中使用最为广泛的一种祭祀法器。同时还是史前氏族部落中少数地位较高的贵族或高级贵族等特权阶层方可享用的礼乐重器，非为中小贵族所有。但在商墓的发掘资料中，能确定为土鼓的仅发现2例，即湖北杨家湾土鼓③、闽侯黄土仑17号墓土鼓④。原因何在？以下

①　高蕾：《中国早期石磬述论》，第26页，中国艺术研究院2002届音乐学硕士学位论文。

②　李纯一：《中国上古出土乐器综论》，第44页，文物出版社，1996年。

③　武汉市博物馆、湖北省文物考古研究所、黄陂县文物管理所：《1997～1998年盘龙城发掘简报》，第39页，《江汉考古》1998年第3期。

④　福建省博物馆：《福建闽侯黄土仑遗址发掘简报》，第30、34页，《文物》1984年第4期。

的现象是值得注意的,即商代青铜乐钟的兴起和鼓类乐器的变迁。

商代青铜乐钟的兴起,可能是造成土鼓退出礼乐器行列的主要原因。商代,特别是殷商时期,中国进入青铜时代的繁荣时期。青铜乐钟(如编铙、大铙、镈)均为青铜铸制。铜在商周时称为"金",非常珍贵。"在黄河中、下游亦即华夏族的发祥地区,一旦冶铜技术水平已达到能铸造复杂的容器时,立即将这一技术用在制造铜礼器上了。这说明礼器在人们的生活中占据着十分重要的位置。冶铜技术的发展使礼乐之邦的礼器获得了拓展,使礼制和祭祀获得了升华和独占。"①自此以后,掌握和控制冶铜业,已不仅仅是掌握一项先进的技术,它实际上已掌握了一项重要的政治权利工具,掌握和控制了更高级的宴饮和祭祀之权②。相比而言,土鼓是以瓦为框,材质低廉;与编铙、大铙、镈等青铜礼乐器相比,无论是在价值上还是在性能上,根本无法相提并论。《墨子·三辩》载:"昔诸侯倦于听治,息于钟鼓之乐;士大夫倦于听治,息于竽瑟之乐;农夫春耕夏耘,秋敛冬藏,息于瓴缶之乐。"其中瓦质的"瓴缶之乐"不过是农夫所用的音乐。由此推测商代瓦质乐器的地位应该也是很低的。这种材质上的巨大差异,使土鼓不再是贵族身份地位的象征,从而退出了礼乐器的行列。出土的 2 例土鼓也恰恰反映了这种现实。湖北杨家湾土鼓,1997 至 1998 年出土于湖北盘龙城地区的杨家湾遗址一水井中,而非出自墓葬③;闽侯黄土仑 17 号墓土鼓,20 世纪 70 年代出土于福建闽侯县鸿尾公社石佛头村黄土仑 17 号墓,属商代晚期器物。黄土仑遗址共清理墓葬 19 座,随葬品最多者 21 件,少的 4 件,个别没有。17 号墓随葬器物只有 5 件,

①　王震中:《中国文明起源的比较研究》,第 223 页,陕西人民出版社,1998 年。

②　张光直:《中国青铜时代》(二集),第 123 页,三联书店,1990 年。

③　武汉市博物馆、湖北省文物考古研究所、黄陂县文物管理所:《1997～1998 年盘龙城发掘简报》,第 39 页,《江汉考古》1998 年第 3 期。

墓主应该只是一位比较富裕的平民而已,而非奴隶主贵族①。土鼓
已不见于贵族墓葬,而是成为一种普通的祭器。《周礼·春官·龠
章》:"中春昼,击土鼓,吹豳诗,以逆暑。中秋夜迎寒,亦如之。凡
国祈年于田祖,吹豳雅,击土鼓,以乐田畯。国祭蜡,则吹豳颂,击
土鼓,以息老物"②。可见,一直到周代,土鼓仍在祭祀活动中使用
着。

其次,土鼓在贵族墓葬中的消失,应与不同时代鼓类乐器的变
迁有密切关系。有关土鼓的文献记载主要为史前时期,而非商代。
如《礼记·礼运》载:"夫礼之初,始诸饮食,其燔黍捭豚,汙尊而抔
饮,蒉桴而土鼓,犹若可以致其鬼神。"③《吕氏春秋·古乐》载:"帝
尧立,乃命质为乐。质乃效山林、谿谷之音以歌,乃以麋鞈冒缶而
鼓之。"④《礼记·明堂位》载:"土鼓、蒉桴、苇籥,伊耆氏之乐也。"⑤
从出土实物来看,也是如此。到了商代,鼓类乐器仍是一种十分重
要的打击乐器,甲骨文中多有涉及,如:

"惟五鼓……上帝,若,王……有佑。"⑥

"其将祀,鼓,其……佑。"⑦

"辛亥卜,出贞,其鼓乡告于唐,九牛,一月。"⑧

"丁酉卜,大贞,三告其鼓于唐,衣。"⑨

---

① 福建省博物馆:《福建闽侯黄土仑遗址发掘简报》,第 30、34 页,《文物》1984 年第 4
　　期。

② 《周礼注疏》卷二十四,《十三经注疏》(上),第 801 页,中华书局,1980 年。

③ 《礼记正义》卷二十一,《十三经注疏》(下),第 1415 页,中华书局,1980 年。

④ 《中国古代乐论选辑》,第 100 页,中央音乐学院中国音乐研究所,1961 年。

⑤ 《礼记·明堂位》,《礼记正义》卷三十一,《十三经注疏》(下),第 1491 页,中华书局,
　　1980 年。

⑥ 郭沫若:《甲骨文合集》30388,中华书局,1979 年。

⑦ 郭沫若:《甲骨文合集》30763,中华书局,1979 年。

⑧ 罗振玉:《铁云藏龟之余》6·2,1915 年。

⑨ 罗振玉:《殷墟书契后编》下 39·4,1916 年。

"执周鼓。"[1]

"令鼓归。"[2]

"戊辰,贞其征鼓,又若"[3]等等。

不过,商代的鼓已与史前的鼓有较大的不同。《礼记·明堂位》载:"夏后氏之足鼓,殷楹鼓,周悬鼓。"郑玄注:"足,谓四足也;楹,谓之柱贯中,上出也;悬,悬之簨虡也。"[4]按此说,商代流行的鼓应是楹鼓,也就是建鼓。目前,有关建鼓最早的、也是唯一的实物标本是曾侯乙墓建鼓,为战国初期的制品[5]。在两汉的画像石中,建鼓更是比比皆是,不胜枚举。以此观之,商代流行的鼓类乐器应该不是建鼓。目前所见商鼓实物仅有6例,分别为:侯家庄1217号墓鼍鼓[6]、灵石旌介1号墓鼍鼓[7]、崇阳饕餮纹铜鼓[8]、双鸟饕餮纹铜鼓(商代晚期,藏于日本京都泉屋博古馆,通高81.6厘米)[9]、湖北杨家湾土鼓[10]、闽侯黄土仑17号墓土鼓[11]。从出土的资料分析,

① 罗振玉:《殷墟书契前编》5·36·5,1912年。

② 罗振玉:《殷墟书契前编》5·2·7,1912年。

③ 商承祚:《殷契佚存》75,金陵大学中国文化研究所丛刊甲种,1933年。

④ 《礼记·明堂位》,《礼记正义》卷三十一,《十三经注疏》(下),第1491页,中华书局,1980年。

⑤ 王子初:《中国音乐文物大系·湖北卷》,第262~263页,大象出版社,1996年。

⑥ 梁思永、高去寻:《侯家庄第六本1217号大墓》,第31页,中国考古报告集之三,台北中央研究院历史语言研究所,1968年;方建军:《侯家庄——1217号大墓的磬和鼓》,第49页,《交响》1988年第2期。

⑦ 山西省考古研究所、灵石县文化局:《山西灵石旌介村商墓》,《文物》1986年第11期。

⑧ 崇文:《湖北崇阳出土一件铜鼓》,《文物》1978年第4期;王子初:《中国音乐文物大系·湖北卷》,第100页,大象出版社,1996年。

⑨ 秦孝仪:《海外遗珍》(铜器续),第79页,台北国立故宫博物院,1988年;朝日新闻社大田信男:《东洋美术》(第五卷·铜器),第32页,朝日新闻社,昭和四十三年。

⑩ 武汉市博物馆、湖北省文物考古研究所、黄陂县文物管理所:《1997~1998年盘龙城发掘简报》,第39页,《江汉考古》1998年第3期。

⑪ 福建省博物馆:《福建闽侯黄土仑遗址发掘简报》,第30、34页,《文物》1984年第4期。

鼍鼓显然不是悬于簨虡的悬鼓。侯家庄 1217 号墓出土有鼓架,所以鼍鼓应是像今天的大鼓一样置于架上后立于地上演奏,可能属足鼓比较合适。崇阳饕餮纹铜鼓和双鸟饕餮纹铜鼓,通体分为冠、身、足三部分,正为足鼓。湖北杨家湾土鼓和闽侯黄土仑 17 号墓土鼓从质地来看虽为土鼓,但其结构与前 2 件铜鼓一样,也是分为冠、身、足三部分。从其形制结构来看,也属于足鼓之列。由此分析,足鼓应非夏后氏之鼓,而是殷代流行之器。至于悬鼓,西周时期未见有实物出土,春秋战国时期楚国倒是出土有大量的虎座鸟架鼓、悬鼓、扁鼓等可悬之鼓。因此,所谓的"周悬鼓"可能带有一定的时代与地域特征。总之,商代的土鼓已经成为一种边缘性的鼓类乐器。与鼍鼓和铜鼓相比,其地位低微,这是其不见于商代贵族墓葬的另一个原因。

第二,礼乐器的编列

在史前礼乐制度中,只有陶寺出土的礼乐器构成了一定的编列和规模。其中,陶寺 M3016、M3015、M3002 均为甲种大型墓葬,墓主为陶寺文化早期的方国国君。这三墓礼乐器的配置为鼍鼓 2 件、土鼓 1 件、特磬 1 件,只有鼍鼓 2 件成组,礼乐器的规模为 4 件。较之史前,殷商时期礼乐器的编列及规模都有显著发展与扩充。在殷礼中,礼乐器的种类有特磬、编磬、大铙、编铙、鼍鼓、镈六种。其中编磬、大铙、编铙三种礼乐器均已构成编列[①],成为殷礼的重要内容之一。以编铙为例,仅配置编铙的商代墓葬有 12 例。其中有 11 例墓葬配置的编铙均 3 件一组。另外,河南鹿邑县微子启墓是目前出土编铙最多的一次,数量达到 6 件之多[②],为目前所仅见。但 6 件编铙非为一组,应为二组,每组仍为 3 件。以上这些编铙在

---

① 这里说的编列,并非像西周的编钟、编磬那样在音列上成编,而是指像列鼎一样数件成组而已。

② 河南省文物考古研究所、周口市文化局:《鹿邑太清宫长子口墓》,第 121～126 页,中州古籍出版社,2000 年。

编列方面的一致性,应该不是偶然现象,而是殷礼的规定之一。远在江西的新干大墓大铙,也为3件一组,正是此种规定的生动体现。特别值得注意的是,商代晚期产生的编磬,如于省吾旧藏的一套编磬,也是3件成编①。它与编铙在编列方面的一致性,应该不是巧合。编铙除了3件一组的编列以外,还有4件(如侯家庄1083号墓编铙)、5件(如妇好墓编铙)的组合。侯家庄1083号墓被盗严重,编铙是否有缺失不能确定,因此这种4件成编的组合尚待新的考古材料来证明。妇好墓编铙是目前唯一一套5件一组的编铙②。那么这种编列是偶然为之,还是当时的一种规定呢?所谓"孤证不立",有人认为其偶然性的可能更大。现在看来,值得商榷。因为有两个很重要的材料被有些学者忽略了:一是该墓的编磬也是5件一组,与编铙的编列正好相合;二是安阳殷墟西区93号墓配置的编磬也是5件③。由此可见,此种编列应该也是殷礼的一种规定。下面对5座配置编铙与石磬的墓葬的相关资料进行比较(表八)。

表八　　　　　仅配置编铙与石磬的墓葬资料比较表

墓葬	墓主身份	墓葬规格	随葬器物
安阳小屯5号墓	商王的王妃妇好	土坑竖穴墓,属中型墓葬。	没有盗扰,随葬近2000件,其中大型青铜器有468件,玉器755件。
鹿邑微子启墓	宋国国君	"中"字形大墓,"亚"字形椁室。	没有盗扰,随葬品近2000件,其中青铜礼、乐器85件,且方形铜器的数量和种类方面是商代墓葬中最多的一座。

---

① 于省吾:《双剑誃古器物图录》(卷下)图一七～一九,1940年(影印本);杨荫浏:《中国古代音乐史稿》(上册),第23～24页,人民音乐出版社,1981年;袁荃猷:《中国音乐文物大系·北京卷》,第20页,大象出版社,1996年。

② 中国社会科学院考古研究所安阳工作队:《安阳殷墟五号墓的发掘》,第69页,《考古学报》1977年第2期。

③ 中国社会科学院考古研究所安阳工作队:《1969～1977年殷墟西区墓葬发掘报告》,第103页,《考古学报》1979年第1期;赵世纲:《中国音乐文物大系·河南卷》,第58页,大象出版社,1996年。

安阳花园庄54号墓	诸侯级别的高级军事首脑	土坑竖穴墓,属中型墓葬。	没有盗扰,随葬品570余件,殉人15个,殉狗15只。
安阳郭家庄160号墓	诸侯级别的高级军事首长	长方竖穴形,属中型墓葬。	没有盗扰,随葬品349件,其中青铜器228件。
青州苏埠屯8号墓	薄姑国高级贵族	"甲"字形大墓	没有盗扰,随葬品近百件。

　　表八中,青州苏埠屯8号墓的主人为薄姑国高级贵族,地位最低,其配置的礼乐器就是一般配置,即编铙3件和特磬1件。其次是安阳花园庄54号墓和安阳郭家庄160号墓,墓主同为诸侯级别的高级军事首长,墓葬规格相同,比前者高一级别,其享用的礼乐器也是一般配置,即编铙3件和特磬1件,于前者并无区别。但是从随葬器物来看,却比薄姑国高级贵族多出数百件,这反映出他们等级的差别。再次是鹿邑微子启墓,墓主是一位非常有权势的殷王之后——宋国国君,周王允许其保留殷商的祭祀礼乐,其等级应该比安阳花园庄54号墓、安阳郭家庄160号墓墓主高一个档次,其配置的礼乐器也说明了这一点,编铙增至2组6件,比一般配置多一倍。而且其墓葬规格和随葬品也明显高于前两位墓主。这说明同为诸侯,大国诸侯与中小诸侯之间还是差别很大。在以上5座墓葬中,等级最高的是商王武丁的王妃妇好。她虽然在礼乐器的种类配置方面与前四者相同,均为编铙和石磬,但在编列方面迥异。所配编铙是一组5件,为目前一组编铙件数之最;编磬也是配置一组5件,做工精美,从编列数量和工艺两方面来看都是空前的。其礼乐器的总数为10件,也是以上5座仅配置编铙和石磬的墓葬中最多的。上文已述,在殷礼中,首先通过礼乐器种类的不同配置体现不同的等级,例如小奴隶主贵族主要配置特磬,中高级贵族主要配置编铙,高级贵族、方君主要是配置编铙和石磬等。同一级别内,在礼乐器种类配置相同的情况下,再通过所配礼乐器编列以及数目的不同,把虽属同一级别但是身份地位仍有差别的贵族进一步细化,这应该也是殷礼的重要内容之一。可见,商代的礼乐制度在一定程度上,已经出现了比较完备的规范。特别需要指出

的是,这 5 座墓葬均没有盗扰,它所反映出来有关礼乐制度方面的信息应该是殷礼的真实体现。

综上所述,青铜乐钟的勃兴以及编磬的诞生,是殷礼的最大特征,其对西周乐悬制度产生了深远的影响。首先,西周乐悬制度继承了殷礼青铜乐钟和石磬的组合形式。殷礼礼乐器的配置之一为编铙和特磬或者编磬,而西周乐悬制度的基本配置为编甬钟和编磬,二者同为典型的"金石之乐"。其次,西周乐悬制度的标志性礼乐器——甬钟的形成,主要是以南方古越族的青铜乐钟——大铙为基础,又吸收殷商编铙的某些因素而成。而起源于南方古越族的青铜乐钟——镈,更是成为西周时期周天子、三公以及个别上卿方可享有的礼乐重器;此外,关于编铙的演奏方式,李纯一认为有持鸣、植鸣、悬鸣三种,而且"悬鸣方法和植鸣方法一直并行"①。也就是说,殷商时期已经出现了可以悬奏的编铙。同时,石磬、镈和一些大铙(有旋的)也都是可以悬奏的。郑玄云:"乐悬,谓钟磬之属悬于簨簴者。"②按照郑说,它们也都是可以称为"乐悬"的。可见,西周建立的乐悬制度有着殷商晚期已成雏形的深刻社会背景。正如严文明所言:"夏、商、周都吸收了周邻各个文化的因素,形成各自的文明。"③

---

① 李纯一:《中国上古出土乐器综论》,第 117 页,文物出版社,1996 年。

② 《周礼·春官·小胥》,《周礼注疏》卷二十三,《十三经注疏》(上),第 795 页,中华书局,1980 年。

③ 严文明:《我与考古学》,第 217 页,《走向 21 世纪的考古学》,三秦出版社,1997 年。

第二章　西周乐悬制度初成

　　史载宗周建国之初,周公"制礼作乐"[1],在"因于殷礼"的基础上,着手建立西周的礼乐制度。根据这套制度,周代的各级贵族在使用的配享、列鼎、乐悬、乐曲、舞队规格、用乐场合等方面,皆有严格的规定。其中,乐悬制度是西周礼乐制度的重要组成部分,也是西周礼乐制度的具体体现。在第一章中,笔者已经对史前和商代的礼乐制度进行探讨,本章就来谈谈西周乐悬制度是如何在夏、商两代礼乐制度的基础上"损益"形成的。

第一节　西周早期钟磬乐悬及其考古资料分析

　　目前所见西周早期[2]的钟类乐器,绝大多数为编甬钟,其次为大铙,特磬、编磬、编铙、镈也有少量出土。但出土于墓葬的只有编甬钟、编铙两种礼乐器。

一　仅出编甬钟的墓葬

　　甬钟,一种出现于西周初期的重要青铜乐器。它集古代高科技、高文化和高艺术于一身,是钟磬乐悬的杰出代表。目前所知,

---

① 《礼记·明堂位》,《礼记正义》卷三十一,《十三经注疏》(下),第1488页,中华书局,1980年。

② 指武、成、康、昭四世。

西周早期的甬钟实物有 13 例 24 件(参见附表七)。其中,最早的实物标本为晋侯苏编甬钟Ⅰ式(2 件),其时代为西周初年①。在这 24 件甬钟实物中,出土于墓葬的有 5 例 12 件。其中晋侯苏Ⅰ、Ⅱ式编甬钟虽然属于西周早期制品,但出土于西周晚期的晋侯苏墓,因此将其归入西周晚期钟磬乐悬部分论述。在这里,笔者仅谈谈其他 4 例仅出土甬钟的西周早期墓葬,详见如下。

1. 強伯各墓②

1980 年 5 月,陕西省宝鸡市南郊竹园沟 7 号墓出土西周编甬钟 3 件(BZM 7∶12、11、10)。经考古专家鉴定,墓主为強伯各。该墓没有墓道,共出土铜、玉等随葬品 400 余件(组)。其中,礼器有圆鼎 3、簋 2、尊 2、卣 2、瓠 2 件以及虎纹铜钺等。从墓主強伯各所作礼器和同出的丰公鼎、目父癸鼎等器看,其时代应为西周早期的康、昭之世③。编钟的时代应与此相当,是目前出土年代最早的西周编钟之一。在 3 件编钟当中,BZM7∶12 最大,甬中空与体相通,内壁光平。旋饰四乳

图二六 強伯各墓编钟·
BZM7∶11

钉,舞素面,钲、篆四边以连缀小乳钉为界。篆、鼓均饰细阳线云纹;BZM7∶11(图二六)形制、纹饰同 M7∶12,唯horizontal稍长;BZM7∶10 形制与 M7∶12 大体相同,而纹饰有异。其钲、篆四边以阳线为界,而非连缀乳钉。旋和篆间均无纹饰。由此观之,此套编钟应为拼凑而成,原来也如晋侯苏编钟Ⅰ式、Ⅱ式一样 2 件成编,BZM7∶

① 王子初:《晋侯苏钟的音乐学研究》,第 26 页,《文物》1998 年第 5 期。
② 卢连成、胡智生:《宝鸡強国墓地》,第 96 页,文物出版社,1988 年;方建军:《中国音乐文物大系·陕西卷》,第 29 页,大象出版社,1996 年。
③ 卢连成、胡智生:《宝鸡強国墓地》,第 415 页,文物出版社,1988 年。

图二七　弢伯骵墓编钟·
BRM1 乙：28

10 应为后配。

2. 弢伯骵墓[①]

1974 年 12 月，陕西宝鸡市茹家庄 1 号墓乙室出土编甬钟 3 件（BRM1 乙：28、29、30）。经考古专家鉴定，墓主为弢伯骵。该墓为带墓道的大墓。墓主的乙室出土青铜器 42 件，有鼎 8（方鼎 3、圆鼎 5）、簋 5、豆 4、尊 5 件等，另有铜铎 1 件，是弢国墓地中随葬青铜礼器数量最多的。根据出土的礼器，墓葬时代可以定在西周早期的昭、穆之世[②]，编钟的时代亦应与此相当。BRM1 乙：28（图二七）器形完整，锈甚。甬中空与体腔相通，甬端有一长方形对穿，内壁光平。舞素面，钲、篆四边以连缀小乳钉为界，鼓饰细阳线云纹；BRM1 乙：29 锈甚，鼓部微残。形制、纹饰与 BRM1 乙：28 相同；BRM1 乙：30 器形完整，锈甚。形制与 BRM1 乙：28 基本相同，而纹饰有异。其钲、篆四边以阳线为界，而非连缀乳钉。正鼓部所饰云纹与前两钟也有不同。故此套编钟应为拼凑而成，原来也如晋侯苏编钟Ⅰ式、Ⅱ式一样 2 件成编，BRM1 乙：30 应为后配。

3. 临潼南罗西周墓[③]

1979 年冬，陕西临潼县零口南罗村村民在田间改土时发现甬钟 1 件（H2：454）（图二八）。据调查，甬钟出土于一座西周墓葬，

①　卢连成、胡智生：《宝鸡弢国墓地》，第 281 页，文物出版社，1988 年；方建军：《中国音乐文物大系·陕西卷》，第 31 页，大象出版社，1996 年。

②　卢连成、胡智生：《宝鸡弢国墓地》，第 415 页，文物出版社，1988 年。

③　赵康民：《临潼零口再次发现西周铜器》，《考古与文物》1983 年第 3 期；方建军：《中国音乐文物大系·陕西卷》，第 32 页，大象出版社，1996 年。

伴出器物有铜爵2件、玉玦1件,墓主身份地位不明。甬钟的形制纹饰与弨伯各墓编甬钟基本相同,其时代也应为西周早期①。此钟保存完好。平舞,上置圆柱形长甬,中空,与钟体不通。体合瓦形,于口弧曲,内壁光平。甬、舞素面,篆间、鼓部均饰细阳线云纹,钲、篆四边以小乳钉为界。通高25.0厘米,重2.4千克。

4. 扶风黄堆4号墓②

1980年,陕西扶风县黄堆村4号西周墓出土甬钟1件(80FHM4：9)(图二九),其时代为西周早期。此墓早年被盗,钟为盗后残留器物,应为一组编钟之一件,墓主身份地位不明。此钟保存完整。平舞,上置圆柱形长甬,中空与体相通。甬内存有泥芯,衡半封。体合瓦形,于口弧曲,内壁光平。甬、舞、篆、鼓均为素面,钲、篆四边以细阳线弦纹为界。绹纹斡。通高20.3厘米,重1.0千克。

在以上4例仅配置甬钟的西周早期墓葬中,有2座墓葬(临潼南罗西周墓、扶风黄堆4号墓)的墓主身份地位不明,其余2座墓葬(弨伯各墓、弨伯矲墓)的墓主

图二八　临潼零口南罗编钟

图二九　扶风黄堆4号墓编钟

均为方国国君。由此可见,在西周早期,编甬钟非是一般贵族所能享用,而是方国国君才能享用的礼乐重器。最为珍贵的是,这2座

①　卢连成、胡智生:《宝鸡弨国墓地》,第96页,文物出版社,1988年。

②　方建军:《中国音乐文物大系·陕西卷》,第33页,大象出版社,1996年。

墓葬墓主身份地位确定,墓葬保存完好,它所反映出来的有关信息应该是西周早期乐悬制度的真实体现。

二　仅出编铙的墓葬

编铙本为"殷礼"之礼乐器的典型代表。但在西周建国之初,编铙仍然沿用。目前发现的西周早期编铙有 3 例:微子启墓编铙(6 件)①、宝鸡竹园沟 13 号墓编铙、洛阳林校编铙(3 件)。其中,微子启墓的时代虽然属于西周初年,但是从墓葬形制、埋葬习俗、出土器物等多方面考察可知,微子启墓属于典型的商文化,所以笔者把它纳入"殷礼"的研究范畴,在第一章已经论述。洛阳林校编铙出土于车马坑,而非墓葬②。因此,只有宝鸡竹园沟 13 号墓编铙 1 例是出自于墓葬,略述如下。

图三〇　宝鸡竹园沟 13 号墓铙

1980 年 5 月,陕西宝鸡市竹园沟 13 号墓出土铜铙 1 件(BZM13：9)(图三〇)③。该墓没有墓道,出土器物 230 余件(组)。其中青铜礼器有 26 件,包括鼎 7 件(圆鼎 5、方鼎 2)、簋 3 件和虎纹铜钺等。经专家鉴定,墓主为弓鱼国国君,墓葬时代为西周早期的成、康之世④。从铜铙的形制纹饰来看,高西省认为此器应属有斡的编铙,时代当在商代末期。而且,在关中西部地区周文化中发现商人青铜器已是屡见不鲜,在弓鱼国墓地也是如此。如四川彭县

---

①　河南省文物考古研究所、周口市文化局:《鹿邑太清宫长子口墓》,第 121～126 页,中州古籍出版社,2000 年。

②　洛阳市文物工作队:《河南林校西周车马坑》,第 6 页,《文物》1999 年第 3 期。

③　卢连成、胡智生:《宝鸡弓鱼国墓地》,第 49～50 页,文物出版社,1988 年。

④　卢连成、胡智生:《宝鸡弓鱼国墓地》,第 414 页,文物出版社,1988 年。

竹瓦街出土的两件商代晚期铜觯一铭"覃父癸"，另一铭"牧正父己"。徐中舒认为这两件铜器为殷族之物，为蜀人参加武王伐商之战利品或周人颁赐的掳获物①。冯汉骥赞同其说②。竹园沟7号墓出土一件"覃父癸"铜爵，显与彭县"覃父癸"组为一家之器；文献又记载武王灭商后颁赐过殷人的宗庙彝器。可以确定，此铙应是殷商时期的作品③。铜铙保存完整，平舞，上置圆柱形甬，中空与体相通，甬上有半圆形斡。体合瓦形，于口弧曲，内壁光平。舞素面，体饰浮雕兽面纹，正鼓部有方形台面。此器具有殷商编铙的典型特征，只是甬上有一般编铙上少见的斡。通高 19.5 厘米，重 1.7千克。

第二节　西周乐悬制度初成

宗周建国之初，周公"制礼作乐"④。"因为殷的文化高于岐周，典礼制度比较完备……所以周人克殷之后大量采用了殷的文化。"⑤即在"因于殷礼"的基础上"损益"而成。虽然西周早期的礼乐器出土于墓葬的仅有 5 例，但是依然比较清晰的反映了这种现实。

一　乐悬的用器制度

在西周早期 5 例出土礼乐器的墓葬中，有 3 例墓主身份确定，墓葬时代清楚，那就是宝鸡竹园沟 13 号强伯墓（BZM13）、强伯各

---

① 徐中舒：《四山彭县濛阳镇出土的殷代二觯》，《文物》1982 年第 6 期。

② 冯汉骥：《四山彭县出土的铜器》，《文物》1980 年第 12 期。

③ 高西省：《西周早期甬钟比较研究》，第 16～17 页，《文博》1995 年第 1 期。

④ 《礼记·明堂位》，《礼记正义》卷三十一，《十三经注疏》（下），第 1488 页，中华书局，1980 年。

⑤ 顾颉刚：《周公制礼的传说和〈周官〉一书的出现》，《文史》第六辑。

墓(BZM7)和強伯雉墓(BRM1)。它们均位于強国墓地,三位墓主又均是強国的几代国君。“在西周考古发掘中,从一个诸侯国墓地能够如此明确的推断出数代国君的世系,是较为少见的。”[①]尤为珍贵的是,四座強国国君墓葬中有三座均出土有礼乐器。周初強国与周人保持着较为融洽的友好关系,可能参加武王伐商义举,有功勋于王室,被分封于周畿附近的宝鸡一带[②]。因此,強国墓地所反映出的礼制模式应为西周早期周人乐悬制度的体现。“西周、春秋时期的考古资料表明,当时的诸侯、方国和贵族墓地,都严格地实行族葬制度。考察同一墓地各类墓葬青铜礼器的组合和变化,是研究这个诸侯方国内部社会结构、宗法等级制度最好的一条途径。在奴隶社会中,青铜礼乐器是奴隶主贵族用来‘明贵贱、辨等列’的重要标志,每一座墓葬中青铜礼器的多寡、组合上的细微变化,都具有一定的社会意义。[③]”目前強国墓地共发掘墓葬27座,根据随葬器物的多少,可分为7个级别。強伯雉墓为带墓道的大墓。随葬器物有鼎8(方鼎3、圆鼎5)、簋5、豆4、尊5件等,是墓地中随葬青铜礼器数量最多的一座,属于第一类墓葬,等级最高。他的妻子井姬墓也属于第一类墓葬,同为带墓道的大墓,随葬青铜礼器有鼎6(方鼎1、圆鼎5)、簋5、豆4、尊5件等,殉奴2人。与其丈夫強伯雉墓相比,除少2件方鼎外,其余礼器配置完全相同。其中的方鼎非一般器物,在商代,方形青铜器是统治阶级权力和地位的象征[④]。根据一些学者对方鼎类型及身份等级的研究,凡出土中型方鼎数量达2件的墓葬主人多为方国国君,个别为王室重臣,出土小型方鼎数量达4件的墓葬主人多为方国国君或其夫人[⑤]。这2件方鼎

---

① 卢连成、胡智生:《宝鸡強国墓地》,第416页,文物出版社,1988年。

② 卢连成、胡智生:《宝鸡強国墓地》,第415页,文物出版社,1988年。

③ 卢连成、胡智生:《宝鸡強国墓地》,第427～428页,文物出版社,1988年。

④ 刘一曼:《安阳殷墓青铜礼器组合的几个问题》,《考古学报》1995年第4期。

⑤ 杨宝成、刘森森:《商周方鼎初论》,《考古》1991年第6期。

是二者等级差别的标志之一。但是,两座墓葬的最大区别还不在于相差 2 件方鼎,而是礼乐器的配置。強伯硈墓随葬有一套编甬钟 3 件,铜铎 1 件;而井姬墓则没有随葬任何青铜礼乐器,这才是二者等级差别最重要的标志。这表明在西周早期,青铜编钟应是方国国君专用的礼乐器,其配偶是无权享用的。这与殷商时期妇好墓礼乐器的配置有着异曲同工之妙:殷商妇好的地位非常显赫,甚至经常代替商王武丁主持诸多祭祀活动①;但她所享用的礼乐器也仅与一般诸侯和方国国君配置一样,为编铙和石磬,并非商王所用的鼍鼓和特磬。"成组的编钟是标明墓主生前最高等级的重要文物。编钟多用于庙堂祭祀和各种礼的活动,在诸侯方国之内,主持各种祭典和礼仪活动的只能是诸侯、国君。"②无论在商王和王妃之间,还是西周早期的方国国君和王妃之间,在等级方面都有一条无法逾越的鸿沟。

三位強伯的世系顺序如下:強伯(成、康之世)→強伯各(康、昭之世)→強伯硈(昭、穆)。各代強伯之间世系没有间断,上下承袭,比较明确③。值得注意的是,同为強伯,他们之间所配置的礼乐器也有不同。为了方便比较,现把这 3 代強伯的墓葬资料列表(表九)。

表九　　　　　西周早期三代強伯墓葬资料比较表

墓主及墓葬号	时代	墓道	随葬青铜礼器	随葬青铜礼乐器
強伯 BZM13	成、康(前 1042～前 996 年)	无	鼎 7(圆鼎 5、方鼎 2)、簋 3 件等。	编铙 1 件
強伯各 BZM7	康、昭(前 1020～前 977 年)	无	圆鼎 3、簋 2 件等。	编甬钟 3 件
強伯硈 BRM1	昭、穆(前 995～前 922 年)	单墓道	鼎 8(方鼎 3、圆鼎 5)、簋 5 件等。	编甬钟 3 件,铜铎 1 件

① 王宇信、张永山、杨升南:《试论殷墟五号墓的"妇好"》,第 1～21 页,《考古学报》1977 年第 2 期。

② 卢连成、胡智生:《宝鸡強国墓地》,第 429 页,文物出版社,1988 年。

③ 卢连成、胡智生:《宝鸡強国墓地》,第 415 页,文物出版社,1988 年。

从表九来看,三代弪伯在墓葬形制、随葬礼器和礼乐器方面均有一定差别,"可能是墓主等级上的差距,反映出各代弪伯生前地位高低的变化,体现了处在不同阶段上弪国国力兴衰,在西周王室和畿内方国之间地位升降的变化。有些差别则可能是因时代早晚不同所造成的。"① 成、康之世(前 1042～前 996 年)的弪伯(BZM13)随葬的礼乐器是编铙,而非编甬钟。可能因为当时正处于西周初年,以编甬钟为主体的乐悬制度尚未建立,为"犹用殷法"的结果。到第二代、第三代弪伯,随葬礼器均不见编铙,而代之以编甬钟。这正是"兴正礼乐,度制于是改"的生动体现,说明西周乐悬制度已经初步确立。"据《尚书》、《国语》记载,穆王时,确曾'修其训典',对许多礼乐典章制度有所变革。""实际上,康、昭之际已经开始。"② 周代新生的青铜礼乐器——编甬钟取代编铙,首见于康、昭之世的弪伯各墓,又见于昭、穆之世弪伯㿝墓,正是西周早期乐悬制度的真实反映。殷礼标志性的礼乐重器——编铙逐步被周人废止,而代之以编甬钟的崛起,这应是殷商礼乐制度终结和西周乐悬制度初步建立的分水岭。

编甬钟是一种西周早期产生的新型乐钟。关于它的来源,学术界争议较大。目前主要有三种观点。

第一种是编铙起源说,以容庚③、郭沫若④、唐兰⑤、郭宝钧⑥、马承源、方建军等数位学者为代表,主张西周甬钟是由殷商编铙发展而来。如马承源指出:"据殷墟铙的形式,毫无疑问,必然是两周

① 卢连成、胡智生:《宝鸡弪国墓地》,第429页,文物出版社,1988年。

② 卢连成、胡智生:《宝鸡弪国墓地》,第521页,文物出版社,1988年。

③ 容庚:《商周彝器通考》(上),第486页,哈佛燕京出版社,1941年。

④ 郭沫若:《彝器形象学试探》,《两周金文辞大系图录考释》(第一册),科学出版社,1957年。

⑤ 唐兰:《中国青铜器的起源与发展》,《故宫博物院院刊》1979年第1期。

⑥ 郭宝钧:《商周铜器群综合研究》,第63页,文物出版社,1981年。

钟的滥觞。"①"钟的形式是从铙演化而来。"②方建军通过对陕西出土甬钟的系统研究,进一步论证了西周甬钟起源于中原编铙,并认为竹园沟13号墓出土的兽面纹铙的时代应为西周时期,它是商铙发展到甬钟的新例证③。

近20年来,随着考古学的快速发展和学术争鸣的空前活跃,关于西周甬钟来源的研究取得重大进展,越来越多的学者更赞同第二种观点,那就是大铙起源说,以高至喜、彭适凡、高西省、殷玮璋、曹淑琴④、王子初等学者为代表。高至喜从器型学角度出发,指出"从目前考古资料看,陕西出土的西周早期末段的甬钟在本地区找不到它的渊源。殷人的小型铜铙,似乎没有被周人继承下来而基本上绝迹了,所以西周早期的铜铙至今没有发现。而北方所出早期甬钟却与南方同期的甬钟形制、花纹完全一致,说明了它们之间必有密切的联系。而南方甬钟是从南方大铙直接演变而来,序列清楚,没有缺环。因此,我认为北方西周早中期甬钟的出现应是受了南方甬钟的影响。西周时期,不论是从文献记载,还是从出土文物,都能说明南北之间已有相当密切政治上的关系和文化上的交往,周人完全有可能吸收南方的这种较为先进的乐器。"⑤"在西周初年,当大铙发展至它的最高形式的同时,乐工们也完成了大铙

---

① 马承源:《商周青铜双音钟》,第131页,《考古学报》1981年第1期。

② 马承源:《中国青铜器》,第283页,上海古籍出版社,1988年;在马先生的这部著作中,钟指的是甬钟,铙仅指编铙,不包括大铙,大铙在书中称为钲(参见该书第280页)。

③ 方建军:《陕西出土西周和春秋时期甬钟的初步考察》,《交响》1989年第3期;方建军:《西周早期甬钟及甬钟起源探讨》,第33～39页,《考古与文物》1992年第1期。

④ 殷玮璋、曹淑琴:《长江流域早期甬钟的形态学分析》,第261～270页,《文物与考古论集》,文物出版社,1986年;曹淑琴、殷玮璋:《早期甬钟的区、系、型研究》,第231～254页,《考古学文化论集》,文物出社,1989年。

⑤ 高至喜:《中国南方出土商周铜铙概论》,第23页,《商周青铜器与楚文化》,岳麓书社,1999年。

向甬钟的转变,即在铙上加上旋虫,由仰击变为悬敲,便成了甬钟。"①高西省认为:从西周早期甬钟与编铙的形制、结构、纹饰相比较来看,"西周早期甬钟已相当成熟而商铙较原始;西周早期甬钟干旋齐备,悬而鸣之,而商铙无干无旋,执而鸣之;西周早期钟两铣距明显大于栾长呈瘦高体,长甬,而商铙铣距大于栾长呈扁体,短甬;西周早期钟两铣尖侈,于弧凹程度大,而商铙两铣稍侈,于稍凹;西周早期钟钲、篆、枚、鼓等部位已成固定格式,规整化一,而商铙均未见这些结构;西周早期钟三十六枚呈双叠圆台状,而商铙无有乳枚结构;西周早期甬钟之云纹纤细、流畅,而商铙却不见这种纹饰。西周早期钟已是甬钟的完备形式。这种形式、这种结构之钟并一直延续到春秋战国时期没有变化。显而易见,西周早期甬钟与商铙之间无论从形制、纹饰,使用方法、结构及音响上有相当一段距离。与其他西周早期青铜器如鼎、毁、卣等几乎与商末同类器没有区别的情况迥然不同,这只能说明周人青铜甬钟不是由中原商晚期铙直接发展而来的,而是另有渊源。……江南西周甬钟是由商晚期镛直接发展而来的也是毋庸置疑的。"②王子初师则从器型学和音乐考古学等多角度对其进行综合考察,指出"盛行于商代晚期和西周早期的南方大铙,其器形的特点是:主体作合瓦形,于口弧曲,下有圆筒形甬,仰击,器形大,多见单个出土,敲击其侧鼓和正鼓,可发两个不同的乐音,多为大三度或小三度。这些特征,与甬钟一脉相承;而与北方的成编的小型商铙有着明显的区别。并且,南方各型大铙的演变过程,从最初铙兽面纹逐渐简化,仅剩两只眼睛,继而以云纹布满全身;过渡到云纹消失,乳钉出现;再过渡到乳钉周围云纹不断减少而形成'篆间',进而钲周围、钲中

---

① 彭适凡:《赣江流域出土商周铜铙和甬钟概述》,第 55 页,《南方文物》1998 年第 1 期。

② 高西省:《西周早期甬钟比较研究》,第 17 页,《文博》1995 年第 1 期。

部两侧用圈点纹或乳钉纹框边，'钲间'出现，乳钉不断升高成尖锥状，或作双叠圆台状，进而作平头柱状，'篆间'也用圈点或乳钉框边，这样便形成了除甬部旋上无'旋虫'之外，其余已与甬钟没有任何区别最后式样。由此也可证明，甬钟应是由南方铜铙发展演变而来。"①

除了以上两种观点外，还有一种观点，那就是折中起源说，或曰南北交流说。实际上，这种折中观点并非近年学者的突破与创见，20世纪50年代的陈梦家就曾提出甬钟乃由编铙经南方大铙演变而成②。20世纪90年代以后，李纯一、朱文玮、吕琪昌、陈荃有等学者在对前两种观点辨析后，进一步阐明了这种折中观点。李纯一指出："西周编甬钟是在继承殷庸③传统的基础上，吸收南方Ⅱ型镈的长处，一方面扩大共鸣腔(即钟体)，以增加音量；另一方面将乳状短枚改进为二叠圆台状长枚，再辅以钲篆边框上的小乳钉，以增强其负载作用，从而使性能得到提高。"④陈荃有非常赞同李先生的观点。"研读争论双方的学术观点，我认为无论持镈起源论者还是持编庸起源论者均有无法解释的学术盲区。这些双方均未着墨谈及的彼此盲区，是决定甬钟起源不可或缺的证据，任何一方不能给予圆满答复，其论点都值得怀疑。""今天的考古成果已越来越多地向我们显示：西周甬钟的形式是继承了编庸成编的传统和柄上出现挂环或穿可悬鸣的奏法，同时吸收南方镈体的乳枚并扩大钟体，以改善音响，借鉴南方镈体常见的繁缛纹饰作为器体修饰，使甬钟无论从音质还是从外观都发生了巨大的变化。西周甬钟的这种基本型式应是南北文化交流的结晶，它体现了中华民族先民

---

① 王子初：《中国音乐考古学》，第145页，福建教育出版社，2003年。

② 陈梦家：《西周铜器断代》(五)，《考古学报》1956年第3期。

③ 庸指编铙，李纯一的观点。目前学术界还没有达成一致，本文沿用考古界比较多用的编铙之名。下文均同，不再另注。

④ 李纯一：《中国上古出土乐器综论》，第186页，文物出版社，1996年。

富于创造的天才杰作。"①台湾的朱文玮、吕琪昌与陈说大同小异，"认为甬钟的来源，非所谓'南来说'或'北来说'所能尽涵，因而主张'南北交流说'。即甬钟之钟面的形式和'旋'的存在，应是源于南方'句鑃'；而钟之三件一组的编制和悬钟的'斡'，则可在北方商'庸'找到源头。"②

对于第三种折中观点，它似乎兼顾了两种对立观点的长处，也弥补了两者之间的矛盾。但是笔者认为，这种折中起源说还有一个重要问题需要进一步谈清楚，那就是：西周甬钟是以编铙为基础，吸收南方大铙的某些因素而成？还是以南方大铙为基础，吸收编铙的某些因素而成？如果这个问题谈不清楚，西周甬钟的真正来源也难以得到澄清。李纯一认为西周编甬钟是在继承编铙传统的基础上，吸收南方Ⅱ型大铙的长处发展而来，可名之曰编铙改良起源说。李先生指出，"南方地区发现的一些Ⅰ1a式甬钟，当是由中原地区传入，或者是由当地居民所仿制。"③显然，他的观点是甬钟首先形成于北方，后传入南方。笔者认为此观点值得商榷。对于大铙起源说，前文已有引述，高西省、高至喜、彭适凡、王子初等学者已经论述得非常深入透彻，笔者认为这种观点合理之处更多。当然此说也有盲点，陈荃有认为其"忽略或避开了两个至为关键的细节，即编列问题和奏法问题。"④这与台湾的朱文玮、吕琪昌的质疑⑤如出一辙。对于编列问题，笔者认为其与甬钟的起源无关，这是一个关于如何使用甬钟的问题，如果单件使用，有学者称之为特钟，如果成编使用，则为编钟。关于奏法问题，"甬钟的甬上有旋和

---

① 陈荃有：《悬钟的发生及双音钟的厘定》，第20页，《交响》2000年第4期。

② 朱文玮、吕琪昌：《先秦乐钟之研究》，第156页，台北南天书局，1994年；南来说指大铙起源说，北来说指编铙起源说；句鑃指大铙，庸指编铙。

③ 李纯一：《中国上古出土乐器综论》，第186页，文物出版社，1996年。

④ 陈荃有：《悬钟的发生及双音钟的厘定》，第19～20页，《交响》2000年第4期。

⑤ 朱文玮、吕琪昌：《先秦乐钟之研究》，第156页，台北南天书局1994年。

斡，个别甬端还有穿，可以悬挂击奏，这是甬钟之所以在青铜乐钟发展历程中具有里程碑意义的关键所在。南方铙——即使后期南方镛也均不具备可悬之斡，所以只能口上柄下植奏，而殷庸具备了可悬奏的斡状挂，特别是在宝鸡竹园沟 M13 出土特庸的柄上有一个半圆环，当可悬奏，同墓地时间稍迟于 M13 的 M7 即出土了三件套带旋、斡的甬钟，所以甬钟上的斡很可能就是庸柄上的挂环演变而成。"①陈说是也。除了有斡的宝鸡竹园沟 M13 编铙之外，现藏于上海博物馆的亚寰铙（图三一）柄上也有斡，而且是双斡，其时代为殷墟文化三期②。所以，西周甬钟用于悬挂的斡来源于编铙应该是没有问题的。因此，笔者认为，中原西周甬钟的形成主要是以南方大铙为基础，又吸收殷商编铙的某些因素而成，可名之为大铙改良起源说。同时，西周甬钟应该首先形成于南方。"陕西宝鸡、长安所

图三一　亚寰铙

出西周早期后段和中期之初的甬钟，应是传自南方。它们北传的路线可能有两条，一条是经湖北东南部的扬越之地直接传入北方，另一条可能是经楚地再传入周人地区。"③而非李纯一所言南方地区发现的一些甬钟，当是由中原地区传入，或者是由当地居民所仿制的。此外，大铙虽然不具备可悬之斡，但也可以悬奏，"关于Ⅰ、

①　陈荃有：《悬钟的发生及双音钟的厘定》，第 20 页，《交响》2000 年第 4 期。

②　马承源：《中国音乐文物大系·上海卷》，第 8 页，大象出版社，1996 年；曹定云：《殷代的"竹"与"孤竹"》，《华夏考古》1988 年第 3 期。

③　王子初：《中国音乐考古学》，第 146～147 页，福建教育出版社，2003 年。

Ⅱ型镛①的悬挂方法有两种可能：一是把绳系在舞旋之间的柄根上，旋可防止绳结从柄上滑脱下来；一是把……比较起来，前一种悬法比较简便易行，并且不会产生阻尼作用，所以有较大的实用性和可能性。"②如此说来，有旋的大铙应该已经可以悬奏了。这种既可植奏又可悬奏的南方大铙，应该正是大铙向甬钟演变过渡阶段的产物。

此外，殷礼中使用的青铜礼乐器镈、大铙，石质礼乐器特磬，在西周早期仍有出土。目前，西周早期的镈只有 2 件（参见附表六），分别为资兴兽面纹镈③、衡阳金兰市镈④，均出自今湖南省境内，说明这种后来在西周乐悬制度中占据重要地位的青铜乐器在西周早期还没有传到周人地区，当然更没有可能被用于西周乐悬制度之中。大铙共有 63 件之多（参见附表八），分别出自今湖北、湖南、江西、浙江、广西五省境内，不见于中原地区，这也从另一侧面说明由大铙改良而成的西周甬钟应该首先形成于南方，而后传入周人地区。以上 2 种殷礼中的青铜礼乐器都是出自南方荆楚百越之地，且不见于墓葬。可能在西周早期，它们还只是江南诸多方国祭祀活动中的一种法器，而非身份地位象征的礼乐器。西周早期的石磬只有 4 例，分别为胶县张家庄特磬⑤、淅川下王岗特磬（2 件）⑥、

---

①　指有旋的大铙。

②　李纯一：《中国上古出土乐器综论》，第 142 页，文物出版社，1996 年。

③　高至喜：《论商周铜镈》，第 38～43 页，《商周青铜器与楚文化研究》，岳麓书社，1999年；高至喜、熊传薪：《中国音乐文物大系·湖南卷》，大象出版社，2006 年。

④　冯玉辉：《衡阳博物馆收藏三件周代铜器》，第 95 页，《文物》1980 年第 11 期；高至喜：《论商周铜镈》，第 38～43 页，《商周青铜器与楚文化研究》，岳麓书社，1999 年。

⑤　周昌福、温增源：《中国音乐文物大系·山东卷》，第 142 页，大象出版社，2001 年。

⑥　河南省文物考古研究所等：《淅川下王岗》，第 331 页，文物出版社，1989 年；赵世纲：《中国音乐文物大系·河南卷》，第 68 页，大象出版社，1996 年。

扶风齐镇特磬①、扶风云塘特磬②。在以上 4 例西周早期石磬中，有 2 例出自周人地区，但却不见于墓葬，而是出自建筑或生活遗址，可能这种在殷礼中使用比较普遍的礼乐器还没有为西周早期的统治者所重视，这时的特磬很可能与南方的镈、大铙一样，仍是祭祀活动中的法器而已。

在西周早期出土青铜礼乐器的 5 例墓葬中，有 3 例墓主身份确定，他们均为弪国的历代国君。而在殷礼中，享用青铜礼乐器不是中、高级贵族的特权。在 12 例仅出土编铙的商代墓葬中，有 4 座墓葬的主人为地位一般的奴隶主贵族。特别是青州苏埠屯 8 号墓的墓主，他仅是薄姑方国的高级贵族而已，但却享用编铙和特磬的配置。"青铜器是贵族统治权力的象征，在商人的基础上，西周时代贵族对其重视的程度进一步得到加强。"③

二　乐悬的摆列制度

从考古发现来看，西周早期的乐悬制度仅用编甬钟，而镈、石磬还未使用。目前所知，西周早期的甬钟实物有 13 例 24 件（参见附表七）。其中，见于周人地区的仅有 5 例，即弪伯各墓编甬钟④、弪伯牆墓编甬钟⑤、临潼南罗甬钟⑥、扶风黄堆 4 号墓甬钟⑦、凤翔

---

① 方建军：《中国音乐文物大系·陕西卷》，第 16 页，大象出版社，1996 年。

② 周原考古队：《陕西县云塘、西周建筑基址 1999～2000 年度发掘简报》，第 22 页，《考古》2002 年第 9 期。

③ 杜廼松：《中国青铜器发展史》，第 43 页，紫禁城出版社，1995 年。

④ 卢连成、胡智生：《宝鸡弪国墓地》，第 96 页，文物出版社，1988 年；方建军：《中国音乐文物大系·陕西卷》，第 29 页，大象出版社，1996 年。

⑤ 卢连成、胡智生：《宝鸡弪国墓地》，第 281 页，文物出版社，1988 年；方建军：《中国音乐文物大系·陕西卷》，第 31 页，大象出版社，1996 年。

⑥ 赵康民：《临潼零口再次发现西周铜器》，《考古与文物》1983 年第 3 期；方建军：《中国音乐文物大系·陕西卷》，第 32 页，大象出版社，1996 年。

⑦ 方建军：《中国音乐文物大系·陕西卷》，第 33 页，大象出版社，1996 年。

东关甬钟①，其余 8 例均出自今湖北、湖南、江西等荆楚、百越地区。无论是周歧地区、还是荆楚、百越之地，编甬钟的数量和规模还非常有限。但其编列已经有规可循，有 2 件一肆（组），如江陵江北农场编甬钟②、大冶罗桥编甬钟③、晋侯苏钟Ⅰ式和Ⅱ式④；有 3 件一肆（组），如弦伯各墓编甬钟、弦伯媵墓编甬钟，与殷商编铙的编列一脉相承。其规模还只有一架钟虡悬挂一套编钟（2 或 3 件），即一堵一肆而已，远没有达到如《周礼》所载"王宫悬，诸侯轩悬，卿、大夫判悬，士特悬"⑤的规模。

堵与肆，是西周乐悬摆列制度中聚讼不已的概念。关于堵、肆，最早的记载是《周礼·春官·小胥》："王宫悬，诸侯轩悬，卿、大夫判悬，士特悬，辨其声。凡悬钟磬，半为堵，全为肆。"⑥堵与肆无疑是乐悬摆列制度中的一个重要问题。

《周礼·春官·小胥》郑玄注："钟磬者，编悬之，二八十六枚而在一簨谓之堵。钟一堵，磬一堵，谓之肆。"⑦郑氏认为 16 件编钟或者编磬悬挂于一虡为一堵，一堵编钟和一堵编磬合称一肆。唐·孔颖达比较认同郑氏之说，不同之处在于他把郑玄的堵钟、堵磬合悬于一虡，这样的一虡即为一肆，单有编钟或者编磬均为半⑧。《左传》襄公十一年载："郑人赂晋侯以师悝、师触、师蠲……歌钟二肆，及其镈磬，女乐二八。"杜预注："肆，列也。悬钟十六为一肆，二肆

---

① 高次若：《宝鸡市博物馆藏青铜器介绍》，《考古与文物》1991 年第 5 期；方建军：《中国音乐文物大系·陕西卷》，第 34 页，大象出版社，1996 年。

② 何驽：《湖北江陵江北农场出土商周青铜器》，第 86～90 页，《文物》1994 年第 9 期；

③ 梅正国、余为民：《湖北大冶罗桥出土商周青铜器》，《文物资料丛刊》第五辑。

④ 王子初：《晋侯苏钟的音乐学研究》，第 23～30 页，《文物》1998 年第 5 期。

⑤ 《周礼·春官·小胥》，《周礼注疏》卷二十三，《十三经注疏》（上），第 795 页，中华书局，1980 年。

⑥ 《周礼注疏》卷二十三，《十三经注疏》（上），第 795 页，中华书局，1980 年。

⑦ 《周礼注疏》卷二十三，《十三经注疏》（上），第 795 页，中华书局，1980 年。

⑧ 《春秋左传正义》卷三十一，《十三经注疏》（下），第 1951 页，中华书局，1980 年。

三十二枚。"①杜预认为,肆为列,每肆 16 件,不包括编磬,与郑玄、孔颖达所言之肆有别。孙诒让②、陈旸③、徐元诰④和杨伯峻⑤均支持杜预的观点,认为编钟可以单独称肆,与磬无涉。那么,一肆如郑玄、孔颖达所言钟、磬俱全呢? 还是如杜预等所谓的编钟可以单独称肆,与磬无涉呢? 从出土实物来看,杜预等人之说不无道理。1996 年至 1997 年,河南新郑市郑韩故城祭祀遗址清理出 11 座乐器坑,出土编钟 206 件,是目前中国音乐考古史上一地出土编钟数量最多的一例,但是却没有出土编磬。同出大牢九鼎共 5 套,合计 45 件,应为天子的规格⑥。这么高的规格,这么多的编钟,如果说就因为没有编磬还不足一肆,恐怕令人难以信服。同时,一些礼乐器的铭文也可为证,如邵钟铭文:"大钟八肆,其竈四堵";洹子孟姜壶:"鼓钟一肆"等。而且,不仅钟可以称肆,其他"或是大小相次的一类铜器,或是大小相等的一类铜器,或是数类相关铜器的组合"都可称肆⑦。因此笔者认为,编钟、编磬都可以单独称肆;一肆编钟或编磬,应该是指一组编钟或编磬。

　　以上这些学者探讨的都是肆,那么何谓堵呢?《周礼·春官·小胥》载:"凡悬钟磬,半为堵,全为肆。"⑧唐兰怀疑其为误倒,其本文当为"全为堵,半为肆"⑨。陈双新认为:"'堵'指古代用版筑法筑

①　《春秋左传正义》卷三十一,《十三经注疏》(下),第 1951 页,中华书局,1980 年。

②　孙诒让:《周礼正义》,第 1831 页,中华书局,1987 年。

③　陈旸:《周礼·春官·小胥》训义,《乐书》卷四十五,光绪丙子(1876)刊本。

④　徐元诰(王树民、沈长云点校):《国语集解》,第 413～414 页,中华书局,2002 年。

⑤　杨伯峻:《春秋左传注》,第 991～992 页,中华书局,1990 年。

⑥　河南省文物考古研究所:《河南新郑市郑韩故城郑国祭祀遗址发掘简报》,第 73～77 页,《考古》2000 年第 2 期;河南省文物考古研究所:《河南新郑郑韩故城东周祭祀遗址》,第 12 页,《文物》2005 年第 10 期。

⑦　陈梦家:《西周铜器断代》(三),第 73 页,《考古学报》1956 年第 1 期。

⑧　《周礼注疏》卷二十三,《十三经注疏》(上),第 795 页,中华书局,1980 年。

⑨　唐兰:《古乐器小记》,第 77～78 页,《燕京学报》第 14 期。

的土墙,有五版的高度,而编钟悬于钟架后正与此相似。"①正如王国维所言:"案堵之名出于垣墙,墙制高广各一丈谓之堵,钟磬虡之高,以击者为度,高广亦不能逾丈。②"其实,堵之此种涵义原来就有学者明确指出过,但是不知为何从来没有被历代学者所注意,那就是《周礼·春官·小胥》贾公彦疏:"云堵者,若墙之一堵"③,简单明了。李纯一则认为以上诸家观点均不可取,"其实先秦时期的堵肆并无严格区别,一套大小相次的编钟既可称之为堵,又可称之为肆。"④到底哪种观点更为合理呢? 笔者认为,所谓一堵,应指一虡编钟或者一虡编磬,一堵可悬钟、磬一或数层,每层可悬一或两肆,曾侯乙编钟、编磬就是典型例证。正如黄锡全、于炳文所言:"所谓'钟一肆',可能是指大小相次的编钟一组,多少不等。……所谓'堵',可能就是一虡(一排,似一堵墙),由上下三层或两层,邵钟'大钟八肆,其竃四堵',可能就是八组大钟,分四虡(排)悬挂,每虡二层。郑玄所谓'二八在一虡为一堵',可能是指一虡两层,一层 8件。"⑤黄说极是。

三 乐悬的音列制度

西周早期的编钟最多为 3 件一组,侧鼓部均没有凤鸟纹等侧鼓音演奏标记,而且于口内均无调音锉磨痕迹,说明这一时期的编钟还是与编铙一样为单音钟,因此音列简单。例如弻伯各墓编甬钟可以构成宫-角-宫的三音列(表一〇),弻伯痑墓编甬钟可以构成羽-宫-羽的三音列(表一一)。

---

① 陈双新:《两周青铜乐器铭辞研究》,第 24 页,河北大学出版社,2002 年。

② 王国维:《观堂集林·汉南吕编磬跋》(别集卷二),第 1217 页,中华书局,1959 年。

③ 《周礼注疏》卷二十三,《十三经注疏》(上),第 795 页,中华书局,1980 年。

④ 李纯一:《中国上古出土乐器综论》,第 288 页,文物出版社,1996 年。

⑤ 黄锡全、于炳文:《山西晋侯墓地所出楚公逆钟铭文初释》,第 175 页,《考古》1995 年第 2 期。

表一〇　　　　　弜伯各墓编甬钟测音数据分析表①　　　　单位：音分

序号	标本号	正鼓音		侧鼓音	
		音高	阶名	音高	阶名
1	BZM7：12	b^1-35	宫	$\sharp d^2-84$	角↓
2	BZM7：11	$\sharp d^2+28$	角↑	$\sharp f^2+113$	徵↑
3	BZM7：10	b^2+35	宫↑	$\sharp d^3+53$	角↑

表一一　　　　　弜伯㿷墓编甬钟测音数据分析表②　　　　单位：音分

序号	标本号	正鼓音		侧鼓音	
		音高	阶名	音高	阶名
1	BZM1 乙：28	$^\flat b^1-57$	羽	—	宫
2	BZM1 乙：29	$^\flat d^2+17$	宫↑	f^2+32	角
3	BZM1 乙：30	$^\flat b^2+141$	羽	$^\flat d^3+94$	和↑

从以上几部分的分析来看,西周早期的乐悬制度在"因于殷礼"的同时又有所"损益"是非常清楚的。首先,西周初期成、康之世的弜伯墓还随葬礼乐器编铙。而其后康、昭之世的弜伯各墓和昭、穆之世弜伯㿷墓随葬的礼乐器均出现了编甬钟——由南方大铙改良而成的一种西周早期的新型乐钟。"殷礼"标志性的礼乐重器——编铙被周人废止,而代之以编甬钟——西周乐悬制度的标志性礼乐重器,这应是殷商礼乐制度终结和西周乐悬制度初步建立的分水岭与界标。其次,西周统治者对青铜礼乐器重视的程度比殷商时期进一步加强,青铜编钟成为方国国君专用的礼乐器,其配偶也无权享用。再者,"殷礼"中使用的青铜礼乐器镈、大铙,石质礼乐器特磬,在西周早期仍有出土,但均不见于墓葬。说明在西周早期,它们很可能只是周人以及江南诸多方国祭祀活动中的一

---

① 方建军:《中国音乐文物大系·陕西卷》,第29页,大象出版社,1996年。
② 方建军:《中国音乐文物大系·陕西卷》,第31页,大象出版社,1996年。

种法器,还没有进入作为身份地位象征的乐悬之中。此外,西周早期编甬钟的编列主要继承了编铙3件—组的模式,一般3或2件一肆(组),其规模只有一堵一肆而已,远远没有达到如《周礼》所载"王宫悬,诸侯轩悬,卿、大夫判悬,士特悬"①的规模。

---

① 《周礼·春官·小胥》,《周礼注疏》卷二十三,《十三经注疏》(上),第795页,中华书局,1980年。

第三章 西周乐悬制度的发展

西周早期，周公"制礼作乐"①，在"因于殷礼"的基础上有所"损益"，初步建立了以编甬钟为代表的西周乐悬制度。但是无论从用器制度，还是从摆列制度、音列制度方面来看，这时的乐悬制度尚处于初创阶段。随着西周经济的发展繁荣和政治制度的完善，至西周中期②，乐悬制度获得重大发展，许多方面得到初步完善。

第一节 西周中期钟磬乐悬及其考古资料分析

西周中期的钟磬乐悬实物，以窖藏、传世或征集者居多。但是从为数不多的发掘资料中，还是可以得到一些比较清楚的认识。比起语焉不详的先秦文献来，要真切得多。在西周中期的钟磬乐悬中，绝大多数仍为编甬钟，并且出现与编磬共出的配置，编甬钟和编磬的基本组合已经形成；特磬、镈仍有少量出土；大铙和编铙则在这一时期完全退出了历史的舞台。

一 仅出编甬钟的墓葬和窖藏

西周中期的甬钟实物有48例121件之多（参见附表七）。在这

---

① 《礼记·明堂位》，《礼记正义》卷三十一，《十三经注疏》（下），第1488页，中华书局，1980年。

② 指穆、恭、懿、孝、夷五世。

121 件甬钟实物中,出土于墓葬的只有 3 例 10 件,仅出编甬钟的墓葬有 2 例,即晋侯 9 号墓和长由墓。

1. 晋侯 9 号墓①

1992 年 10 月至 1993 年元月,山西曲沃县曲村镇北赵村 9 号墓出土编甬钟 4 件(图三二)。经考古专家鉴定,墓主应为晋武侯(宁族),时代为

图三二 晋侯 9 号墓编钟

西周中期的穆王之世②。此墓未被盗掘,一椁两棺,4 件甬钟置于椁室的南端。殉车 7 辆。《礼记·檀弓下》:"国君七个③,遣车七乘;大夫五个,遣车五乘。"殉车七乘,符合诸侯之礼。

编钟保存较好,形制相同,大小相次。锈甚。圆柱形甬,封衡。于口内无调音锉磨。圆柱枚 36 个。钲、篆四边以小乳钉为界。鼓部为兽面纹,其余部分纹饰锈蚀不清。其中,285 号表面锈蚀最重,312 号甬上端残。4 件编钟(286、312、287、285 号)通高分别为 35.8、34.0、32.2、30.6 厘米。

2. 长由墓④

1954 年,陕西长安普渡村长由墓出土编甬钟 3 件(图三三)。同出器物很多,不少被农民挖掉,可能会有缺失。现存器物中有鼎

① 北京大学考古学系、山西省考古研究所:《天马——曲村遗址北赵晋侯墓地第二次发掘》,第 4~28 页,《文物》1994 年第 1 期;刘绪:《天马——曲村遗址晋侯墓地及相关问题》,《三晋考古》第一辑,山西人民出版社,1994 年;项阳、陶正刚:《中国音乐文物大系·山西卷》,第 47 页,大象出版社,2000 年。

② 北京大学考古学系、山西省考古研究所:《天马——曲村遗址北赵晋侯墓地第五次发掘》,第 37 页,《文物》1995 年第 7 期。

③ 《礼记正义》卷九,《十三经注疏》(上),第 1303 页,中华书局,1980 年。

④ 陕西省文物管理委员会:《长安普渡村西周墓的发掘》,第 75~86 页,《考古学报》1957 年第 1 期。

4、簋 2 件等,还有西周中期墓葬
中极为少见的觚(2 件)和爵(2
件)。其墓葬形式也与殷墓相
似,有腰坑和殉狗,这些都是殷
文化的显著特征。根据同墓出
土的铜盉铭文可知,其时代为穆
王后期,墓主为长甶,为长国的

图三三　长甶墓编钟

后裔。长国曾是一个与商朝关系密切的方国。周灭商后又臣服于
周。该墓随葬器物组合为食器、酒器、水器和乐器四类俱全,这种
礼器组合是穆王时期等级最高的,为中级或中级以上贵族方能享
用,以夨伯痶墓(BRM1),其妻井姬墓(BRM2)和长甶墓为代表①。
如此看来,长甶的级别与方国国君相当。

编甬钟共计 3 件(4 号、3 号、2 号),形制相同,大小相次,纹饰
略有差异。舞平,上置圆柱形空甬,与体腔相通。甬上有旋有幹,
旋上饰卷曲纹,间以小乳钉。钟体呈合瓦形,于口弧曲,舞面饰变
形兽面纹。钲侧各组枚间及篆间均以等距排列的小乳钉为界。两
面共有 36 长枚。篆间及鼓部饰卷曲纹。唯最小一钟旋及舞上无
纹饰,篆间纹饰也略有不同,其枚亦较前二者稍长。各钟(4 号、3
号、2 号)通高分别为 48.5、44.0、38.2 厘米,重量分别为 19.8、
18.0、6.7 千克。

在以上 2 例仅配置甬钟的西周中期墓葬中,墓主身份明确,一
位是晋武侯(宁族),另一位是国君级别的长甶,说明在西周中期,
编甬钟仍非一般贵族所能享用,而是诸侯或方国国君级别的贵族
才能使用的礼乐重器。

西周中期仅出土编甬钟的考古资料除了以上 2 例外,扶风庄
白 1 号西周青铜器窖藏编甬钟也是非常有研究价值的一例。尽管

---

① 　卢连成、胡智生:《宝鸡夨国墓地》,第 517 页,文物出版社,1988 年。

编甬钟不是出于墓葬，但是其时代清楚，器主的身份等级明确，也是研究西周中期乐悬制度的珍贵资料。窖藏于1976年12月发掘，器物放置有序，没经盗扰。出土青铜器共计103件，其中编甬钟21件[①]。经考古专家鉴定，此为微氏家族铜器窖藏。通过对青铜器铭文研究可知，微氏一族七代为史，从武王时开始，经历成王、康王、昭王、穆王、共王、懿王，一直到夷王。编钟的器主为微伯痪，活动于孝、夷之时，痪所作器有盨2件、壶4件、簋8件、爵3件、盆2件、鬲5件、鼎1件等共计42件铜器。那么编钟的器主微伯痪在当时任何官职？等级如何呢？"微氏这一族，从高祖起，到痪，先后七代，都担任史官之职。……痪钟二载'痪不敢弗帅且（祖）考，秉明德圉夙夕，左尹氏。'值得重视的是，高祖、亚祖和文考的职司都是'疋尹'的，痪继承祖考而担任的职司也是'左尹氏'。'疋尹'和'左尹氏'的意义相同。'尹氏'在西周就是史官之长'太史'，他是太史寮的长官，和作为卿士寮长官的'太师'，同为朝廷执政大臣，都是公爵。"[②]也就是说，微伯痪曾担任西周太史寮的长官"太史"，属三公之一，是位列于周天子之下的权臣。《尚书·周书·顾命》载：成王死后，康王即位典礼是当时朝廷上最重大的册命礼，就是由三公，即太保、太史、太宗主持[③]。

微伯痪的身份地位已明，下面看看他的乐悬配置。所出有铭和无铭痪钟共计21件，均保存完好。平舞，上置圆柱形甬。体合瓦形。多数编钟于口内壁有调音锉磨痕迹。有的侧鼓部还饰有凤鸟纹，作为侧鼓音的演奏标记。根据形制纹饰的不同，考古界把这

① 陕西周原考古队：《陕西扶风庄白一号西周青铜器窖藏发掘简报》，第1～18页，《文物》1978年第3期；陕西省考古研究所等：《陕西出土商周青铜器（二）》，文物出版社，1980年；方建军：《中国音乐文物大系·陕西卷》，第37～50页，大象出版社，1996年。

② 杨宽：《西周史》，第369～371页，上海人民出版社，1999年。

③ 《尚书正义》卷十八，《十三经注疏》（上），第240页，中华书局，1980年。

21 件痹钟分为七式①。

一式痹钟，1 件（图三四）。于口内壁有隧 4 条。绚纹斡，舞部饰粗阴线云纹，钲、篆四边以细阳线夹连珠纹为界，篆、鼓饰细阳线云纹。钲间、两铣有铭文 103 字；二式痹钟，4 件。其中 76FZH1：29（图三五）于口内壁有隧 2 条。斡饰鳞纹，旋饰四乳钉，舞、篆饰阴线云纹，钲、篆四边以粗阳线为界，鼓饰顾夔纹。钲间、两铣有铭文 104字。76FZH1：10 形制、纹饰、铭文均与76FZH1：29 相同，唯于口内壁有隧 1 条。

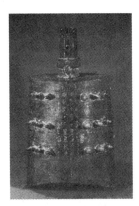

图三四　痹钟·一式

76FZH1：9（图三六）形制、纹饰、铭文均与76FZH1：29 相同，唯右侧鼓增饰凤鸟纹，于口内壁有隧 5 条。76FZH1：32 形制、纹饰和铭文均与 76FZH1：29 相同，唯右侧鼓增饰凤鸟纹，于口内壁有隧 4 条；三式痹钟，6 件。其中 76FZH1：8（图三七）内壁有隧 4 条。旋饰窃曲纹夹乳钉，舞饰阴线云纹，钲、篆四边以粗阳线弦纹为界，篆饰对角双头龙纹，鼓饰顾夔纹。钲间有铭文 33字。76FZH1：30 形制、纹饰与 76FZH1：8相同，唯内壁光平，钲间有铭文 35 字。

图三五　痹钟·二式
（76FZH1：29）

76FZH1：16（图三八）形制、纹饰与 76FZH1：30 相同，唯右侧鼓增饰凤鸟纹。钲间有铭文 12 字。76FZH1：33 形制、纹饰与76FZH1：16 相同，唯内壁有隧 3 条。钲间有铭文 12 字。76FZH1：62 形制、纹饰与 76FZH1：16 相同，唯内壁有隧 3 条。

---

① 方建军：《中国音乐文物大系·陕西卷》，第 37～50 页，大象出版社，1996 年。

钲间有铭文 10 字。76FZH1：65 形制、纹饰与 76FZH1：16 相同，唯于口内壁有隧 5 条。钲间有铭文 8 字；四式痍钟，3 件。其中76FZH1：28（图三九）于口内壁有隧 4 条。旋饰窃曲纹夹乳钉，斡

图三六　痍钟·二式
（76FZH1：9）

图三七　痍钟·三式
（76FZH1：8）

图三八　痍钟·三式
（76FZH1：16）

图三九　痍钟·四式
（76FZH1：28）

饰鳞纹,舞、篆饰阴线云纹,鼓饰顾夔纹,右侧鼓饰凤鸟纹。钲间有
铭文 8 字。76FZH1：31 形制、纹饰和铭文与 76FZH1：28 相同。
76FZH1：57 形制、纹饰和铭文与 76FZH1：28 相同,唯于口内壁
有隧 9 条;五式痹钟,3 件。其中 76FZH1：61(图四○)于口内壁
有隧 4 条。绚纹斡,舞饰阴线云纹,钲、篆四边以双细阳线夹连珠
纹为界,篆、鼓饰细阳线云纹。钲间隐约可见字迹,磨损不清。
76FZH1：66 形制、纹饰与 76FZH1：61 相同,唯于口内壁光平。
76FZH1：63 形制、纹饰与 76FZH1：61 相同;六式痹钟,2 件。其
中 76FZH1：60(图四一)甬实心,不与体腔相通,与其他六式编钟
相异。于口内壁光平。绚纹斡,旋饰四乳钉,钲、篆四边以阴线为
界,舞、篆、鼓皆饰阴线云纹,右侧鼓饰凤鸟纹。76FZH1：58 形制、
纹饰与 76FZH1：60 相同;七式痹钟,2 件。其中 76FZH1：59(图
四二)于口内壁有隧 8 条。绚纹斡,舞饰阴线云纹,钲、篆四边以连
缀小乳钉为界,篆、鼓饰细阳线云纹,钲间刻有族徽符号。76FZH1：
67 形制、纹饰与 76FZH1：59 相同。

图四○　痹钟·五式
(76FZH1：61)

图四一　痹钟·六式
(76FZH1：60)

图四二　痎钟·七式
（76FZH1：59）

以上是考古界根据形制纹饰的不同，对 21 件痎钟的编列进行划分的情况。显然，这并不符合作为一种旋律乐器编列的原貌。对此，学界多有探讨。其中，孔义龙曾对这套编钟做过系统分析，认为 21 件痎钟应分为 4 肆：一式（1 件）与七式（2 件）为一肆 3 件；二式（4 件）和四式（3 件）为一肆 7 件；三式（6 件）自成一肆 6 件；五式（3 件）与六式（2 件）为一肆 5 件，共计一堵 21 件，并指出这种划分编列的"认识理由是比较充分的，它更能反映七式痎钟的本来面目"[1]。笔者则有不同见解，试析如下。先看三式痎钟。

三式痎钟，现存 6 件。现将其形制和测音数据制表（表一二）。

表一二　　　　　三式痎钟（6 件）形制和测音数据表[2]

单位：厘米　千克　音分

序号	标本号	通高	重量	正鼓音	侧鼓音
1	76FZH1：8	68.4	38.8	a－49	c¹－15
2	76FZH1：30	65.5	36.5	#a±0	#c¹＋43
3	76FZH1：16	41.6	13.8	d²＋42	f²＋38
4	76FZH1：33	39.2	12.5	g²＋17	#a²＋44
5	76FZH1：62	28.8	5.6	d³＋60	#f³＋11
6	76FZH1：65	24.1	4.1	#g³－22	b³－8

从三式痎钟的形制和测音数据表（表一二）来看，30 号和 16 号

①　孔义龙：《两周编钟音列研究》，第 16～17 页，中国艺术研究院 2005 届音乐学博士学位论文。

②　方建军：《中国音乐文物大系·陕西卷》，第 42、178 页（表九），大象出版社，1996 年；表中 76FZH1：8 正鼓音原始数据为 a¹－49 音分。从该钟的侧鼓音（c¹－15）来看，正鼓音应为 a－49，原来的 a1－49 应该是工作疏漏所致，特此说明。

之间体量相差非常之大,不符合一肆编钟大小递减的规律;两钟的
正鼓音相差一个八度又一个减四度,也不符合编钟的音列规律。
因此,两钟之间定有缺失。从其他几件编钟的音列来看,30 号和
16 号之间当缺二钟。蒋定穗从编钟的音阶规律推测,所缺的钟在
音阶序列上应构成角、徵、羽、宫的关系才正好补全一个八度的音
域。那么所缺的钟应为第三、四件,一肆应为 8 件①。李纯一②、陈
双新③也持此说。孔义龙则有不同看法。他通过对三式痹钟的音
列研究指出:"三式 6 件甬钟无须与他式接合,可独立构成'羽一宫
一角一羽一角一羽'结构的正鼓音列,加上侧鼓'徵音'构成四
声"④。也就是说,这 6 件编钟就是完整的一组,即一肆 6 件,并无
缺环。但是 30 号和 16 号之间两钟的正鼓音相差一个八度又一个
减四度,明显是有缺失,这又作何解释呢? 孔文对此提出新说,他
认为"三式钟第 2 件'宫'音钟脱范时比预设音高低了八度,致使整
组钟的音高关系受到影响,第 1 件钟的音高未加调试可能也出于
此影响的结果。"⑤笔者认为这种新说值得商榷。据笔者分析,孔文
失误有四。第一,三式痹钟第一件的原始测音数据有误,孔氏却没
有发现。为省去读者查询原始资料的麻烦,现把三式痹钟前三件
的原始测音数据制表(表一三)。

表一三　　　三式痹钟前 3 件测音数据表⑥　　　　　　　单位:音分

序号	1	2	3
标本号	76FZH1∶8	76FZH1∶30	76FZH1∶16
正鼓音	a^1-49	$^\sharp a\pm0$	d^2+42
侧鼓音	c^1-15	$^\sharp c^1+43$	f^2+38

① 蒋定穗:《试论陕西出土的西周钟》,第 96 页,《考古与文物》1984 年第 5 期。

② 李纯一:《中国上古出土乐器综论》,第 191 页,文物出版社,1996 年。

③ 陈双新:《两周青铜乐器铭辞研究》,第 89～90 页,河北大学出版社,2002 年。

④ 孔义龙:《两周编钟音列研究》,第 16 页,中国艺术研究院 2005 届音乐学博士学位论文。

⑤ 孔义龙:《两周编钟音列研究》,第 19 页,中国艺术研究院 2005 届音乐学博士学位论文。

⑥ 方建军:《中国音乐文物大系·陕西卷》,第 42 页,大象出版社,1996 年。

从表一三来看,第 1 件痶钟(76FZH1：8)的正鼓音为 a^1 － 49 音分,侧鼓音为 c^1 － 15 音分,这样正鼓音就比侧鼓音高了大六度。根据双音编钟的发音规律可知,编钟的正鼓音应比侧鼓音低,这是由编钟的结构及其发音原理决定的。笔者曾对处于原生双音时期的 200 多件编铙和大铙的正、侧鼓音关系作过专门分析,结果发现绝大多数正、侧鼓音关系为三度或二度。目前还没有发现 1 例铜铙的正鼓比侧鼓发音高的,编钟也是如此。故此数据有误。从该钟的侧鼓音为 c^1 － 15 音分来看,其正鼓音应为 a － 49 音分,二者正好可以构成典型的小三度关系,原来的 a^1 － 49 音分系校对疏漏所致。孔文不辨,从而又导致了他的第二个失误。那就是,他按照第 1 件痶钟(76FZH1：8)正鼓音比侧鼓音高大六度的错误逻辑,认为第 2 件痶钟(76FZH1：30)正鼓音($^{\sharp}a\pm0$)也应该比侧鼓音($^{\sharp}c^1$ ＋ 43)高大六度,因此把正鼓音($^{\sharp}a\pm0$)人为地提高八度而成 $^{\sharp}a^1\pm0$ 音分。这样,孔文就人为地把第 2 件和第 3 件之间正鼓音原本相差一个八度又一个减四度的客观现象抹杀,从而得出了"三式 6 件甬钟无须与他式接合"[1]的错误结论;第三个失误是,孔文人为地把第 2 件痶钟(76FZH1：30)的正鼓音($^{\sharp}a\pm0$)提高八度后,还对自己的主观行为作出了自圆其说的"合理"解释:"三式钟第 2 件'宫'音钟脱范时比预设音高低了八度,致使整组钟的音高关系受到影响。"[2]这就错上加错了;第四个失误应为孔文疏漏所致,他指出三式痶钟"第 1 件钟的音高未加调试可能也出于此影响的结果。"经笔者核对孔文的资料出处[3],发现三式痶钟的第 1 件(76FZH1：8)于口内壁有隧 4 条,并非如孔氏所言"第 1 件钟的音高未加调试",而第 2 件痶钟(76FZH1：30)内壁光平,未加调音,可见"第 1 件"

① 孔义龙:《两周编钟音列研究》,第 16 页,中国艺术研究院 2005 届音乐学博士学位论文。

② 孔义龙:《两周编钟音列研究》,第 19 页,中国艺术研究院 2005 届音乐学博士学位论文。

③ 方建军:《中国音乐文物大系·陕西卷》,第 42 页,大象出版社,1996 年。

应为第 2 件之误。因此,笔者还是认同李纯一等学者的观点,三式
痹钟应为一肆 8 件,所缺为第三、四件两钟。

再看二式和四式痹钟。现将其形制数据和测音分析数据分别
制表(表一四、一五)。

表一四　　二式、四式痹钟(7 件)形制和测音数据表①

单位:厘米　千克

器型	标本号	通高	重量
二式	76FZH1:29	70.6	40.8
	76FZH1:10	64.0	37.8
	76FZH1:9	63.0	40.7
	76FZH1:32	61.2	44.8
四式	76FZH1:28	41.0	13.8
	76FZH1:31	33.8	12.6
	76FZH1:57	27.9	5.6

表一五　　二式、四式痹钟(7 件)测音数据分析表②　　单位:音分

器型	标本号	正鼓音		侧鼓音	
		音高	阶名	音高	阶名
二式	76FZH1:29	g—9	羽	$^bb+133$	宫↑
	76FZH1:10	$^bb-12$	宫	d^1-27	角
	76FZH1:9	d^1-24	角	f^1-8	徵
	76FZH1:32	g^1-20	羽	$^bb^1+20$	宫
四式	76FZH1:28	d^2+9	角	f^2+35	徵↑
	76FZH1:31	g^2+22	羽	$^bb^2+54$	宫↑
	76FZH1:57	d^3+57	角↑	f^3+161	徵↑

① 方建军:《中国音乐文物大系·陕西卷》,第 178 页(表八、一〇),大象出版社,1996 年。

② 方建军:《中国音乐文物大系·陕西卷》,第 39、45,大象出版社,1996 年;说明:(1)
文中所有测音数据均出自《中国音乐文物大系》;(2)测音分析以国际标准音 a¹ =
440 赫兹为准,采用十二平均律,即半音为 100 音分,八度为 1200 音分;(3)因为笔
者作的是音乐学方面的研究,所以又列"阶名"一栏,并以符号↑、↓分别代表音高
偏高和偏低,阶名采用曾侯乙编钟的命名体系;(4)在研究过程中,为了作不同调式
的分析,笔者将对相关音名作等音转换处理,所以一些音名会以不同于原始数据的
音名出现。(5)文中出现的所有测音数据表均同此说明,不再赘述。

从这两式痹钟的形制、纹饰、铭文来看,除了二式痹钟的前2件侧鼓部没有凤鸟纹以及两式铭文数量不同外,其余均完全相同。因此,这7件痹钟属于同组应该没有问题。但是这两式编钟体量相差很大(见表一四),其中32号与28号的通高相差20.2厘米,重量更是相差31千克之多。仅从这两件编钟的体量差别来看,二钟之间似乎像三式痹钟的30号和16号之间一样,也缺二钟,一肆应为9件。但是作为旋律性的实用乐器,能否构成有序的音列才是划分编列的确凿证据,而不应把一些表面特征作为定性的标准。从其测音数据分析来看(表一五),这7件编钟的正鼓音可以构成一个完整有序的音列:羽—宫—角—羽—角—羽—角。可见,32号与28号之间并无缺环。从三式痹钟的测音数据表来看(表一二),此组编钟应缺最后一钟,推测应为"g³"。果真如此的话,此组编钟的正侧鼓音音列应为 G 羽四声音阶:羽—宫—角—徵—羽—宫—角—徵—羽—宫—角—徵—羽—宫,音域达三个八度又一个小三度。李纯一通过对四式和二式痹钟的纹饰、大小和音列的考察,也认为此组痹钟为一肆8件。对于这两式编钟的最大区别,即铭文的不同,李纯一认为四式痹钟仅有8字铭文"痹乍(作)龢(协)钟万年日鼓",应是二式钟铭104字的高度简化,视为同组没有问题①。陈双新从金文角度考察,也认为四式和二式应为同组,并指出"其前四件为相同的104字全铭,后三件为相同的8字简略式全铭,这种同编之钟铭文存在繁简二式的现象并非仅见,又如者减钟、属羌钟等。"②

以上几式痹钟的编列问题,因均有铭文故学者多有研究,争议较小。而对于另外8件痹钟(一式、五式、六式、七式)的编列问题,学界则少有涉及,且分歧较大。关于一式痹钟,陈双新认为一式痹

① 李纯一:《中国上古出土乐器综论》,第190~191页,文物出版社,1996年。
② 陈双新:《两周青铜乐器铭辞研究》,第88页,河北大学出版社,2002年。

钟为单件全铭，一肆几件尚不能确定①。李纯一认为"此钟侧鼓无第二基音标志，铭文又似属后半部分，因知它当是编钟的第二件，其后所缺恐怕有四或六件。"②也就是说，李先生认为一式痶钟可能是一肆6或8件。孔义龙则认为一式与七式应为同组。理由是"一式与七式的不同仅在于凤鸟纹上，按照两者音位的排列，第一件甬钟的侧鼓音'徵曾'不在四声之内，推测西周中期是不用的。那么，从第2件钟的侧鼓部开始增饰凤鸟纹正好说明一、七两式本为一组的事实。"③而且"一式与七式接合可构成'宫－角－羽'结构的正鼓音列，加上侧鼓'徵音'构成'宫－角－徵－羽－宫'的四声音阶"④。也就是说，一式与七式为完整的一肆，共计3件。对于孔说，笔者有不同看法。

据笔者分析，其失误之处有四：第一，一式与七式的区别很大，并非如孔文所言"一式与七式的不同仅在于凤鸟纹上"。通过查询原始资料⑤以及对比两式的图片（图三四、四二）就会发现：一式痶钟钲间、两铣有铭文103字，七式则无；一式痶钟的钲、篆四边以细阳线夹连珠纹为界，七式钲、篆四边则以连缀小乳钉为界；两式痶钟篆、鼓虽均饰细阳线云纹，但图案不同；最重要的是，2件七式痶钟的钲鼓均有明显的族徽标记，一式则无。显然，从形制纹饰方面来看一式与七式痶钟并非一组；孔文指出"一式与七式的不同仅在于凤鸟纹上"，这是其第二个失误，因为一式与七式均没有凤鸟纹，更不会是二者的唯一区别；孔文所言"从第2件钟的侧鼓部开始增饰凤鸟纹正好说明一、七两式本为一组的事实"则是其第三个失误。李纯一认为，"依照发展期编

① 陈双新：《两周青铜乐器铭辞研究》，第95页，河北大学出版社，2002年。

② 李纯一：《中国上古出土乐器综论》，第190页，文物出版社，1996年。

③ 孔义龙：《两周编钟音列研究》，第17页，中国艺术研究院2005届音乐学博士学位论文。

④ 孔义龙：《两周编钟音列研究》，第16页，中国艺术研究院2005届音乐学博士学位论文。

⑤ 方建军：《中国音乐文物大系·陕西卷》，第37、50页，大象出版社，1996年。

甬钟的通例，只发单音（即正侧鼓同音）的首、次二钟侧鼓没有小鸟纹之类的第二基音标志；有此标志的是从发双音的第三钟开始。"[1] 陈荃有指出，"西周中晚期乐钟的编列数目则已达到八件成套的规模，其编列是以一种固定模式来安排的，即两件大钟作为单音钟使用，余者六件为双音钟。"[2] 根据李说和陈说，西周中晚期的编甬钟一般说来是前2件的侧鼓部没有凤鸟纹，从第三件开始侧鼓部增设凤鸟纹，因此孔文所言"从第2件钟的侧鼓部开始增饰凤鸟纹正好说明一、七两式本为一组的事实"之说亦需商榷（笔者注：事实上一、七两式均没有凤鸟纹）；第四，孔文认为，一式与七式接合可以构成有序的音列，是二者应为一组的另一力证。其实，一式与五式接合也可以构成有序的音列，所以这也不能作为一式与七式同组的确凿证据。

那么对剩余的8件痶钟（一式、五式、六式、七式）到底如何分组才合理呢？

我们先把一式与五式痶钟进行一个比较：两式痶钟均为绹纹斡，舞饰粗阴线云纹，钲篆四边以细阳线夹连珠纹为界，篆、鼓饰细阳线云纹，侧鼓部都没有凤鸟纹，均有铭文。两式痶钟不同之处仅在于一式痶钟的铭文清晰可见有103字，五式痶钟的铭文磨损不清。可见，从形制纹饰来看，一式与五式应为同组是没有问题的。下面再看看这两式的通高、重量。现将这两式痶钟的形制数据和测音分析数据分别制表（表一六、一七）。

---

① 李纯一：《中国上古出土乐器综论》，第190页，文物出版社，1996年。
② 陈荃有：《繁盛期青铜乐钟的编列研究》（上），第27页，《音乐艺术》2001年第2期。

表一六　　　　一式、五式、六式痹钟(**6**件)形制数据表①　单位:厘米　千克

器型	标本号	通高	重量
一式	76FZH1：64	46.1	46.1?
五式	76FZH1：61	48.0	13.8
	76FZH1：66	41.4	7.8
	76FZH1：63	38.0	8.0
六式	76FZH1：60	37.1	7.3
	76FZH1：58	35.7	7.1

表一七　　　一式、五式、六式痹钟(**6**件)测音数据分析表②　　　　单位:音分

器型	标本号	正鼓音		侧鼓音	
		音高	阶名	音高	阶名
五式	76FZH1：61	a−49	角↓	c¹−20	徵
一式	76FZH1：64	c¹−77	徵↓	ᵇe¹−81	商曾
五式	76FZH1：66	d¹+48	羽	f¹−17	宫
	76FZH1：63	f¹+28	宫	a¹−11	角
六式	76FZH1：60	a¹+49	角	c²+96	徵↑
	76FZH1：58	d²+24	羽	f²+73	宫↑

　　既然一式与五式应为同组,那么从其形制数据来看(表一六),
一式痹钟应该位于五式痹钟第一件的后面。也就是说,一式痹钟
在这4件痹钟中排行在二。正如李纯一所言:"此钟③侧鼓无第二
基音标志,铭文又似属后半部分,因知它当是编钟的第二件。"④那
么这组痹钟是否就是一肆4件呢?笔者认为六式痹钟也应归入此
组。如果仅从六式痹钟的形制纹饰来看,这种观点很难成立。因
为,六式痹钟的形制纹饰与任何一组痹钟均差别较大。但是从五
式与六式的通高、重量来看,两式痹钟正好大小依次递减。再从一
式、五式与六式痹钟的音高来看(表一七),6件编钟的正鼓音正好

①　方建军:《中国音乐文物大系·陕西卷》,第37、178页(表一一)、179页(表一二),大
　　象出版社,1996年;一式痹钟的重量数据有误,用问号标记暂时存疑。

②　方建军:《中国音乐文物大系·陕西卷》,第37、47、49页,大象出版社,1996年。

③　李先生所言"此钟"指一式痹钟。

④　李纯一:《中国上古出土乐器综论》,第190页,文物出版社,1996年。

可以构成完整的有序音列:角—徵—羽—宫—角—羽,加上2件六式痰钟的侧鼓音可以构成完整的A角四声音阶:角—徵—羽—宫—角—徵—羽—宫。这是把这6件痰钟归为一组的重要证据。此外,从三式痰钟的音列(表一九)和二式与四式的音列来看(表一五),其后应还有2钟,此组痰钟应为一肆8件。笔者推测,所缺2件编钟的形制纹饰应与六式相同。因为一式与五式本同为一组,六式痰钟和所缺的2件编钟应该是为了凑成完整的一肆(8件)一次补铸而成。

最后来看看2件七式痰钟。从其形制纹饰来看,显然与前六式均非一组,其侧鼓部均无凤鸟纹标记。李纯一认为"依照发展期编甬钟的通例,只发单音(即正侧鼓同音)的首、次二钟侧鼓没有小鸟纹之类的第二基音标志;有此标志的是从发双音的第三钟开始。"[①]陈荃有也指出"西周中晚期乐钟的编列数目则已达到八件成套的规模,其编列是以一种固定模式来安排的,即两件大钟作为单音钟使用,余者六件为双音钟。"[②]据此观点,现存的2件七式痰钟应为这组编钟的第1、2件,其后应该还有6件。那么七式痰钟的编列是否就属于此种"固定模式"?还是存在其他可能?在探讨这个问题之前,可先回过头来再看看前边19件痰钟的编列:一式(1件)、五式(3件)、六式(2件)为第一组,一肆8件,应缺第七、八件;二式(4件)和四式(3件)为第二组,一肆8件,应缺第八件;三式(6件)为第三组,也是一肆8件,应缺第三、四件。从以上3组痰钟来看,第一组和第三组均缺2件编钟。那么,2件七式痰钟是否就是其中一组所缺的那两件呢?前文说过,从形制纹饰来看,七式与其中任何一式均非一组。但是形制纹饰的不同并不能说明它们就不可能成为一组,例如第一组就是由一式、五式、六式合成,著名的晋

---

① 李纯一:《中国上古出土乐器综论》,第190页,文物出版社,1996年。

② 陈荃有:《繁盛期青铜乐钟的编列研究》(上),第27页,《音乐艺术》2001年第2期。

侯苏编钟也是如此。关键看它们在音高上是否可以构成完整有序的音列,这是关于编钟编列研究的核心问题。现将七式痶钟的形制和测音数据制表(表一八)。

表一八　　　　七式痶钟(2件)形制和测音数据表①

单位:厘米　千克　音分

器型	标本号	通高	重量	正鼓音	侧鼓音
七式	76FZH1：59	46.0	18.8	$^\#d^1+14$	$^\#f^1+17$
	76FZH1：67	44.0	19.0	$^\#g^1+9$	c^2-43

下面来看七式痶钟与第一组。从表一六、一七、一八来看,无论从通高、重量、还是从音高来看,七式痶钟绝非第一组的最后两件。再看七式痶钟与第三组。通过表一二、一八中相关资料的比较不难发现,从通高和重量方面来看,2件七式痶钟正好可以补上第三组中第三、四件的缺环。那么其音高是否可以构成完整有序的音列呢? 这是二者是否同组的核心问题。下面把这8件痶钟的测音数据合为一表(表一九)。

表一九　　　　三式、七式痶钟(8件)测音数据分析表②　　　单位:音分

器型	标本号	正鼓音		侧鼓音	
		音高	阶名	音高	阶名
三式	76FZH1：8	$^\#g+51$	羽	b^1+85	宫
	76FZH1：30	$b-100$	宫↓	$^\#d^1-157$	角↓
七式	76FZH1：59	$^\#d^1+14$	角	$^\#f^1+17$	徵
	76FZH1：67	$^\#g^1+9$	羽	b^2+57	宫
三式	76FZH1：16	$^\#d^2-58$	角↓	$^\#f^2-62$	徵
	76FZH1：33	$^\#g^2-83$	羽	b^2-56	宫
	76FZH1：62	$^\#d^3-40$	角	$^\#f^3+11$	徵
	76FZH1：65	$^\#g^3-22$	羽	b^3-8	宫

从表一九来看,2件七式痶钟的音列正如蒋定穗所推测的那

---

① 方建军:《中国音乐文物大系·陕西卷》,第50、179页(表一三),大象出版社,1996年。

② 方建军:《中国音乐文物大系·陕西卷》,第42、50页,大象出版社,1996年。

样,构成了角、徵、羽、宫的关系,恰好填补了三式痰钟在音列上的缺环①。从整体来看,这8件编钟的正鼓音可以构成完整有序的音列:羽—宫—角—羽—角—羽—角—羽,加上侧鼓音,可以构成完整的ʺG羽四声音阶:羽—宫—角—徵—羽—宫—角—徵—羽—宫—角—徵—羽—宫,音域达三个八度又一个小三度,十分罕见。西周中期的音乐水平和编钟铸造水平之高,可见一斑。遗憾的是,76FZH1∶30和76FZH1∶16两件编钟内壁光平,没有经过调音锉磨,特别是76FZH1∶30,从而对该组编钟的音列造成了一定的影响。

从对痰钟的测音数据分析可以看出,一些编钟的音准情况是比较差的。究其原因有五:第一、古代的钟师调音,是"以耳齐其声",即钟师完全凭自己的听觉为编钟进行调音。钟师听觉的好坏,音准的习惯,以及调钟的经验丰富与否,直接决定了调音的质量;第二、人耳对音高的感受,并不与物理学上的音频变化完全吻合。一般会希望高音稍高一些,低音稍低一些。这可以解释一些编钟何以会高音偏高、低音偏低的现象,因为这符合人耳的听觉习惯,也是先秦编钟的一种常见现象;第三、年代久远,有的钟体难免会有不同程度受损而导致音频的改变;第四、西周时期的编钟多为拼合而成,而非一次铸就。后来铸造的编钟要完全符合原来编钟的音律,即便是科技发达的今天,也是十分困难的事。可见,一肆编钟当中个别编钟的音准有些偏离,也在情理之中;第五、西周中晚期,编钟的铸造刚刚步入铸调双音的阶段,调音技术尚未成熟。与后世曾侯乙编钟的工匠相比,在编钟铸造和调音水平上还有较大距离。考虑到以上这些因素,就可以理解西周时期一些编钟的音准偏差问题了。

综上所述,21件痰钟的编列归属应该为:一式(1件)、五式(3

---

① 蒋定穗:《试论陕西出土的西周钟》,第96页,《考古与文物》1984年第5期。

件)、六式(2件)为一组,一肆8件,应缺第七、八件;二式(4件)和四式(3件)为一组,一肆8件,应缺第八件;三式(6件)和七式(2件)为一组,是完整的一肆8件。以此观之,微伯痰享用的乐悬编钟至少有3肆24件。除此之外,微伯痰之乐悬应该还有镈(数量可能有3件)和编磬。身为上卿的膳夫克都可以享用镈①,按照西周乐悬制度位列三公的微伯痰享用镈应该是没有问题的。微氏家族窖藏出土痰簋8件,而8簋配9鼎,此窖藏只有鼎1件,主人应该是将另外8鼎等最重要的礼器另藏一窖②。既然如此,另一窖藏应该还埋有镈和数件编甬钟。把镈与8鼎同藏一窖,这也正与镈的高贵地位相符。至于编磬,西周中期的井叔夫人墓(M163)和其丈夫第一代井叔墓(M157)均出土有编磬数件③。微伯痰和第一代井叔均为位列三公的高官,乐悬规格应该相同,享用编磬应该没有问题。

　　用鼎制度与乐悬制度一样,均为西周礼乐制度中最核心的部分,对于乐悬制度的研究具有重要的参考价值。故还有必要探讨一下微伯痰的用鼎制度。微氏家族青铜窖藏出土痰簋8件,8簋是来配9鼎的,因此微伯痰当用大牢9鼎④。对于微伯痰使用九鼎之制,一般多认为其是僭越礼制的行为。俞伟超指出,"微伯史痰可用九鼎,是已知西周传统鼎制发生破坏的最早一例。痰的封爵是伯,官职为尹氏即内史。内史在西周官制中占什么地位,现在还说不准确,从《诗·小雅·十月之交》以卿士、司徒、冢宰、膳夫、内史、

---

① 陈邦怀:《克镈简介》,第14～16页,《文物》1972年第6期;黄崇文:《中国音乐文物大系·天津卷》,第205页,大象出版社,1996年;高至喜:《论商周铜镈》,第38～43页,《商周青铜器与楚文化研究》,岳麓书社,1999年。

② 卢连成、胡智生:《宝鸡强国墓地》,第522页,文物出版社,1988年。

③ 中国社会科学院考古研究所沣西发掘队:《长安张家坡西周井叔墓发掘简报》,第25～26页,《考古》1986年第1期。

④ 俞伟超、高明:《周代用鼎制度研究》(中),第90页,《北京大学学报》1978年第2期。

趣马、师氏七职以次相列的情况看，很可能相当于六卿的地位。西周前期的伯只能用五鼎，内史如果是六卿之一，顶多也只能用七鼎，无论从哪一方面出发，微伯史痰的用鼎规格，肯定是发生了僭越的。"①对此，笔者认为还可以讨论。首先是关于微伯痰的官职等级问题。他的官职为尹氏不错，但非俞所说的"内史"。"微氏这一族，从高祖起，到痰，先后七代，都担任史官之职。……痰钟二载'痰不敢弗帅且（祖）考，秉明德圆凤夕。'值得重视的是，高祖、亚祖和文考的职司都是'疋尹'的，痰继承祖考而担任的职司也是'左尹氏'。'疋尹'和'左尹氏'的意义相同。'尹氏'在西周就是史官之长'太史'，他是太史寮的长官，和作为卿士寮长官的'太师'，同为朝廷执政大臣，都是公爵。"②许倬云通过对先秦文献的研究，也认为尹氏与太师同是秉持国政的重臣，是太史寮的长官③。也就是说，微伯痰曾担任西周太史寮的长官"太史"，为三公之一。杨宽指出，"我们依据大量西周金文所载'册命礼'中'右'者官职及其与所属受命者的官职关系，从而考定当时朝廷大臣的组织体系，可知当时执政大臣有公、卿两级，早期公一级有太保、太师和太史，卿一级有司徒、司马、司工、司寇、太宰、公族；中期以后公一级有太师和太史，没有太保，卿一级没有司寇，只有五卿。然而《周礼》所载周朝官制则大不相同，……没有高于六卿的公一级。"④原来多以为"周王室自有一套天子九鼎，卿7鼎，大夫五鼎，士三鼎或一鼎的制度，而又有另一套公、侯七鼎，伯五鼎，子、男三鼎或一鼎的制度。"⑤而实际上，在文献没有记载的卿和诸侯之上还有一个等级，就是三公。三公是西周王室的最高长官，是仅次于周天子的权臣。既然

① 俞伟超、高明：《周代用鼎制度研究》（中），第 93 页，《北京大学学报》1978 年第 2 期。

② 杨宽：《西周史》，第 369～371 页，上海人民出版社，1999 年。

③ 许倬云：《西周史》，第 205 页，三联书店，1994 年。

④ 杨宽：《西周史》（前言），第 2 页，上海人民出版社，1999 年。

⑤ 俞伟超、高明：《周代用鼎制度研究》（中），第 89 页，《北京大学学报》1978 年第 2 期。

卿或诸侯享用 7 鼎，那么三公享用 9 鼎应该是合乎等级标准的。而且享用 9 鼎的微伯痰，活动于孝、夷之时。《史记·齐太公世家》载："纪侯潛之周，周烹哀公，而立其弟静，是为胡公。"[①]就因为纪侯在周夷王面前说了齐哀公的坏话，齐哀公就被周夷王烹杀，还直接安排胡公继位，齐国却不敢反抗，当时周天子权力之强大可见一斑。在这种社会背景下，微伯痰作为周室太史，天天伴随在周王左右，显然不会是公然的僭越，否则下场可想而知。但是如果三公可以享用 9 鼎，那么不是与周天子同制了吗？这也是大多学者认为其为僭越行为的原因。上文已经探讨过，根据先秦文献，诸侯和三公是同一等级。杨宽指出这并不符合西周史实，三公是诸侯之上的另一个等级，是仅次于周天子的重臣，因此三公享用 9 鼎应该合乎用鼎制度的等级秩序。既然已经证实先秦文献记载部分有误，目前也没有发掘出周王的墓葬，故对于周王享用 9 鼎抑或是 12 鼎，可待将来再作进一步探讨。

二　编甬钟与编磬共出的墓葬

目前所见西周中期编甬钟与编磬共出的墓葬只有 1 例，即张家坡 163 号墓。

1984 年，陕西长安张家坡 163 号墓出土编钟 3 件，同出编磬残件多块，数量不明[②]。根据编钟铭文可知，其时代为西周中期懿王之世[③]。该墓是一座较大的竖穴墓，无墓道，曾被盗掘。在 3 件编甬钟中，有 2 件完整(图四三)，出土于墓底；另 1 件仅存钟甬，发现于盗洞之内。可知原来至少有 3 件。关于墓主人，通过骨骸鉴定，

---

① 司马迁：《史记·齐太公世家》(卷三十二)，第 1481 页，中华书局，1959 年。

② 中国社会科学院考古研究所沣西发掘队：《长安张家坡西周井叔墓发掘简报》，第 25～26 页，《考古》1986 年第 1 期；中国社会科学院考古研究所：《张家坡西周墓地》，第 164～167 页，中国大百科全书出版社，1999 年。

③ 张长寿：《论井叔铜器——1983～1986 年沣西发掘资料之二》，《文物》1990 年第 7 期。

图四三　井叔夫人墓编钟之一拓片

为一位年龄在 25～30 岁的女性。此墓紧靠双墓道大墓 M157 的东侧，M157 墓主为第一代井叔。据此推测该墓主人应为 M157 墓主井叔的夫人。编钟保存完好。平舞，上置圆柱形甬，有旋有斡。旋上饰窃曲纹，双目突起，甬上饰环带纹。钲、篆间以粗阳线界隔，篆间饰环带纹，正鼓部饰云纹。右侧鼓饰有作为侧鼓音演奏标记的凤鸟纹。铭文分铸于钲、两铣及左右鼓。于口内有调音锉磨痕迹。

　　张家坡墓地除了井叔夫人墓(M163)出土编钟和编磬之外，其丈夫井叔墓(M157)也出土有编磬数件(图四四)[①]。该墓曾被盗掘，出土的编磬残件比井叔夫人墓(M163)要多一些，经拼对至少有 5 件。墓葬时代应与井叔夫人墓(M163)相当，为西周中期懿王之世。井叔为周公后裔，历代均为西周王室重臣[②]。那么井叔到底官居何职呢？杨宽认为："曶壶和曶鼎是一人制作，曶壶上的'右'者井(邢)公，当即曶鼎上的井(邢)叔。井公是他的爵称，井叔是他的字的简称。曶鼎铭说明作者在王所，接受了井叔的赏赐，井叔受理了作者和匡的诉讼，并由井叔作了判决。可知井叔确是执掌大权的执政大臣。金文册命礼中由井叔作'右'者，还有下列四器……所有这些

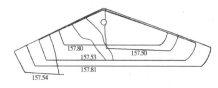

图四四　井叔墓编磬线图

_____

① 中国社会科学院考古研究所沣西发掘队：《长安张家坡西周井叔墓发掘简报》，第 26 页，《考古》1986 年第 1 期。

② 卢连成、胡智生：《宝鸡弜国墓地》，第 522 页，文物出版社，1988 年。

器,都属于一个时期。免觯和免簋当是一人制作,他被册名为司工
(见免觯),由被册名为司土,掌管一定地区的林、虞,自当为卿一级
的大臣。……可知作为'右'者的井叔,当是井公无疑。"①也就是
说,该井叔贵为三公之一。西周初期的召公官为太保,周公官为太
师,毕公官为太史,他们都因有太保、太师、太史的官职而尊称为
"公",是位列于天子之下的朝廷重臣,位居六卿之上。而且井叔墓
(M157)为双墓道大墓,墓主为第一代井叔。所见双墓道的西周墓
只有卫侯及夫人墓、燕侯墓和第一代井叔墓(M157);单墓道的为晋
侯墓及夫人墓、𢐾伯夫妇墓、第二代以下井叔诸墓;没有墓道的有
虢国国君及虢太子墓、𢐾季墓、井叔夫人墓等。其中井叔夫妇墓和
𢐾伯夫妇墓位于周王朝畿内或近畿之地,应不会是明目张胆的僭
越现象,这应是西周中晚期的一种墓葬制度②。由此可见,第一代
井叔应该位居历代晋侯和𢐾伯之上,杨宽认为其为井公应是合理
的。李纯一认为,井叔墓(M157)除随葬编磬外,"共存乐器有编甬
钟"③。经笔者核实原发掘报告,井叔墓被盗严重,仅存编磬,并无
编钟。但是井叔夫人墓(M163)随葬有编钟和编磬。根据编钟上的
铭文可知,这3件编钟就是为井叔所铸,又名井叔钟。因此,井叔
的乐悬也应是钟磬俱全。不仅如此,第一代井叔的乐悬应该还配
有镈,因为身为上卿的膳夫克都可以享用镈④。按照西周的乐悬制
度,位列三公的井公享用镈也是符合周代礼制的。同时,不带墓道
的井叔夫人和带双墓道的井叔都享用同样的乐悬配置也是有悖西

① 杨宽:《西周史》,第345～346页,上海人民出版社,1999年。

② 中国社会科学院考古研究所:《张家坡西周墓地》,第378页,中国大百科全书出版
　社,1999年。

③ 李纯一:《中国上古出土乐器综论》,第47页,文物出版社,1996年。

④ 陈邦怀:《克镈简介》,第14～16页,《文物》1972年第6期;黄崇文:《中国音乐文物
　大系·天津卷》,第205页,大象出版社,1996年;高至喜:《论商周铜镈》,第38～43
　页,《商周青铜器与楚文化研究》,岳麓书社,1999年。

周礼制的,故井叔的用器等级也应该更高一些。

在西周乐悬制度中,不同等级在钟磬乐悬种类的配置方面享有不同的待遇。《周礼·春官·小胥》郑玄注:"诸侯之卿、大夫,半天子之卿、大夫,西悬钟,东悬磬。"① 即周天子和诸侯之卿、大夫均可以享用钟磬俱全的乐悬配置。王国维《释乐次》则认为,只有周天子、诸侯可以享用编钟,大夫有鼓无钟,根据是《仪礼·乡射礼》郑玄注"陔夏者,天子诸侯以钟鼓,大夫士鼓而已。"以及《仪礼·乡饮酒礼》郑玄注"钟鼓者,天子诸侯备用之,大夫士鼓而已。"② 今人杨华仍然认为"'金石之乐'是一种高规格等级标志,大夫以下一般不配享有。"他的根据也是"《乡射礼》和《乡饮酒礼》注'钟鼓者,天子诸侯备用之,大夫士鼓而已。'"③ 今以井叔夫人墓(M163)④ 所出乐悬来看,此两说值得商榷。其丈夫井叔墓(M157)位列三公,为双墓道大墓,其夫人没有墓道,其身份很可能属于大夫一级,该墓出土编甬钟和编磬各一套,可见西周天子之大夫应该有权享用钟磬俱全的乐悬配置。此外,印群认为从西周时期开始一直到春秋中期,随葬金石之乐仍是男性高级贵族的专利⑤,今以井叔夫人墓(M163)所出乐悬钟磬俱全来看,此说也是不全面的。

三 镈与特磬共出的墓葬

迄今所知西周中期镈与特磬共出的墓葬只有 1 例,即湖北随

---

① 《周礼注疏》卷二十三,《十三经注疏》(上),第 795 页,中华书局,1980 年。

② 王国维:《释乐次》,《观堂集林》(卷二),第 101 页,中华书局,1959 年。

③ 杨华:《先秦礼乐文化》,第 113 页,湖北教育出版社,1997 年。

④ 中国社会科学院考古研究所沣西发掘队:《长安张家坡西周井叔墓发掘简报》,第 25～26 页,《考古》1986 年第 1 期;中国社会科学院考古研究所:《张家坡西周墓地》,第 164～167 页,中国大百科全书出版社,1999 年。

⑤ 印群:《黄河中下游地区的东周墓葬制度》,第 248 页,社会科学文献出版社,2001 年。

图四五　随州毛家冲镈

州毛家冲西周墓。1995 年,湖北省随州市三里岗镇毛家冲村农民犁田时发现镈①与特磬②各 1 件,其时代为西周中期。经考古工作者现场清理,确认出自一西周墓葬,墓葬形制为长方形土坑竖穴。由于资料缺乏,墓主身份和地位均无从考证。但可说明西周中期的荆楚地区,镈不仅仅是祭祀的法器,已经成为贵族身份地位象征的礼乐器。

镈保存大致完整,一面有较长裂纹,部分扉棱及纽端略残(图四五)。青铜质,通体绿锈。平舞,上置长方形环纽。体合瓦形,铣棱斜直,于口平齐。镈腔两面纹饰相同:整体为一兽面纹,鼻部突出为扉棱,兽面周缘填饰云纹,上下以目纹饰带界隔。素纽素舞。镈体两侧铣棱上饰有对称扉棱,棱上端各有一凤鸟。通高 29.0 厘米。特磬石灰岩质,已断裂成 2 块(图四六)。打制,没经细致琢磨,制作比较粗糙。整体呈长条形,磬底平直,磬背略呈倨句。股、鼓比较分明,大致成股二鼓三之状,有倨孔。通长64.5 厘米。

图四六　随州毛家冲特磬

① 王子初:《中国音乐文物大系·湖北卷》,第 41 页,大象出版社,1996 年;随州市博物馆:《湖北随州出土西周青铜镈》,第 76～77 页,《文物》1998 年第 10 期。

② 王子初:《中国音乐文物大系·湖北卷》,第 75 页,大象出版社,1996 年。

四 编甬钟与镈共出的窖藏

西周中期编甬钟与镈共出的墓葬目前没有发现,只有 1 例窖藏资料,即陕西扶风法门寺任村窖藏。该窖藏出土的礼器和礼乐器墓主明确,时代清楚,是研究西周中期乐悬制度的珍贵资料。扶风法门寺任村窖藏编甬钟与镈于清光绪十六年(公元 1890 年)发现。通过对编钟铭文的研究发现器主为克,因此编甬钟与镈又被分别称之为克钟、克镈。此次共出各种器物 120 多件,除克钟、克镈外,还有小克鼎一肆 7 件以及大克鼎、克盨等。

克钟传世共 5 件,其中上海博物馆藏 2 件,余 3 件分别为天津艺术博物馆、日本奈良宁乐美术馆和京都藤井有邻馆所藏[①]。陈双新通过对克钟铭文的考察,认为克钟前四钟两两合为全铭,后四钟合为全铭,原来应该一肆 8 件[②]。克镈自成全铭,应为特镈。关于克器群的时代,目前主要有三种看法,分别以郭沫若、唐兰、马承源为代表。郭沫若依据已出土的克的全部铸器铭文中年月日的记载及西周时期各王在位的年限,推定为周夷王十六年,即克钟、克镈是周夷王时期的器物[③];唐兰参照对铭文中"刺宫"的考证,认为是周宣王十六年,克镈、克钟为周宣王时期的器物[④];马承源根据克钟铭文的纪年推以历法,合孝王时历朔。在大克鼎和恭王五年的卫鼎铭的铭文中云克之祖为恭王时人,可证克所铸之器应在孝王时

① 罗振玉:《贞松堂集古遗文》卷一;罗振玉:《三代吉金文存》卷一,1937 年(影印本);邹安:《周金文存》卷一,1916 年;郭沫若:《两周金文辞大系图录考释》(七),第 112 页,科学出版社,1957 年;马承源:《商周青铜器铭文选》294,文物出版社,1988 年;马承源:《中国音乐文物大系·上海卷》,第 41~43 页,大象出版社,1996 年;黄崇文:《中国音乐文物大系·天津卷》,第 203 页,大象出版社,1996 年。

② 陈双新:《两周青铜乐器铭辞研究》,第 93~94 页,河北大学出版社,2002 年。

③ 郭沫若:《两周金文辞大系图录考释》(七),第 112 页,科学出版社,1957 年。

④ 唐兰:《西周铜器断代中的"康宫"问题》,《考古学报》1962 年第 1 期。

期①。目前学术界多以马说为是。

克钟均保存完好（图四七）。平舞，上置圆柱形甬，不封衡，内存泥芯。舞底铸平，与钟腔不通。体合瓦形，直铣棱。于口无内唇。斡饰重环纹，舞部饰对称龙纹，篆间为 S 形云纹，正鼓部为对称夔龙纹，侧鼓部饰有作为侧鼓音演奏标志的凤鸟纹。钲间及左鼓部均有铭文，共计 81 字，内容为：周孝王十六年九月庚寅日，王在康烈宫召见克，亲命克循径水向东巡察，至于京师。克很圆满地完成了任务，王因此赏赐给克车马。克因作钟，以追念祖宗，祈求福佑长命。国内藏 3 件（上海博物馆 41525、8107；天津艺术博物馆 59.3.151）的通高分别为 53.9、38.5、50.6 厘米，重量分别为 30.7、11.2、27.0 千克。克镈②保存基本完整，仅棱部微残，通体覆盖淡绿色薄锈（图四八）。平舞，上置繁纽，旁作镂空夔纹构成的扉棱，下连镈侧，正背两面的中央各有一条镂空夔纹扉棱。镈体呈合瓦形，于口平齐。舞部饰窃曲纹，中央有一小圆孔。镈体的正背面中央各有

图四七 克钟

图四八 克镈

① 马承源：《中国音乐文物大系·上海卷》，第 42 页，大象出版社，1996 年。

② 陈邦怀：《克镈简介》，第 14～16 页，《文物》1972 年第 6 期；黄崇文：《中国音乐文物大系·天津卷》，第 205 页，大象出版社，1996 年；高至喜：《论商周铜镈》，第 38～43 页，《商周青铜器与楚文化研究》，岳麓书社，1999 年。

两个相对的大夔纹,上下均有绊带。铭文共计 81 字,与克钟内容完全相同。该镈通高 63.5 厘米,重 38.3 千克。

关于器主克在孝王时的任职,同出大克鼎的铭文中即有记载。大克鼎铭文共计 290 字,内容分为两段:第一段是克对祖父师华父的颂扬与怀念,赞美他有谦虚的品格、美好的德行,能辅协王室,仁爱万民,管理国家。英明的周天子铭记着师华父的伟绩,提拔他的孙子克担任王室的重要职务膳夫,负责传达周天子的命令;第二段是册命辞,周天子重申对克官职的任命,还赏赐给克许多礼服、田地、男女奴隶、下层官吏和乐队,即"锡(赐)女(汝)史小臣、灵、龠、鼓、钟"。克跪拜叩首,愉快地接受了任命和赏赐,乃铸造大鼎歌颂天子的美德,祭祀祖父的在天之灵①。可见,器主克当时被提拔担任王室的重要职务膳夫,并赐予乐悬编钟。那么膳夫是何官职?级别如何?《周礼·天官·膳夫》载:"膳夫掌王之食饮膳羞,以养王及后、世子。"②《周礼·天官冢宰第一》载:"膳夫,上士二人、中士四人、下士八人、府二人、史四人、胥十有二人、徒百有二十人。"③从大克鼎铭文所言膳夫克可以"出纳王命"来看,克所任膳夫非《周礼》所言之膳夫,其级别也非上士。根据西周金文来看,天子之膳夫,同时不止一人。郭沫若认为"宰夫、膳夫古均名膳夫,而职有上下之别"④。《周礼·天官冢宰第一》中的宰夫位居小宰之下,为下大夫⑤,未必是指西周的膳夫。唐兰以为大克鼎所载的膳夫克,可以"出纳王命",小克鼎载其"舍命与成周,遹正八师",地位是很高的。并据《诗·小雅·十月之交》以卿士、司徒、冢宰、膳夫、内史、

① 俞静安:《大克鼎铭文之研究》,《山西师范学院学报》1957 年第 1 期。

② 《周礼注疏》卷四,《十三经注疏》(上),第 659 页,中华书局,1980 年。

③ 《周礼注疏》卷一,《十三经注疏》(上),第 640 页,中华书局,1980 年。

④ 郭沫若:《金文丛考·周官质疑》,第 76 页,人民出版社,1954 年。

⑤ 《周礼注疏》卷一,《十三经注疏》(上),第 640 页,中华书局,1980 年。

趣马、师氏七职以次相列,推断膳夫的级别在师氏之上①。但是《诗·大雅·云汉》中,又以庶正、冢宰、趣马、师氏、膳夫并列而以膳夫居后②,可见冢宰、趣马、师氏、膳夫之间很可能等级相同。但是膳夫克到底属于什么级别仍然没有说清楚。许倬云指出:"大克鼎,膳夫克的职掌已是出纳王命,性质与宰相同。"而且"膳夫常是锡命礼中奉王命召唤受锡臣工的人员,正符合'出入王命'的职务。"③关于宰的级别,杨宽认为"所有金文上作为'右'者的宰,都是太宰,是很明显的。太宰确是西周王朝'卿'一级的高官,……职位仅次于司徒。"④可见,膳夫克在西周时期应是担任上卿级别的高官。他所享用的乐悬不仅有编甬钟,还有镈,那么这是否与其身份等级相符呢?从西周中期穆王之世的晋武侯墓(M9)⑤一直到西周晚期的晋靖侯墓(M91)⑥、晋献侯(苏)墓(M8)⑦和晋侯邦父墓(M64)⑧,历代晋侯墓所出乐悬只有编甬钟或者编甬钟和编磬,均

① 陕西省博物馆、陕西省文物管理委员会:《陕西省博物馆、陕西省文物管理委员会藏青铜器图释》(唐兰《叙言》),第6页,文物出版社,1960年。

② 《毛诗正义》卷十八—二,《十三经注疏》(上),第562页,中华书局,1980年。

③ 许倬云:《西周史》,第207页,三联书店,1994年。

④ 杨宽:《西周史》,第354页,上海人民出版社,1999年。

⑤ 北京大学考古学系、山西省考古研究所:《天马——曲村遗址北赵晋侯墓地第二次发掘》,第4~28页,《文物》1994年第1期;刘绪:《天马——曲村遗址晋侯墓地及相关问题》,《三晋考古》第一辑,山西人民出版社,1994年;项阳、陶正刚:《中国音乐文物大系·山西卷》,第47页,大象出版社,2000年。

⑥ 北京大学考古学系、山西省考古研究所:《天马——曲村遗址北赵晋侯墓地第五次发掘》,第10~11页,《文物》1995年第7期;王世民、蒋定穗:《最近十多年来编钟的发现与研究》,第4页,《黄钟》1999年第3期。

⑦ 北京大学考古学系、山西省考古研究所:《天马——曲村遗址北赵晋侯墓地第二次发掘》,第4~28页,《文物》1994年第1期。

⑧ 北京大学考古学系、山西省考古研究所:《天马——曲村遗址北赵晋侯墓地第四次发掘》,第4~10页,《文物》1994年第8期。

没有镈出土。由此可见,西周时期的诸侯还没有资格享用镈。而且在历代晋侯墓中,除了晋靖侯墓(M91)①配置7鼎外,其余晚于M91的墓葬均配置5鼎。也就是说,西周的晋侯一般享用5鼎之制。膳夫克配置大牢7鼎,其地位应高于一般诸侯。王世民认为"大概只有国君及个别上卿(此间或有僭越)方能配置起和声作用的大型低音钟镈,而其他有资格享用'金石之乐'的贵族(主要士大夫),则仅备中高音编钟和编磬。"②所言甚当。而且大克鼎铭文说的也很明白:"锡(赐)女(汝)史小臣、灵、龠、鼓、钟"。克镈自铭为钟;克钟和克镈铭文完全相同,应为同时铸造。因此孝王赐给膳夫克的"钟"应该包括编甬钟和镈。一言以蔽之,身为上卿级别的膳夫克应该是有权享用镈的。

第二节　西周乐悬制度的发展

一　乐悬的用器制度

从西周早期的乐悬制度可知,当时礼乐器的种类只有编甬钟一种;镈、特磬,在西周早期虽有出土,但均不见于墓葬,还只是周人以及江南诸多方国祭祀活动中的一种法器,而非身份地位象征的礼乐器。到了西周中期,镈和特磬作为礼乐器重现于墓葬。特别是,殷商时期已经出现的编磬在这一时期得到西周统治者的重视,而且与编钟共出,以编甬钟、编磬为基本组合的西周乐悬制度已经形成。礼乐器的配置由原来的一种增加到三种:单用编甬钟、

---

① 北京大学考古学系、山西省考古研究所:《天马——曲村遗址北赵晋侯墓地第五次发掘》,第10～11页,《文物》1995年第7期;王世民、蒋定穗:《最近十多年来编钟的发现与研究》,第4页,《黄钟》1999年第3期。

② 王世民:《春秋战国葬制中乐器和礼器的组合状况》,《曾侯乙编钟研究》,第105页,湖北人民出版社,1992年。

编甬钟与编磬共用、镈与特磬共用。从第一代井叔、膳夫克和微伯
瘐的乐悬配置来看,当时编甬钟、编磬和镈的完整配置很可能已经
出现。这充分反映了西周中期乐悬配置开始细化,并基本定型。
同时,大铙和编铙在这一时期已经彻底退出了西周乐悬制度的舞
台。这些都说明,西周乐悬制度在西周中期得到了进一步的发展
与完善。

　　先说西周中期的穆王之世。穆王时期出土乐悬的墓葬资料有
两例:晋武侯墓和长甶墓。晋武侯墓为一椁两棺①。《礼记·檀弓
上》:"天子之棺四重",郑注:"尚深邃也,诸公三重,诸侯再
重,大夫一重,士不重。"② 即天子一椁五棺,诸侯一椁三棺,大
夫一椁二棺,士一椁一棺。可见,晋武侯墓的棺椁制度非诸侯之
制,而属于大夫级别。列鼎制度方面,该墓为5鼎4簋。俞伟超、
高明认为:"周王室自有一套天子九鼎,卿7鼎,大夫五鼎,士
三鼎或一鼎的制度,而又有另一套公、侯七鼎,伯五鼎,子、男
三鼎或一鼎的制度。"③ 以此观之,其列鼎制度也不符合诸侯之
制,而属于大夫之制。在乐悬制度方面,该墓只配置编甬钟一肆
4件,也没有发展到文献记载的诸侯乐悬配置为编甬钟、编镈、
编磬俱全的规模。车马制度方面,该墓殉车7辆。《礼记·檀弓
下》:"国君七个,遣车七乘;大夫五个,遣车五乘。"④ 殉车七
乘,倒是符合诸侯之礼。特别需要指出的是,此墓未被盗掘。因

---

①　北京大学考古学系、山西省考古研究所:《天马——曲村遗址北赵晋侯墓地第二
　　次发掘》,第4~28页,《文物》1994年第1期;刘绪:《天马——曲村遗址晋侯
　　墓地及相关问题》,《三晋考古》第一辑,山西人民出版社,1994年;项阳、陶正
　　刚:《中国音乐文物大系·山西卷》,第47页,大象出版社,2000年。

②　《礼记正义》卷八,《十三经注疏》,第1293页,中华书局,1980年。

③　俞伟超、高明:《周代用鼎制度研究》(中),第89页,《北京大学学报》1978年
　　第2期。

④　《礼记正义》卷九,《十三经注疏》,第1303页,中华书局,1980年。

此，以上葬制应为当时礼乐制度的真实体现。

再看长由墓。遗憾的是，该墓出土器物很多，不少被农民挖掉，因此随葬器物可能会有缺失。现存器物中有鼎4、簋2件等，俞伟超、高明认为其属于士的3鼎2簋之制。但该墓随葬器物组合食器、酒器、水器和乐器四类俱全，这种礼器组合是西周穆王时期等级最高的，系中级或中级以上贵族方能享用①。因此，不能排除该墓原来应是5鼎4簋的方伯之制。按俞伟超、高明的说法，诸侯为7鼎，方伯为5鼎，相差一个等级。但是从西周时期的考古发现来看，似乎并非如此。先看方伯之墓。从西周早期昭、穆之世的強伯眉墓（BZM1）②到成、康之世的強伯墓（BZM13）③，同为強伯，均随葬列鼎5件。再看晋侯墓。从西周晚期的晋献侯（苏）墓（M8）④、晋侯邦父墓（M64）⑤，甚至到春秋初年的晋文侯（M93）⑥。在历代晋侯墓中，除了晋靖侯墓（M91）⑦配置7鼎外，其余晚于M91的墓葬均配置5鼎。杨宽云："成康之际，公卿的官爵制度当以确立。太保、太师、太史等执政大臣称'公'，其他朝廷大臣，由四方诸侯进入为卿的称

① 卢连成、胡智生：《宝鸡強国墓地》，第517页，文物出版社，1988年。

② 卢连成、胡智生：《宝鸡強国墓地》，第428页，文物出版社，1988年；方建军：《中国音乐文物大系·陕西卷》，第31页，大象出版社，1996年。

③ 卢连成、胡智生：《宝鸡強国墓地》，第429页，文物出版社，1988年。

④ 北京大学考古学系、山西省考古研究所：《天马——曲村遗址北赵晋侯墓地第二次发掘》，第4～28页，《文物》1994年第1期。

⑤ 北京大学考古学系、山西省考古研究所：《天马——曲村遗址北赵晋侯墓地第四次发掘》，第4～10页，《文物》1994年第8期。

⑥ 北京大学考古学系、山西省考古研究所：《天马——曲村遗址北赵晋侯墓地第五次发掘》，第22～28页，《文物》1995年第7期。

⑦ 北京大学考古学系、山西省考古研究所：《天马——曲村遗址北赵晋侯墓地第五次发掘》，第10～11页，《文物》1995年第7期；王世民、蒋定穗：《最近十多年来编钟的发现与研究》，第4页，《黄钟》1999年第3期。

为'侯',由畿内诸侯进入为卿的称'伯',很是分明。"[①] 所言极是。可见,西周时期的侯与伯应属同一级别,均为卿级官职,而非侯为卿级,伯低一级为大夫。方伯长由与晋武侯级别相同,享用的乐悬配置也同为编甬钟,反映了当时乐悬制度的规范性。这些资料表明,在西周中期早段的穆王之时,西周乐悬制度仍然处于初级发展阶段,还没有发展到有钟有磬的水平,更谈不到诸侯乐悬编甬钟、编镈、编磬俱全的配置。西周礼乐制度的其他方面也是如此。特别需要指出的是,墓主长由为长国的后裔。长国曾是一个与商朝关系密切的方国。该墓出土有西周中期墓葬中极为少见的觚(2件)和爵(2件);墓葬形式也与殷墓相似,有腰坑和殉狗,这些都是殷文化的典型特征。但是唯独没有"殷礼"的典型礼乐器——编铙(西周早期还有出土并见于墓葬),而是代之以编甬钟。可见,在穆王之世西周乐悬制度已经完全确立。

再看看西周中期的恭、懿王之世。这一时期出土乐悬的墓葬有2例:井叔夫人墓(M163)[②]和其丈夫井叔墓(M157)。井叔夫人墓的时代为西周中期懿王之世[③],所配乐悬为编甬钟和编磬。其丈夫第一代井叔墓(M157)曾被盗掘,仅存编磬残块数件[④]。从其夫人乐悬配置钟磬俱全来看,以其位列三公的高贵身份,享用钟磬俱全的乐悬配置应该也是没有问题的。在西周乐悬制度中,各级贵族基本的乐悬配置为编钟、编磬俱全,如天子之卿、大夫、士以及诸

---

① 杨宽:《西周史》,第 341 页,上海人民出版社,1999 年。

② 中国社会科学院考古研究所沣西发掘队:《长安张家坡西周井叔墓发掘简报》,第 25～26 页,《考古》1986 年第 1 期;中国社会科学院考古研究所:《张家坡西周墓地》,第 164～167 页,中国大百科全书出版社,1999 年。

③ 张长寿:《论井叔铜器——1983～1986 年沣西发掘资料之二》,《文物》1990 年第 7 期。

④ 中国社会科学院考古研究所沣西发掘队:《长安张家坡西周井叔墓发掘简报》,第 26 页,《考古》1986 年第 1 期。

侯之卿、大夫之乐悬均有钟有磬。从康、昭之世的弢伯各①到昭、穆之世弢伯殆②，从穆王之世的晋武侯③到穆王后期的长由④，这4位方君或诸侯的乐悬配置均只有编甬钟而已，并没有出现编磬；而且前3位墓主的墓葬并没有被盗，应该是当时乐悬制度发展阶段的真实反映。可见一直到西周中期的穆王之世，西周乐悬制度仍停留于西周早期的初创阶段。到了懿王之世的井叔夫人墓(M163)出现了钟磬乐悬俱全(其丈夫井叔墓的乐悬配置亦应如此)，表明乐悬制度在懿王之世得到初步完善，乐悬配置由原来的仅用编甬钟发展到编钟、编磬俱全的模式。自懿王以往，钟磬俱全的基本乐悬配置终于确立。懿王之后的历代晋侯墓(没盗掘的)均钟磬俱全，正说明了这一点。

至于西周中期孝、夷之世的乐悬制度，这一时期虽未见有出土乐悬的墓葬，但出土青铜乐悬的窖藏却有数例，其中扶风法门寺任村窖藏和微氏家族窖藏最为重要。这两例窖藏出土的礼器和礼乐器墓主明确，时代清楚，是研究孝、夷之世乐悬制度的珍贵资料。扶风法门寺任村窖藏克钟(5件)与克镈于清光绪十六年(公元1890年)发现。陈双新通过对克钟铭文的考察，认为克钟原来应该一肆8件⑤。关于克器群的时代，目前学术界多以孝王说为是。关

① 卢连成、胡智生：《宝鸡弢国墓地》，第96页，文物出版社，1988年；方建军：《中国音乐文物大系·陕西卷》，第29页，大象出版社，1996年。

② 卢连成、胡智生：《宝鸡弢国墓地》，第281页，文物出版社，1988年；方建军：《中国音乐文物大系·陕西卷》，第31页，大象出版社，1996年。

③ 北京大学考古学系、山西省考古研究所：《天马——曲村遗址北赵晋侯墓地第二次发掘》，第4～28页，《文物》1994年第1期；刘绪：《天马——曲村遗址晋侯墓地及相关问题》，《三晋考古》第一辑，山西人民出版社，1994年；项阳、陶正刚：《中国音乐文物大系·山西卷》，第47页，大象出版社，2000年。

④ 陕西省文物管理委员会：《长安普渡村西周墓的发掘》，第75～86页，《考古学报》1957年第1期。

⑤ 陈双新：《两周青铜乐器铭辞研究》，第93～94页，河北大学出版社，2002年。

于膳夫克的身份与地位,前文已述,应属有权享用编甬钟和镈的上卿。从晋靖侯墓(M91)仅出编甬钟来看①,西周中期的一些诸侯尚无此种待遇。

再看活动于孝、夷之时的微伯痪。微氏家族窖藏出土青铜器共计 103 件,其中编甬钟 21 件②。通过对青铜器铭文研究可知,微伯痪曾担任西周太史寮的长官"太史",位列三公之一,是仅次于周天子的权臣。前文已经论述,微伯痪享用的乐悬编钟至少有 3 肆 24 件。除此之外,微伯痪之乐悬应该还有镈,因为三公之下的膳夫克可以享用镈③。按照周代的乐悬制度,位列三公的微伯痪当然可以享用镈。懿王之世的第一代井叔(位列三公)也是如此。前文已述,在懿王之后的乐悬制度中编磬已经成为高级贵族的基本配置。故膳夫克和微伯痪的乐悬应该还有编磬。

《周礼·春官·小胥》贾公彦疏:"天子、诸侯悬皆有镈。今以诸侯之卿、大夫、士,半天子之卿、大夫、士言之,则卿、大夫直有钟磬,无镈也;若有镈,不得半之耳。"④《仪礼·燕礼》贾公彦又疏:"天子宫悬,诸侯轩悬,面皆钟、磬、镈各一虡,大夫判悬,士特悬,不得有镈。"⑤也就是说,贾氏认为天子、诸侯的乐悬配置为编钟、编磬、

---

① 北京大学考古学系、山西省考古研究所:《天马——曲村遗址北赵晋侯墓地第五次发掘》,第 10～11 页,《文物》1995 年第 7 期;王世民、蒋定穗:《最近十多年来编钟的发现与研究》,第 4 页,《黄钟》1999 年第 3 期。

② 陕西周原考古队:《陕西扶风庄白一号西周青铜器窖藏发掘简报》,第 1～18 页,《文物》1978 年第 3 期;陕西省考古研究所等:《陕西出土商周青铜器(二)》,文物出版社,1980 年;方建军:《中国音乐文物大系·陕西卷》,第 37～50 页,大象出版社,1996 年。

③ 陈邦怀:《克镈简介》,第 14～16 页,《文物》1972 年第 6 期;黄崇文:《中国音乐文物大系·天津卷》,第 205 页,大象出版社,1996 年;高至喜:《论商周铜镈》,第 38～43 页,《商周青铜器与楚文化研究》,岳麓书社,1999 年。

④ 《周礼注疏》卷二十三,《十三经注疏》(上),第 795 页,中华书局,1980 年。

⑤ 《仪礼·燕礼》,《仪礼注疏》卷十四,《十三经注疏》(上),第 1014 页,中华书局,1980 年。

镈俱全,而卿、大夫悬只有钟磬。今从晋靖侯墓(M91)①的出土实物来看,西周中期的诸侯,其乐悬的配置仅为编甬钟而已,连钟磬俱全都谈不上,更不用说镈了。身为上卿的膳夫克、位列三公的微伯痹和第一代井叔的乐悬表明,在西周中期编钟、编磬、镈俱全应该是三公以及上卿的乐悬配置。"毋庸讳言,穆、共时期的青铜礼器在组合、器形、纹饰方面的变化,正体现了这一变革时期礼乐制度的变化。实际上,康、昭之际已经开始。穆、共时期基本完成。"②而乐悬用器制度的完成应该晚于穆、共时期,一直到孝、夷时期才确立完善。

综上所述,关于乐悬的用器制度,在穆王之世仍处于西周早期的初创阶段;懿王之世钟磬俱全,用器制度得到进一步完善;到孝、夷之世,编钟、编磬和镈俱全已成为三公以及上卿级别王室重臣的礼乐重器,用器制度臻于完备。

二 乐悬的摆列制度

根据《周礼·春官·小胥》的记载,周代乐悬的摆列方式可分为四种:周天子为宫悬,摆列四面;诸侯为轩悬,摆列三面;卿、大夫判悬,摆列两面;士特悬,摆列于东面或阶间。从出土实物来看,情况如何呢?先看穆王之世的晋武侯墓③和长由墓④,前者出土编钟4件,后者出土编钟3件。如果摆放的话,只能摆放一面,属特悬而

① 北京大学考古学系、山西省考古研究所:《天马——曲村遗址北赵晋侯墓地第五次发掘》,第10~11页,《文物》1995年第7期;王世民、蒋定穗:《最近十多年来编钟的发现与研究》,第4页,《黄钟》1999年第3期。

② 卢连成、胡智生:《宝鸡強国墓地》,第521页,文物出版社,1988年。

③ 北京大学考古学系、山西省考古研究所:《天马——曲村遗址北赵晋侯墓地第二次发掘》,第4~28页,《文物》1994年第1期;刘绪:《天马——曲村遗址晋侯墓地及相关问题》,《三晋考古》第一辑,山西人民出版社,1994年;项阳、陶正刚:《中国音乐文物大系·山西卷》,第47页,大象出版社,2000年。

④ 陕西省文物管理委员会:《长安普渡村西周墓的发掘》,第75~86页,《考古学报》1957年第1期。

已。而西周早期的弳伯各墓①和弳伯疳墓②也是如此。可见,穆王之世的乐悬摆列制度与西周早期并无多少变化。

再看恭王、懿王之世,可以井叔夫人墓为例。墓中出土了编甬钟(3 件)和编磬数件③,应该是编钟、编磬各一虡,分两面摆放,应属判悬之制。前文已述,其夫人应该相当于大夫级别;说明懿王之世的大夫已可享用判悬之制。

最后看看孝、夷时期。前面亦已论及,上卿膳夫克、位列三公的微伯痰和第一代井叔,都可享用编钟、编磬、镈俱全的乐悬配置。但是摆列方式和规格却有不同。因第一代井叔墓(M157)编甬钟、编磬和镈的数量均不清楚,其摆列方式暂且不论。这里仅谈其他两例。第一例是膳夫克,其乐悬只出土编甬钟 5 件,特镈 1 件。克钟原来应该一肆 8 件④,与之相配的应有一肆编磬。因为这一时期编磬已经成为乐悬中的必备成员,只是克钟、克镈出自青铜器窖藏,非为其乐悬配置的全貌。根据膳夫克仅有编甬钟一肆 8 件来看,钟和镈应悬一架,摆列一面,编磬则摆列另一面,那么膳夫克的乐悬应该是判悬之制,与其卿级身份的礼制相合。

第二例微伯痰,前文已述其所用的编甬钟应该是 3 肆,每肆 8件,共计 24 件;编磬没有出土,但是根据所出编甬钟的数量来看,其数量至少为 2 肆 16 件;镈虽然也没有出土,根据膳夫克享用镈的情况来看,位列三公的微伯痰应该有镈。如果此种推测属实的话,

① 卢连成、胡智生:《宝鸡弳国墓地》,第 96 页,文物出版社,1988 年;方建军:《中国音乐文物大系·陕西卷》,第 29 页,大象出版社,1996 年。

② 卢连成、胡智生:《宝鸡弳国墓地》第 281 页,文物出版社,1988 年;方建军:《中国音乐文物大系·陕西卷》,第 31 页,大象出版社,1996 年。

③ 中国社会科学院考古研究所沣西发掘队:《长安张家坡西周井叔墓发掘简报》,第25～26 页,《考古》1986 年第 1 期;中国社会科学院考古研究所:《张家坡西周墓地》,第 164～167 页,中国大百科全书出版社,1999 年。

④ 陈双新:《两周青铜乐器铭辞研究》,第 93～94 页,河北大学出版社,2002 年。

微伯痳的乐悬就比较复杂了。这 24 件编钟加上数件编镈和 16 件以上的编磬应该如何悬挂呢？西周时期的钟磬簴虡①尚未见出土，春秋战国时期的编

图四九　黢镈

钟簴虡已有数例。从这些考古发现来看，编钟簴虡主要有两种排列形式：一字形和曲尺形。一字形簴虡又可分单簴和双簴两种。一字形单簴式就是整架钟磬只有一层，悬挂一肆编钟，即一堵一肆，例如春秋时期的黢钟（9 件）②、黢镈（图四九）③等；一字形双簴式分两层悬挂，即一堵两肆以上，如春秋晚期的王孙诰编钟（26 件）（图五〇）④。曲尺形簴虡可分单簴和多簴。曲尺形单簴式悬挂一（或二）肆编钟，即一堵一（或二）肆，例如春秋时期的鄱子成周编镈（8 件）就是一堵一肆（图五一）⑤；曲尺形多簴式以曾侯乙编钟（图五二）为代表，规模达一堵 8 肆 65 件之多⑥。从以上出

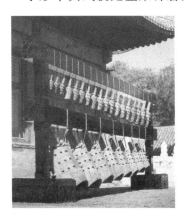

图五〇　王孙诰编钟

---

① 簴虡指悬挂钟磬的架子。簴（或筍）即横梁，虡（或簴）即立柱。

② 赵世纲：《中国音乐文物大系·河南卷》，第 118 页，大象出版社，1996 年。

③ 赵世纲：《中国音乐文物大系·河南卷》，第 100 页，大象出版社，1996 年。

④ 赵世纲：《中国音乐文物大系·河南卷》，第 87 页，大象出版社，1996 年。

⑤ 固始侯古堆一号墓发掘组：《河南固始侯古堆一号墓发掘简报》，第 1～8 页，《文物》1981 年第 1 期；赵世纲：《中国音乐文物大系·河南卷》，第 103 页，大象出版社，1996 年。

⑥ 王子初：《中国音乐文物大系·湖北卷》，第 202 页，大象出版社，1996 年。

土的编钟簨虡来看，痊钟
的簨虡应为曲尺形多簨
式，分上下两层悬挂，也就
是把曾侯乙编钟的第三层
3组纽钟去掉之后的摆列
形式。目前痊钟共计出土

图五一 鄱子成周编镈

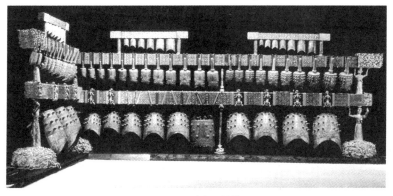

图五二 曾侯乙编钟

21件，尚缺3件。笔者根据所缺编钟的正鼓音音高与其他两肆编
钟当中与之音高相同或者相近编钟的高度，对所缺编钟的高度进
行推定并制表（表二〇），其中所缺编钟的数据均用斜体以示区别。
第一组（二式与四式）缺最后一件，根据这一组前7件编钟正鼓音
所构成的音列：羽—宫—角—羽—角—羽—角—羽—角，推定第八
件正鼓音应为羽，因此其音高应为 g^3。与之音高最为接近的是第
二组的第8号，其音高为 $^{\sharp}g^3-22$ 音分，通高为24.1厘米。第一组
所缺最后一件的音高为 g^3，比第二组的第8号低半音，所以体量应
该稍大些，推定为24.5厘米。第三组应缺最后2件。根据前6件
的音列来看，前4钟均无凤鸟纹的侧鼓音标记，正鼓音音列为角—
徵—羽—宫，第5、6件均有凤鸟纹标记，正、侧鼓音音列为角—徵

一羽一宫。所缺最后两件也应为双音钟。根据西周编钟的音列规律,其音列应与第5、6件相同,也为角—徵—羽—宫,整组编钟的正鼓音音列应为:角—徵—羽—宫—角—羽—角—羽。因此,最后两件编钟的正鼓音音高应为 a^2、d^3。参照第一组中与之音高最为接近或相同的第6、7件,推定这两件编钟的通高分别为32、28厘米。

表二〇　　　　　　疢钟(24件)形制数据表① 　　　单位:厘米　音分

编列	器型	序号	标本号	通高	正鼓音	
					音高	阶名
第一组	二式	1	76FZH1:29	70.6	$g-9$	羽
		2	76FZH1:10	64.0	$^bb-12$	宫
		3	76FZH1:9	63.0	d^1-24	角
		4	76FZH1:32	61.2	g^1-20	羽
	四式	5	76FZH1:28	41.0	d^2+9	角
		6	76FZH1:31	33.8	g^2+22	羽
		7	76FZH1:57	27.9	d^3+57	角↑
		8	—	*24.5*	g^3	羽
第二组	三式	1	76FZH1:8	68.4	$^\sharp g+51$	羽
		2	76FZH1:30	65.5	$b-100$	宫↓
	七式	3	76FZH1:59	46.0	$^\sharp d^1+14$	角
		4	76FZH1:67	44.0	$^\sharp g^1+9$	羽
	三式	5	76FZH1:16	41.6	$^\sharp d^2-58$	角↓
		6	76FZH1:33	39.2	$^\sharp g^2-83$	羽
		7	76FZH1:62	28.8	$^\sharp d^3-40$	角
		8	76FZH1:65	24.1	$^\sharp g^3-22$	羽
第三组	五式	1	76FZH1:61	48.0	$a-49$	角↓
	一式	2	76FZH1:64	46.1	c^1-77	徵↓
	五式	3	76FZH1:66	41.4	d^1+48	羽
		4	76FZH1:63	38.0	f^1+28	宫
	六式	5	76FZH1:60	37.1	a^1+49	角
		6	76FZH1:58	35.7	d^2+24	羽
		7	—	*32*	a^2	角
		8	—	*28*	d^3	羽

　　从表二〇,可以分析一下这三组编甬钟的悬挂问题。第一组

① 表中斜体数据,是所缺编钟的模拟数据,使用斜体以示区别。

和第二组两组体量接近,最大一件均在 70 厘米左右,把这两组分两层悬挂在正面比较合适:左侧为第一组,上层 5 件小钟,下面 3 件大钟;右侧为第二组,也是上层 5 件小钟,下层 3 件大钟。第三组编钟体量较小,最大一件仅为 48 厘米,把这一组 8 件均悬挂在左面上层,下层则是 3 件编镈。根据最大一件痶钟的体量推测,这三件编镈的通高应该在 65～75 厘米之间,悬挂在下面一层比较合适。而右面,应该是一堵编磬,分上下两层悬挂,每层 8 件。如此而成"轩悬"之制(图五三)。

从微伯痶的乐悬来看,当时三公的乐悬规格可见一斑。

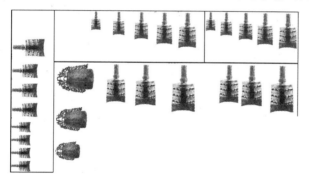

图五三　微伯痶乐悬图

三　乐悬的音列制度

据前文的统计,西周早期编甬钟仅有 13 例 24 件;但到了西周中期猛增至 48 例 121 件,翻了数倍。其编列和规模也由西周早期的一堵一肆 2 或 3 件,迅速扩充到一堵三肆 24 件,每肆 8 件、甚至 10 件之多。当然,乐悬编列和规模的扩大只是乐悬制度发展与完善的一个方面。作为一种乐器,其音乐性能方面的发展进步,更是值得关注的重要内容。下面笔者就对其中两组保存较好,编列比较完整、音列比较齐全的编甬钟的音乐性能进行分析,以探究西周中期乐悬音列制度的原貌。

1. 痰钟

1976 年出土，共计 21 件[①]。通过对其形制、纹饰、铭文、音列的分析可知，编甬钟原来应该是 3 肆，每肆 8 件，共计 24 件。现将这 3 肆 24 件痰钟的测音数据进行分析并列表（表二一）。

表二一　　　　痰钟（24 件）测音数据分析表[②]　　　　单位：音分

编组	序号	器型	标本号	正鼓音		侧鼓音		备注
				音高	阶名	音高	阶名	
第一肆	1	二式	76FZH1：29	$g-9$	羽	$^{\flat}b+133$	宫↑	—
	2		76FZH1：10	$^{\flat}b-12$	宫	d^1-27	角	—
	3		76FZH1：9	d^1-24	角	f^1-8	徵	侧鼓有凤鸟纹
	4		76FZH1：32	g^1-20	羽	$^{\flat}b^1+20$	宫	侧鼓有凤鸟纹
	5	四式	76FZH1：28	d^2+9	角	f^2+35	徵↑	侧鼓有凤鸟纹
	6		76FZH1：31	g^2+22	羽	$^{\flat}b^2+54$	宫↑	侧鼓有凤鸟纹
	7		76FZH1：57	d^3+57	角↑	f^3+161	徵↑	侧鼓有凤鸟纹
	8	缺	—	g^3	羽	$^{\flat}b^3$	宫	—
第二肆	1	五式	76FZH1：61	$a-49$	角↓	c^1-20	徵	
	2	一式	76FZH1：64	c^1-77	徵↓	$^{\flat}e^1-81$	商曾	
	3	五式	76FZH1：66	d^1+48	羽	f^1-17	宫	
	4		76FZH1：63	f^1+28	宫	a^1-11	角	
	5	六式	76FZH1：60	a^1+49	角	c^2+96	徵↑	侧鼓有凤鸟纹
	6		76FZH1：58	d^2+24	羽	f^2+73	宫↑	侧鼓有凤鸟纹
	7	缺	—	a^2	角	c^3	徵	
	8	缺	—	d^3	羽	f^3	宫	

[①] 陕西周原考古队：《陕西扶风庄白一号西周青铜器窖藏发掘简报》，第 1～18 页，《文物》1978 年第 3 期；陕西省考古研究所等：《陕西出土商周青铜器（二）》，文物出版社，1980 年；方建军：《中国音乐文物大系·陕西卷》，第 37～50 页，大象出版社，1996 年。

[②] 方建军：《中国音乐文物大系·陕西卷》，第 37、39、42、45、47、49、50 页，大象出版社，1996 年；表中斜体部分是所缺编钟的模拟数据，用斜体以示区别，关于模拟数据的来源参见本节"二、乐悬的摆列制度"中微伯的乐悬分析部分。

	1	三式	76FZH1：8	#g+51	羽	b¹+85	宫	—
第三肆	2		76FZH1：30	b-100	宫↓	#d¹-157	角↓	—
	3	七式	76FZH1：59	#d¹+14	角	#f¹+17	徵	—
	4		76FZH1：67	#g¹+9	羽	b²+57	宫	—
	5	三式	76FZH1：16	#d²-58	角↓	#f²-62	徵	侧鼓有凤鸟纹
	6		76FZH1：33	#g²-83	羽	b²-56	宫	侧鼓有凤鸟纹
	7		76FZH1：62	#d³-40	角	#f³+11	徵	侧鼓有凤鸟纹
	8		76FZH1：65	#g³-22	羽	b³-8	宫	侧鼓有凤鸟纹

从表二一来看,第一肆编钟出土仅7件,第1、2件编钟的侧鼓部没有凤鸟纹标记,应为单音钟;第3~7件的侧鼓部均有凤鸟纹,应为双音钟。从第三肆编钟的测音数据和音列来看,第一肆所缺第8件的音高应为"g³",且应为双音钟。由此可见,第一肆编钟的正鼓音音列应为:羽—宫—角—羽—角—羽—角—羽,正、侧鼓音音列应为G羽四声音阶:羽—宫—角—徵—羽—宫—角—徵—羽—宫—角—徵—羽—宫,音域达三个八度又一个小三度。

第二肆编钟出土仅6件,前四件编钟的侧鼓部没有凤鸟纹标记,可看作单音钟;第5、6件的侧鼓部均有凤鸟纹,应为双音钟。根据第一肆和第三肆编钟的测音数据和音列来看,所缺最后两钟的正鼓音音列应为角—羽,音高分别为"a²"、"d³",而且这二钟均应为双音钟。由此可见,第二肆编钟的正鼓音音列应为:角—徵—羽—宫—角—羽—角—羽,正、侧鼓音音列应为A角四声音阶:角—徵—羽—宫—角—徵—羽—宫—角—徵—羽—宫,音域达两个八度又一个小六度。

第三肆编钟出土8件,前四件编钟的侧鼓部没有凤鸟纹标记,似应作为单音钟看待。但从测音数据与整组编钟的音列来看,第3、4件也应该是双音钟。此组编钟的正鼓音音列为:羽—宫—角—羽—角—羽—角—羽,正、侧鼓音音列应为#G羽四声音阶:羽—宫—角—徵—羽—宫—角—徵—羽—宫—角—徵—羽—宫,音域达三个八度又一个小三度。遗憾的是,第2和第5两件编钟内壁光平,没有经过调音锉磨。特别是第2件的音高偏差很大,对此组编钟的音乐性能造成了一定的影响。从以上三肆编钟的测音数据分析来看,第一肆和第三肆编钟的音域均为三个八度又一个小三度,这在当时是非常罕见的。

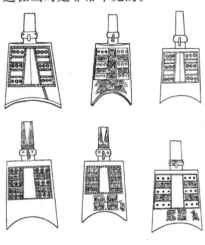

图五四　长安马王村编钟

2. 长安马王村编甬钟①

1973年陕西长安县马王村西周铜器窖藏出土,共计10件,另有鼎3、瓿1、簋等铜器25件,其时代为西周中期。编甬钟器形均较完整,锈蚀较严重。按照其形制纹饰的不同,10件编钟可分为五式(图五四):一式4件,二式2件,三式2件,四式1件,五式1件。可见,这组编钟应为拼凑而成。而且这10件编甬钟的于口内壁均没有调音锉磨痕,据此推测其音乐性能也应该不会好到哪里去,故研究西周编钟音列的诸多学者都将其忽略了。但是,笔者通过对其测音数据分析后发现,结果令人震惊!在这10件编钟当中,第1~8件的正鼓音,加上第4、5两件双音钟的侧鼓音,仅差变宫、徵曾、徵3个音就可以在一个八度内构成完整的半音阶(表二二),在目前所见的西周编钟中尚属仅见。

①　西安市文物管理处:《陕西长安新旺村、马王村出土的西周铜器》,第1~5页,《考古》1974年第1期;方建军:《中国音乐文物大系·陕西卷》,第80~83页,大象出版社,1996年。

表二二 长安马王村编甬钟（10件）正、侧鼓音音列分析表 单位：音分

序号	器型	标本号	正鼓音		侧鼓音		备注
			音高	阶名	音高	阶名	
1	三式	马王20	♭b+7	商曾	♭d¹+7	变商	—
2	一式	马王15	c¹+36	宫	♭d¹+67	变商	—
3	三式	马王21	♭d¹+43	变商	♭g¹+1	变徵	—
4	一式	马王16	d¹+12	商	f¹+57	和	侧鼓有凤鸟纹
5	二式	马王19	e¹+74	角	♭g¹+17	变徵	侧鼓有凤鸟纹
6		马王18	♭a¹±0	变羽	c²+24	宫	侧鼓有凤鸟纹
7	一式	马王14	a¹−9	羽	a¹−9	羽	
8		马王17	♭b¹−13	商曾	♭d²+49	变商	侧鼓有凤鸟纹
9	四式	马王22	残破	—	—	—	—
10	五式	马王23	♭b²−125	商曾↓	♭d³−51	变商	

笔者通过进一步分析发现，长安马王村编甬钟的音列还存在多种可能，而非如一般西周编钟仅仅可以构成一种调式、一种四声音阶，详见如下：

（1）. 从表二三的测音数据分析来看，将第 1、3、5、6、8、10 六件的正鼓音，加上第 8 件双音钟的侧鼓音，可以构成♭B 羽四声音阶：羽—宫—角—徵—羽—宫—羽。第 3、5、6、8、10 五件的正鼓音，加上第 5、6、8 三件双音钟的侧鼓音，可以构成缺"商"的♭D 宫六声下徵音阶：宫—角—和—徵—羽—变宫—宫—羽。

表二三 长安马王村编甬钟（10件）测音数据分析表一 单位：音分

序号	器型	标本号	正鼓音		侧鼓音		备注
			音高	阶名	音高	阶名	
1	三式	马王20	♭b+7	羽	♭d¹+7	宫	—
2	一式	马王15	c¹+36	—	d¹−33	—	—
3	三式	马王21	♭d¹+43	宫	♭g¹+1	和	—
4	一式	马王16	d¹+12	—	f¹+57	—	侧鼓有凤鸟纹
5	二式	马王19	f−26	角↓	♭g¹+17	和	侧鼓有凤鸟纹
6		马王18	♭a¹±0	徵	c²+24	变宫	侧鼓有凤鸟纹
7	一式	马王14	a¹−9	—	a¹−9	—	
8		马王17	♭b¹−13	羽	♭d²+49	宫	侧鼓有凤鸟纹
9	四式	马王22	—	—	—	—	残破
10	五式	马王23	♭b²−125	羽↓	♭d³−51	宫	

(2)从表二四的测音数据分析来看,将第 2、4、5、6、8、10 六件的正鼓音,加上第 4、6、8 三件双音钟的侧鼓音,竟然可以构成 C 宫七声下徵音阶:宫—商—角—和—徵—羽—变宫—宫—羽。

表二四　　长安马王村编甬钟(10 件)测音数据分析表二　　单位:音分

序号	器型	标本号	正鼓音		侧鼓音		备注
			音高	阶名	音高	阶名	
1	三式	马王 20	^{b}b+7	—	^{b}d^1+7	—	—
2	一式	马王 15	c^1+36	宫	d^1-33	商	—
3	三式	马王 21	^{b}d^1+43	—	^{b}g^1+1	—	—
4	一式	马王 16	d^1+12	商	f^1+57	和	侧鼓有凤鸟纹
5	二式	马王 19	e+74	角	f^1+117	和	侧鼓有凤鸟纹
6		马王 18	g^1+100	徵↑	b^1+124	变宫↑	侧鼓有凤鸟纹
7	一式	马王 14	a^1-9	—	a^1-9	—	—
8		马王 17	a^1+87	羽↑	c^2+149	宫↑	侧鼓有凤鸟纹
9	四式	马王 22	—	—	—	—	残破
10	五式	马王 23	a^2-25	羽	c^3+49	宫	—

(3)从表二五的测音数据分析来看,将第 1、2、4～6、8、10 七件的正鼓音,加上第 5、6、8 三件双音钟的侧鼓音,可以构成^{b}B 宫六声俗乐音阶:宫—商—角—徵—羽—商曾—宫—商—角—宫。将第 1、2、4、5、7、8、10 七件的正鼓音,加上第 5、6、8 三件双音钟的侧鼓音,可以构成^{b}B 宫六声正声音阶(或下徵音阶):宫—商—角—徵—羽—变宫—宫—商—角—宫。

表二五　　长安马王村编甬钟(10 件)测音数据分析表三　　单位:音分

序号	器型	标本号	正鼓音		侧鼓音		备注
			音高	阶名	音高	阶名	
1	三式	马王 20	^{b}b+7	宫	d^1-107	角↓	—
2	一式	马王 15	c^1+36	商	d^1-33	角	—
3	三式	马王 21	^{b}d^1+43	—	^{b}g^1+1	—	—

4	一式	马王16	d^1+12	角	f^1+57	徵	侧鼓有凤鸟纹
5	二式	马王19	f^1-26	徵	g^1-83	羽	侧鼓有凤鸟纹
6		马王18	$^{\flat}a^1\pm0$	商曾	c^2+24	商	侧鼓有凤鸟纹
7	一式	马王14	a^1-9	变宫	a^1-9	变宫	—
8		马王17	$^{\flat}b^1-13$	宫	d^2-51	角	侧鼓有凤鸟纹
9	四式	马王22	—	—	—	—	残破
10	五式	马王23	$^{\flat}b^2-125$	宫↓	c^3+49	商	

（4）从表二六的测音数据分析来看，将第 1、2、4、5、7、10 七件的正鼓音，加上第 5、6、8 三件双音钟的侧鼓音，可以构成 A 角五声音阶：角－徵－羽－宫－商－角－徵－羽－角。若将第 2、4、5、7、8、10 七件的正鼓音，加上第 5、6、8 三件双音钟的侧鼓音，可以构成 C 徵六声俗乐音阶（或下徵音阶）：徵－羽－宫－商－角－和－徵－羽－角。

表二六　　长安马王村编甬钟（10 件）测音数据分析表四　　　单位：音分

序号	器型	标本号	正鼓音		侧鼓音		备注
			音高	阶名	音高	阶名	
1	三式	马王20	$a+107$	角↑	c^1+107	徵	—
2	一式	马王15	c^1+36	徵	d^1-33	羽	—
3	三式	马王21	$^{\flat}d^1+43$	—	$^{\flat}g^1+1$	—	—
4	一式	马王16	d^1+12	羽	f^1+57	宫	侧鼓有凤鸟纹
5	二式	马王19	f^1-26	宫	g^1-83	商	侧鼓有凤鸟纹
6		马王18	$^{\flat}a^1\pm0$	徵曾	c^2+24	徵	侧鼓有凤鸟纹
7	一式	马王14	a^1-9	角	a^1-9	—	—
8		马王17	$^{\flat}b^1-13$	和	d^2-51	羽	侧鼓有凤鸟纹
9	四式	马王22	—	—	—	—	残破
10	五式	马王23	a^2-25	角	c^3+49	徵	—

从以上分析可知，马王村编钟可以在不同调高上构成四声、五声、六声、甚至七声音阶。关于西周编钟的音列，以往学者均认为

只有宫、角、徵、羽四声①。今以马王村编甬钟的音列来看，这种观点值得商榷。

关于西周编钟的调式与旋宫转调，《周礼·春官·大司乐》载："凡乐，圜钟为宫，黄钟为角，太簇为徵，姑洗为羽……凡乐，函钟为宫，太簇为角，姑洗为徵，南吕为羽……凡乐，黄钟为宫，大吕为角，太簇为徵，应钟为羽……"②。也就是说，西周不用商音作为调式主音，当然也就没有商调。黄翔鹏曾如是解："西周的宫廷音乐中不用商音作为调式主音，不等于宫廷音乐的音阶中没有商音。前人认为西周礼乐是只用五声音阶的（其实，在反映西周制度的有关典籍中，也找不出宫廷中不用'二变'的证据，这也不过是后人的说法）。我们只能说，宫廷中至少已用全五声；不过，商声却不在骨干音之列。也就是说，西周宫廷音乐，无论其为五声或七声音阶，其可用于不同调式作为主音的音节骨干音却是：'宫－角－徵－羽'的结构。"③也就是说，黄先生认为编钟只是用于演奏骨干音，而"骨干音却是：'宫－角－徵－羽'的结构"，没有商音，所以西周编钟上才没有商音。黄翔鹏还指出，在西周时期"并不存在在同一套编钟内完成旋宫的可能性"④。但马王村编甬钟的音列齐全，至少已具备四宫：♭D、C、♭B、F，并能在这几种不同的调高上构成多种调式，如♭B 羽、♭D 宫、C 宫、♭B 宫、A 角、C 徵等；在 C 宫上竟然可以转五

---

①　黄翔鹏：《新石器和青铜时代的已知音响资料与我国音阶发展史问题》，《溯流探源——中国传统音乐研究》，人民音乐出版社，1992 年；陈荃有：《西周乐钟的编列探讨》，第 29～42 页，《中国音乐学》2001 年第 3 期；王清雷：《从山东音乐考古发现看西周乐悬制度的演变》，中国艺术研究院 2002 届音乐学硕士学位论文；孔义龙：《两周编钟音列研究》（第一章），中国艺术研究院 2005 届音乐学博士学位论文。

②　《周礼注疏》卷二十二，《十三经注疏》（上），第 789～790 页，中华书局，1980 年。

③　黄翔鹏：《新石器和青铜时代的已知音响资料与我国音阶发展史问题》，第 24 页，《溯流探源——中国传统音乐研究》，人民音乐出版社，1992 年。

④　黄翔鹏：《新石器和青铜时代的已知音响资料与我国音阶发展史问题》，第 52 页，《溯流探源——中国传统音乐研究》，人民音乐出版社，1992 年。

个调,演奏商调式当然没有问题。可见,黄先生所言并不全面,在西周时期"并不存在在同一套编钟内完成旋宫的可能性"[①]的结论也尚需修正。马王村编甬钟所具有极强的音乐性能表明,早在纽钟诞生之前的西周中期,个别贵族已经开始注重并挖掘钟磬的音乐性能,以便充分发挥钟磬乐悬的娱人功能。从而使西周钟磬乐悬不仅可以用于各种祭祀和仪礼场合,还可以使自己获得身心感官上的娱乐与享受。

有的学者可能会对马王村编钟的音乐性能提出质疑,因为这10件编钟均没有经过调音锉磨。对于编钟的双音问题,学界诸多学者已有研究,如马承源[②]、秦序[③]、陈荃有[④]、冯光生[⑤]等。其中,冯光生认为周代编钟的双音经过了三个发展阶段:原生双音→铸生双音→铸调双音。原生双音指商铙所发双音,但是其没有调音锉磨,应为单音乐钟;铸生双音指西周早期的编甬钟,仍然没有调音锉磨,也没有侧鼓部的凤鸟纹标记,仍然只用正鼓音;铸调双音指西周中晚期的编甬钟,大部分已有调音锉磨,侧鼓部出现凤鸟纹标记,正、侧鼓音均已使用,编钟开始进入双音钟阶段。既然如此,那么这10件编甬钟的正鼓音能够使用是没有疑问的。其中4、5、6、8号编钟的侧鼓部均有凤鸟纹,即这4件编钟均为双音钟,那么对于使用这4件编钟的侧鼓音也是没有问题的。而以上笔者分析使用的所有数据均在此范围之内,因此马王村编钟的音乐水平之高应该是毋庸置疑的。

[①]　黄翔鹏:《新石器和青铜时代的已知音响资料与我国音阶发展史问题》,第52页,《溯流探源——中国传统音乐研究》,人民音乐出版社,1992年。

[②]　马承源:《商周青铜双音钟》,第131页,《考古学报》1981年第1期。

[③]　秦序:《先秦编钟"双音"规律的发现与研究》,《中国音乐学》1990年第3期。

[④]　陈荃有:《悬钟的发生及双音钟的厘定》,《交响》2000年第4期。

[⑤]　冯光生:《周代编钟的双音技术及应用》,第40～54页,《中国音乐学》2002年第1期。

第四章 西周乐悬制度的完善与成熟

　　关于西周乐悬制度何时得以完善与成熟，学术界探讨由来已久。但由于缺乏可靠的考古材料为依据，对这一问题一直聚讼未决。如李纯一曾提出，《周礼·春官·小胥》所载的"正乐悬之位，王宫悬，诸侯轩悬，卿、大夫判悬，士特悬，辨其声"[1]，"当是已经发展到定制的东周后期的情况。"[2] 也就是说，李先生认为西周时期的乐悬制度还处于草创期而已。李先生的这种观点在当时看来确有一定道理。因为当时尽管所见西周钟磬乐悬为数众多，但是出土于墓葬的屈指可数，而墓葬时代和墓主明确的更是少得可怜。天马——曲村遗址，即晋侯墓地的发掘，对西周乐悬制度的研究掀开了崭新的一页。目前，总共清理晋侯及其夫人的墓葬9组19座[3]，大多未被盗掘，许多墓葬均出土钟磬乐悬，弥足珍贵。从西周到春秋初年代代相传的9代诸侯墓葬，全国仅此一例。晋侯墓地在目前同时期、同规格的墓地中保存最完整、排列最清楚、随葬品最丰富，是研究西周乐悬制度最为重要、最为可靠的考古资料。

---

①　《周礼注疏》卷二十三，《十三经注疏》（上），第795页，中华书局，1980年。

②　李纯一：《先秦音乐史研究的两种基本史料》，第36页，《音乐研究》1994年第3期。

③　刘绪：《晋侯邦父墓与楚公逆编钟》，第56页，《长江流域青铜文化研究》，科学出版社，2002年。

第一节　西周晚期钟磬乐悬及其考古资料分析

在目前所见西周晚期①的钟磬乐悬中，数量最多的仍为编甬钟，编镈也有少量出土。从晋侯墓地出土的钟磬乐悬来看，编甬钟和编磬的乐悬配置已成定制。

一　仅出编甬钟的墓葬

目前，西周晚期的甬钟实物有 71 例 192 件之多（见附表七）。在这 71 例甬钟实物中，出土于墓葬的有 7 例 66 件，其中仅出编甬钟的墓葬有如下 2 例。

1. 临沂花园村西周墓②

1966 年 4 月，山东省临沂市兰山枣沟头花园村一座西周墓葬出土编甬钟 9 件（图五五），同出青铜器有鼎 3、匜、盘等。该墓最早系当地村民发

图五五　临沂花园村编钟

现，其中包括编钟在内的随葬品陆续被供销社收集，后由文物部门收存。该墓随葬列鼎 3 件，根据周代的列鼎制度，墓主应为士一级。该墓随葬编甬钟一肆 9 件，为特悬之制，与其身份正好相符。

2. 洛阳西工周墓③

1986 年，河南省洛阳西工航空工业部 612 研究所一座周墓中出土一些礼乐器，其中编甬钟仅存 4 件（图五六），可能有缺失。墓

_____

① 包括厉、共和、宣、幽四个时期。

② 周昌福、温增源：《中国音乐文物大系·山东卷》，第 60 页，大象出版社，2001 年。

③ 赵世纲：《中国音乐文物大系·河南卷》，第 80 页，大象出版社，1996 年。

图五六　洛阳西工编钟

主身份地位不明,对其乐悬之制只能存疑。

二　编甬钟与编磬共出的墓葬

西周晚期编甬钟与编磬共出的墓葬共有 4 例,其中三例为晋侯墓,一例为应侯墓,详见如下。

1. 晋侯 91 号墓[①]

1994 年 5～10 月,山西省曲沃县天马——曲村遗址 91 号墓出土编甬钟 7 件、编磬近 20 件,同出鼎 7、簋 5 件等随葬品。关于钟磬乐悬的摆放位置,发掘报告称:其中一件编钟置于椁室东侧,余均出于西、南两侧;编磬近 20 件,位于椁室西、南两侧。有关专家指出,墓主应为晋靖侯喜父,厉王之时在位[②]。至于钟磬乐悬的形制纹饰等方面,发掘报告没有公布详细资料。

2. 晋侯 8 号墓[③]

此墓由北京大学考古系与山西省考古研究所在 1992 年联合发掘。该墓为“甲”字形大墓,一棺一椁。据专家鉴定,墓主为晋献侯苏[④]。据《晋世家》及《十二诸侯年表》的记载,晋献侯苏在位的时

---

① 北京大学考古学系、山西省考古研究所:《天马——曲村遗址北赵晋侯墓地第五次发掘》,第 10～11 页,《文物》1995 年第 7 期;王世民、蒋定穗:《最近十多年来编钟的发现与研究》,第 4 页,《黄钟》1999 年第 3 期。

② 北京大学考古学系、山西省考古研究所:《天马——曲村遗址北赵晋侯墓地第五次发掘》,第 37～38 页,《文物》1995 年第 7 期。

③ 北京大学考古学系、山西省考古研究所:《天马——曲村遗址北赵晋侯墓地第二次发掘》,第 4～28 页,《文物》1994 年第 1 期。

④ 北京大学考古学系、山西省考古研究所:《天马——曲村遗址北赵晋侯墓地第五次发掘》,第 37～38 页,《文物》1995 年第 7 期。

间为周宣王 6 年到 16 年（前 822～前 812 年）。该墓虽经盗扰，仍
出土随葬品 239 件。其中有 14 件编甬钟流失香港，后被上海博物
馆购回入藏，另外 2 件编甬钟为墓中出土。编磬共计 18 件。关于
钟磬的位置，发掘报告称留存在墓中的 2 件编钟在椁室的东南角，
编磬在东侧，估计被盗掘的另外 14 件编钟更多的应在南侧。另有
列鼎 5 件、簋 4 件①。关于晋侯苏编钟的时代争议颇多。其中，李
学勤认为钟铭的"王三十又三年"就是厉王 33 年②。新近公布了
M8 的碳¹⁴C 测定结果，经由高精度树轮校正曲线校正的年代为前
808±8 年。依仇士华、张长寿先生之意见，此结果恰与晋献侯的卒
年（宣王 16 年，前 812 年）相合，由此证明晋侯苏确为晋献侯，《史
记》所载晋献侯的卒年是可信的。钟铭的"王三十又三年"就肯定
不是宣王 33 年，而只能是厉王 33 年了③。可见，李先生的观点还
是比较可信的。

　　关于编钟的来源也有不同看法。李学勤"猜想编钟的一部分
原是他随厉王作战的胜利品，因此将其配成全套，"并加镌文字，故
称号也依刻字时的身份而改变，铭文中的晋侯苏系他即位后追
称④。陈双新进一步阐明，晋侯苏的一、二式钟共计 4 件是晋侯苏
随周王出征的战利品，三式 12 件则是他根据原为每式两件的一、
二式钟的发音规律而重新补铸⑤。高至喜从合金成分、铭文的铭
刻方式、器型学三方面分析，认为"这套编钟不是在晋地铸造的，而
是来自江南"。在西周时，晋侯从南方获取编钟并不是孤证，如山

①　曲沃县博物馆：《天马——曲村遗址青铜器介绍》，第 53～55 页，《文物季刊》1996 年
　　第 3 期。

②　李学勤：《晋侯苏编钟的时、地、人》，《中国文物报》1996 年 12 月 1 日第三版。

③　仇士华、张长寿：《晋侯墓地 M8 的碳十四年代测定和晋侯苏钟》，《考古》1999 年第 5
　　期。

④　李学勤：《晋侯苏编钟的时、地、人》，《中国文物报》1996 年 12 月 1 日第三版。

⑤　陈双新：《两周青铜乐器铭辞研究》，第 91～92 页，河北大学出版社，2002 年。

图五七　晋侯苏编钟・Ⅰ式
（73628）

西曲沃县北赵村 64 号墓出土的 6 件楚公逆编钟就是来自南方的楚国[①]。

王子初指出，晋侯苏编钟的与音乐演奏方式有关的形制结构、调音锉磨手法和其留存至今的音响所体现出来的音列清楚地表明，其并非为同一个时期的产品，它们很可能是在自西周初期至恭王前后的百余年间逐步发展增扩形成的。晋侯苏钟产生的时代，正是西周甬钟重要的变革时代。它们的形制特征，生动地展示了一条西周甬钟演变成形的典型轨迹。16 件编钟可分三式。Ⅰ式 2 件，钟 73627 与 73628（图五七）。圆柱形长甬，中空与腔体相通，锥度极微，不封衡，有旋无斡。于口内有三棱状内唇，枚端呈圆形。枚、篆、钲间以圆圈纹带分隔，鼓部、篆间、旋上有纤细阳线构成的云纹，舞素面，正面有铭文数十字；Ⅱ式 2 件，钟 73629 与 73630（图五八）。甬、内唇、铭文部位、钟体纹饰均同Ⅰ式。不同之处在于：其一、旋上有斡；其二、舞面有纹饰；其三、枚端为平面；Ⅲ式 12 件，钟 73631～73640（图五九）以

图五八　晋侯苏编钟・Ⅱ式
（73630）

① 王世民、李学勤、陈久金、张闻玉、张培瑜、高至喜、裴锡圭：《晋侯苏钟笔谈》，第 63 页，《文物》1997 年第 3 期。

及 M8：33、M8：32。圆柱形长甬，中空与腔体相通，锥度较明显，不封衡；但大多数甬内留有泥芯；甬与腔体相通之处口有大小，个别钟几乎铸没。钟甬锥度较大，斡、旋俱备。于口无内唇。关于这三式编钟的时代，Ⅰ式钟的年代最早，应在西周初年；Ⅱ式钟应在西周初期康王之世前后；Ⅲ式钟的年代稍晚，但不会晚于厉王三十三年①。

图五九　晋侯苏编钟·Ⅲ式
（73635）

根据编钟的形制和测音数据表（表二七、二八）可以看出，钟 73631 与 73632 的尺寸及音高基本一致，应为重复钟。同样的情况又可见于钟 73633 和钟 73634、钟 73635 和钟 73636、钟 73637 和钟 73638；若加上现存侯马工作站的 2 钟，还可看到钟 73639 和 M8：33、钟 73640 和 M8：32、钟 73627 和钟 73630 较为接近的现象。钟 73629 已哑，但其侧鼓音尚能出声，音高也与钟 73628 相同。由此可见，这套编钟应为音列相同的两肆构成，每肆 8 件。根据铭文语义的相承关系，将 16 钟分为如下 2 组：

第一肆　73629　73630　73632　73634　73636　73638　73639　73640

第二肆　73628　73627　73631　73633　73635　73637　M8：33　M8：32

这与音律分析的结果完全吻合。两肆编钟正、侧鼓音均可以构成羽、宫、角、徵的四声音阶，第一肆为 A 羽，第二肆为 #G 羽，音域均为三个八度又一个小三度（表二八）。

---

① 王子初：《晋侯苏钟的音乐学研究》，第 23～30 页，《文物》1998 年第 5 期。

表二七　　　　　　　　　晋侯苏编钟形制数据表①　　　　　　单位:厘米

藏号	73629	73630	73632	73634	73636	73638	73639	73640
通高	50.1	49.8	49.8	45.1	34.7	30.2	26.2	22.4
藏号	73628	73627	73631	73633	73635	73637	M8:33	M8:32
通高	51.9	50.0	50.4	47.2	34.7	30.6	26.0	22.5

表二八　　　　　　　　晋侯苏编钟测音数据分析表②　　　　　　单位:音分

	藏号	73629	73630	73632	73634	73636	73638	73639	73640
正鼓音	音高	—	c^1−133	e^1−95	a^1−65	e^2−20	a^2+11	e^3+0	a^3+36
	阶名	羽	宫↓	角↓	羽↓	角	羽	角	羽
侧鼓音	音高	—	e^1−100	g^1−38	c^2−2	g^2+22	c^3+39	g^3+41	c^4+53↑
	阶名	宫	角	徵	宫	徵	宫	徵	宫
	藏号	73628	73627	73631	73633	73635	73637	M8:33	M8:32
正鼓音	音高	$^\#g$+3	b^1+76	$^\#d^1$−19	$^\#g^1$+45	$^\#d^2$+34	$^\#g^2$+80	$^\#d^3$−28	$^\#g^3$+32
	阶名	羽↓	宫	角↓	羽	角	羽	角↓	羽
侧鼓音	音高	b+45	$^\#d^1$+37	$^\#f^1$+23	b^1+109	$^\#f^2$+71	b^2+90	$^\#f^3$+24	b^3+46
	阶名	宫	角	徵	宫↑	徵	宫	徵	宫

---

① 马承源:《中国音乐文物大系·上海卷》,第31页,大象出版社,1996年;项阳、陶正刚:《中国音乐文物大系·山西卷》,第46页,大象出版社,2000年。

② 马承源:《中国音乐文物大系·上海卷》,第32页,大象出版社,1996年;项阳、陶正刚:《中国音乐文物大系·山西卷》,第46页,大象出版社,2000年。说明:(1)根据编钟的频率与音高相对照可知,编钟的原始测音数据失误有二:一是73633号侧鼓音频率为525.88赫兹,音高应由原来的g^2+9音分改为c^2+9音分;二是73637号正鼓音频率为868.16赫兹,音高应由原来的e^2−20音分改为a^2−20音分。在此更正;(2),73629号破裂失声,根据第二组以及西周编钟的音列规律,推定其正、侧鼓音分别为羽、宫,用斜体以示区别。

晋侯苏墓编磬均为实用器，共计18件(图六〇)。其中,晋侯苏墓出土编磬10件,有4件已经残破断裂;曲沃县公安局在打击文物走私时收缴编磬2件,也为晋侯8号墓中之物;侯马市打击

图六〇　晋侯苏墓编磬之一

文物走私收缴编磬6件,据查亦为该墓所出。编磬制作精细,音色优美。形制和测音数据参见表二九、三〇。从表中数据来看,这18件编磬为两肆的可能性较大。

表二九　　　　　晋侯苏墓编磬(18件)形制数据表①　　　　单位:厘米

藏号	M8:11	M8:12	M8:13	M8:14	M8:15	无号	M8:16	M8:53	M8:54
通高	残	49.0	45.9	45.0	50.9	残	残35.5	26.5	30.5
藏号	M8:57	侯马1	侯马2	侯马3	侯马4	侯马5	侯马6	公安1	公安2
通高	45.0	46.0	44.0	40.8	32.6	26.5	25.4	76.0	残51.0

表三〇　　　　　晋侯苏墓编磬(18件)测音数据表②　　　　单位:音分

藏号	M8:11	M8:12	M8:13	M8:14	M8:15	无号	M8:16	M8:53	M8:54
通高	残	g^2+35	b^2+22	b^2-28	f^2-16	残	残	a^3+43	断裂
藏号	M8:57	侯马1	侯马2	侯马3	侯马4	侯马5	侯马6	公安1	公安2
通高	$^{\sharp}a^2-15$	$^{\sharp}g^2+35$	$^{\sharp}c^3+0$	c^3-7	b^3-5	c^4+6	f^4+19	$^{\sharp}g^1-29$	残

3. 晋侯64号墓③

①　项阳、陶正刚:《中国音乐文物大系·山西卷》,第349(表一)、354(表一七)、44页,大象出版社,2000年;说明:M8指出土的10件,"侯马"指藏于侯马工作站的6件,"公安"指藏于曲沃县公安局的2件。

②　项阳、陶正刚:《中国音乐文物大系·山西卷》,第22、42、44页,大象出版社,2000年。

③　山西省考古研究所、北京大学考古系:《天马——曲村遗址北赵晋侯墓地第四次发掘》,第4~10页,《文物》1994年第8期;项阳、陶正刚:《中国音乐文物大系·山西卷》,第27、48页,大象出版社,2000年。

该墓保存完好,于1993年下半年发掘,出土乐器有编甬钟8件,编磬18件,钲1件;铜礼器有鼎5件、簋4件等。经专家鉴定,墓主为晋侯邦父(费王)(晋穆侯),时代为西周末期①。关于钟磬乐悬的出土位置,编钟和一套编磬置于椁室的东侧,另一套编磬置于南侧。根据甬钟上的铭文来看,其中6件为"楚公逆"钟,楚公逆即楚之熊咢,其时代相当西周晚期宣王之世。楚公逆编钟出于晋侯邦父墓内,可能是当时馈赠,也可能是战事所得②。

图六一　晋侯邦父墓编钟

编甬钟共计8件(图六一),其中一件残破较甚。形制相同,大小相次,均有铭文。从其形制纹饰来看,其中6件为楚公逆钟,另两件无论纹饰还是铭文均与楚公逆钟有别,显然这套编钟为拼凑而成。"编钟一套8件是西周晚期前后诸侯级墓习用之数,晋侯邦父墓用两种编钟凑成8件,显属有意为之。"③钟体的钲、枚、篆各部均以双阴线界格,双阴线之间排列乳钉。舞部饰宽阴线卷云纹,旋饰云目纹,篆带饰蝉纹,鼓部中央饰龙、凤、虎纹,左侧鼓以穿山甲纹为敲击点,地方特色浓郁。其中M64:93号钲及鼓部右侧有铸铭68字。其中一句为"楚公逆用自作和□锡钟百□"。李学勤指出"'百'下面的字,左半从'食',是钟的单位。"④黄锡全、于柄文认为

① 北京大学考古学系、山西省考古研究所:《天马——曲村遗址北赵晋侯墓地第五次发掘》,第37～38页,《文物》1995年第7期。

② 李学勤:《试论楚公逆编钟》,第71页,《文物》1995年第2期。

③ 刘绪:《晋侯邦父墓与楚公逆编钟》,第56页,《长江流域青铜文化研究》,科学出版社,2002年。

④ 李学勤:《试论楚公逆编钟》,第69页,《文物》1995年第2期。

其中的"食"即"肆","百食"
就是"百肆"。此句的意思就
是"楚公逆用四方首领所献
之铜作了和谐美好的编钟一
百组"①。如果按照晋侯墓地
的常数一肆8件来看,数量就

图六二　晋侯邦父墓编磬之一

达800件,非常可观。当然"'百肆'不一定就是一百组。'百'也可能
泛指多数"。编磬两组18件(图六二)。第1组8件,出于椁室东侧,
每4件叠放在一起;第2组10件出于椁室南侧,放置错乱,破损严
重,无法测音。两组编磬的形制基本相同,各组大小相次成列。

4. 平顶山滍阳95号墓②

河南平顶山滍阳第95号墓于1986年发掘。该墓为"甲"字形
大墓,出土青铜礼器、乐器、车马器、玉石器等400余件。其中,乐
器有编甬钟7件,编磬4件和编铃9件。3件编钟在墓室西壁填土
中发现,4件出土于墓底;礼器有鼎5件,簋6件等。王龙正指出,
该墓墓主为应侯,其时代为西周晚期厉王之世③。

图六三　平顶山滍阳95号墓编钟

7件甬钟
(图六三)虽有
大小递减趋势,
但不很明显。
除标本M95：
1外,其余每两

①　黄锡全、于柄文:《山西晋侯墓地所出楚公逆钟铭文初释》,第175页,《考古》1995年
　　第2期。

②　河南省文物考古研究所等:《平顶山应国墓地九十五号墓的发掘》,《华夏考古》1992
　　年第3期;赵世纲:《中国音乐文物大系·河南卷》,第81页,大象出版社,1996年。

③　王龙正:《平顶山应国墓地九十五号墓年代、墓主及相关问题》,《华夏考古》1995年
　　第4期。

件的形制、纹饰、颜色相同。体呈合瓦形,舞上置长甬,有旋有斡,旋部一周饰 4 个凸出的小乳钉。钲部两侧有枚 18 个,两面共 36 个。篆部与正鼓部均饰以纤细阳线构成的云纹,舞部饰窃曲纹。除第 1 号钟外,右侧鼓均铸凤鸟纹。无论从形制纹饰,还是从编钟的形制和测音数据来看(表三一、三二),此 7 件甬钟均非一组,应为数组编钟拼合而成。

表三一　　　平顶山滍阳 95 号墓编甬钟形制数据表① 　　　单位:厘米

序号	1	2	3	4	5	6	7
标本号	M95：1	M95：2	M95：3	M95：4	M95：5	M95：6	M95：7
通高	32.9	32.2	残 23.0	29.5	34.1	36.8	36.7

表三二　　　平顶山滍阳 95 号墓编甬钟测音数据表② 　　　单位:音分

序号	1	2	3	4	5	6	7
标本号	M95：1	M95：2	M95：3	M95：7	M95：6	M95：4	M95：5
正鼓音	g^1-38	破裂	c^2-43	c^2+21	c^2+49	f^3+46	不测
侧鼓音	a^1-20	破裂	d^3+11	f^2-24	e^2-15	$^\#g^3+48$	不测

三　编甬钟与镈共出的窨藏

目前所见西周晚期编甬钟与镈共出的资料只有 1 例,即陕西眉县杨家村窨藏。虽然不是出于墓葬,但是该窨藏出土的礼器和礼乐器墓主明确,时代清楚,是研究西周晚期乐悬制度的珍贵资料。

此窨藏系 1985 年发现,共出甬钟 15 件(其中 5 件已丢失)(图六四)③,编镈 3 件④。这些乐器原断代为西周中期⑤,现据 2003 年

_____

① 赵世纲:《中国音乐文物大系·河南卷》,第 310 页(表二六),大象出版社,1996 年。

② 赵世纲:《中国音乐文物大系·河南卷》,第 81 页,大象出版社,1996 年。

③ 刘怀君:《眉县出土一批西周窨藏青铜乐器》,《文博》1987 年第 2 期;方建军:《中国音乐文物大系·陕西卷》,第 60~67 页,大象出版社,1996 年。

④ 刘怀君:《眉县出土一批西周窨藏青铜乐器》,《文博》1987 年第 2 期;方建军:《中国音乐文物大系·陕西卷》,第 101 页,大象出版社,1996 年。

⑤ 方建军:《中国音乐文物大系·陕西卷》,第 60、63、65 页,大象出版社,1996 年。

出土的逑钟和逑盘等西周
晚期宣王之世的标准器来
看,这些编甬钟和编镈也
为西周晚期宣王之器,器
主为单氏家族的逑。逑的
官职从管理四方虞林再到
官司历人,相当于卿、大夫
级别,为西周王室重臣①。

　关于单逑的乐悬配
置,现存编甬钟 10 件,分
为甲、乙、丙三式。为了研
究的需要,笔者按照乙、
丙、甲的顺序论述。乙组
甬钟共计 4 件(图六五)。
其中 I 号钟保存完好。甬
中空与体腔相通,内壁有
隧 7 条。旋饰云纹,舞饰
阴线云纹,篆间饰云纹,鼓
饰顾夔纹,右侧鼓饰凤鸟
纹为侧鼓音的演奏标记。
右侧鼓、左侧鼓和钲间铸
铭文 117 字,重文 11 字;
II 号钟内壁有隧 2 条,纹
饰、铭文位置及内容与 I
号钟相同,唯右侧鼓无凤

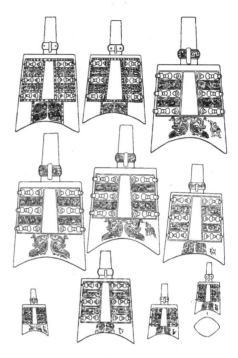

图六四　眉县杨家村编钟

图六五　眉县杨家村乙组编钟

① 　刘怀君:《眉县杨家村西周窖藏青铜器的初步认识》,第 35～38 页,《考古与文物》
　2003 年第 3 期。

鸟纹；Ⅲ号钟内壁有隧8条，纹饰和铭文均与Ⅰ号钟相同；Ⅳ号钟
内壁有隧8条，纹饰与Ⅰ号钟相同，铭文为Ⅰ号钟的最后17字及重
文2个。形制数据参见表三三。陈双新从铭文入手进行考证，认
为此组编钟应为1肆8件①。从乙组编钟的测音数据来看（表三
四），Ⅱ号钟在顺序上应排在Ⅰ号钟之前。通过对现存4件乙组甬
钟的测音数据进行分析（表三四），并结合西周编钟的音列规律推
定，乙组编钟应为1肆8件，其正鼓音构成的音列应为：羽—宫—角
—羽—角—羽—角—羽。因此，应缺少第一、五、六、七钟；加上侧
鼓音，乙组8件编钟可以构成完整的G羽四声音阶：羽—宫—角—
徵—羽—宫—角—徵—羽—宫—角—徵—羽—宫，音域达三个八
度又一个小三度，与西周晚期多达16件一套的晋侯苏编钟的音域
相同②。

表三三　　　　　　**眉县杨家村乙组甬钟形制数据表**③　　　单位：厘米　千克

序号	标本号	通高	重量
1	乙组Ⅱ号	65.0	44.0
2	乙组Ⅰ号	65.0	50.5
3	乙组Ⅲ号	61.0	50.0
4	乙组Ⅳ号	23.2	5.0

表三四　　　　　　**眉县杨家村乙组甬钟测音数据分析表**④　　　单位：音分

序号	标本号	正鼓音		侧鼓音	
		音高	阶名	音高	阶名
1	—	g	羽	^{b}b	宫
2	乙组Ⅱ号	^{b}b+34	宫	d^1−14	角
3	乙组Ⅰ号	d^1−3	角	f^1+37	徵

①　陈双新：《两周青铜乐器铭辞研究》，第88页，河北大学出版社，2002年。
②　王子初：《晋侯苏钟的音乐学研究》，第29页，《文物》1998年第5期。
③　方建军：《中国音乐文物大系·陕西卷》，第180（表一七）页，大象出版社，1996年。
④　方建军：《中国音乐文物大系·陕西卷》，第64页，大象出版社，1996年。表中的1、
　　5、6、7号为所缺之钟，所有模拟数据均为斜体以示区别。

4	乙组Ⅲ号	g^1-13	羽↓	$^bb^1+35$	宫
5	—	d^2	角	f^2	徵
6	—	g^3	羽	$^bb^3$	宫
7	—	d^3	角	f^3	徵
8	乙组Ⅳ号	g^3+96	羽↑	$^bb^3+133$	宫↑

丙组甬钟共计 4 件(图六六)。Ⅰ
号钟保存完好,甬中空与体相通,内壁
有隧 4 条。舞部素面,钲、篆四边以阴
线弦纹为界,篆、鼓皆饰云纹。右侧鼓
饰凤鸟纹,为侧鼓音的演奏标记;Ⅱ号
钟内壁有隧 2 条,纹饰与Ⅰ号钟相同;
Ⅲ号钟甬封衡,中空与体相通。内壁
有隧 5 条,舞部饰云纹,余部纹饰同Ⅰ
号钟;Ⅳ号钟内壁有隧 8 条,纹饰同Ⅲ
号钟。形制数据参见表三五。通过对
现存 4 件丙组甬钟的测音数据进行分
析(表三六),并结合西周编钟的音列
规律推定,丙组编钟也应为 1 肆 8 件,

图六六   眉县杨家村
丙组编钟之一

其正鼓音构成的音列应为:羽－宫－角－羽－角－羽－角－羽。
因此,应缺少第一、二、五、六钟。加上侧鼓音,可以构成完整的 B
羽四声音阶:羽－宫－角－徵－羽－宫－角－徵－羽－宫－角－
徵－羽－宫,音域达三个八度又一个小三度。

表三五   **眉县杨家村丙组甬钟形制数据表**[①]   单位:厘米 千克

序号	标本号	通高	重量
1	丙组Ⅰ号	44.3	25.5
2	丙组Ⅱ号	44.0	23.0
3	丙组Ⅲ号	27.0	6.5
4	丙组Ⅳ号	24.5	5.0

①   方建军:《中国音乐文物大系·陕西卷》,第 180(表一八)页,大象出版社,1996 年。

表三六　　　　眉县杨家村丙组甬钟测音数据分析表①　　　　单位:音分

序号	标本号	正鼓音		侧鼓音	
		音高	阶名	音高	阶名
1	—	b	羽	d^1	宫
2	—	d^1	宫	$^\#f^1$	角
3	乙组Ⅰ号	$^\#f^1-120$	角↓	a^1-47	徵
4	乙组Ⅱ号	b^1-95	羽↓	d^2-55	宫
5	—	f^2	角	a^2	徵
6	—	b^2	羽	d^3	宫
7	乙组Ⅲ号	$^\#f^3-70$	角	a^3-38	徵
8	乙组Ⅳ号	b^3+8	羽↑	d^4-22	宫

图六七　眉县杨家村
甲组编钟之一

再看甲组。甲组甬钟共计2件(图六七),形制纹饰相同,舞部素面,钲、篆四边以连珠纹为界,篆、鼓皆饰细阳线云纹。均有调音锉磨,侧鼓部无凤鸟纹标记。李纯一认为"依照发展期编甬钟的通例,只发单音(即正侧鼓同音)的首、次二钟侧鼓没有小鸟纹之类的第二基音标志;有此标志的是从发双音的第三钟开始。"②按照李先生的观点,这二钟应为一组中的第1、2件。那么这2件编钟是甲组编钟的前两件? 还是前述丙组所缺的前两件? 从其测音数据(表三七)与丙组编钟的测音数据(表三六)

① 方建军:《中国音乐文物大系·陕西卷》,第65页,大象出版社,1996年;表中的1、2、5、6号为所缺之钟,所有模拟数据均为斜体以示区别。

② 李纯一:《中国上古出土乐器综论》,第190页,文物出版社,1996年。

相对照不难发现,其正好是丙组所缺的第一、第二钟。也就是说,丙组与甲组应为一肆,仅缺第五、六钟而已。如此看来,逨钟应该是两肆 16 件,尚缺 6 件。但是逨钟出土时共计 15 件,有 5 件丢失。现已证实这 5 件被隐匿盗卖出境,现藏美国俄亥俄州的克利弗兰博物馆。如果丢失的这 5 件就是以上两肆中所缺的,那么逨钟两肆 16 件,尚缺 1 件[1];如果丢失的这 5 件并不属于以上两肆,那么逨钟很可能就是三肆 24 件,可能还有其他逨钟窖藏没有发现。

表三七　　　　眉县杨家村甲组甬钟形制和测音数据表[2]

单位:厘米　千克　音分

序号	标本号	通高	重量	正鼓音	侧鼓音
1	甲组Ⅰ号	57.0	27.0	b−44	模糊
2	甲组Ⅱ号	50.0	22.5	$d^1−42$	f^1+40

编镈共计 3 件(图六八),形制、纹饰均相同。体为合瓦形,较圆。于口平齐。内唇上与正、侧鼓部相对应的地方有 4 个小缺口。环纽,以对鸟连接。镈体前、后、正中及两侧各有一个棱脊,侧脊饰二虎,虎头向下,卷尾;中脊饰以凤鸟。舞部饰卷云纹,舞顶中央有一小圆孔。体饰兽面纹,鼓部素面。从其测音数据(表三八)来看,可以构成 A 羽三音列:羽—宫—角。

图六八　眉县杨家村编镈之一

① 刘怀君:《眉县杨家村西周窖藏青铜器的初步认识》,第 37 页,《考古与文物》2003 年第 3 期。

② 方建军:《中国音乐文物大系·陕西卷》,第 60、179(表一六)页,大象出版社,1996 年。

表三八　　　眉县杨家村编镈形制和测音数据分析表①

单位:厘米　千克　音分

序号	标本号	通高	重量	正鼓音	
				音高	阶名
1	眉总1306	63.5	32.5	a^1+36	羽
2	眉总1307	57.5?	22.5	c^2+34	宫
3	眉总1308	51.5	21.0	e^2-90	角

　　器主逨的官职从管理四方虞林再到官司历人,相当于卿、大夫级别②。从金文和文献的记载来看,其等级还够不上六卿,最高不过是下卿。但是他的乐悬却有编甬钟两肆16件(或三肆24件),镈一肆3件,已经僭用了三公的礼制。再看逨的用鼎规格。发现的逨器不可能是逨器的全部,但是仅四十三年鼎就有10件。根据文献记载,西周天子使用九鼎。从考古发现来看,三公也可享用九鼎之制。按照周礼,官司历人的逨应该享用五鼎,最高七鼎的待遇,但是他在宣王43年一次就铸造了10件鼎,这是对西周礼制的明显僭越③。可见,孔子所谓的"礼崩乐坏"在西周晚期已经出现。

第二节　西周乐悬制度的完善与成熟

一　乐悬的用器制度

　　前文已述,我国的礼乐制度在龙山文化时期已经形成。如陶

---

① 方建军:《中国音乐文物大系·陕西卷》,第101、182(表二六)页,大象出版社,1996年。表中第2件镈的原始通高数据仅为37.5厘米,应该有误,可能为57.5厘米,特此用问号标出。

② 刘怀君:《眉县杨家村西周窖藏青铜器的初步认识》,第37页,《考古与文物》2003年第3期。

③ 刘怀君:《眉县杨家村西周窖藏青铜器的初步认识》,第38页,《考古与文物》2003年第3期。

寺5座甲种大墓的墓主均为陶寺文化早期的方国首领,其礼乐器的配置为鼓(鼍鼓、土鼓)与特磬①。到了商代,这种鼓与特磬的配置又分化成鼍鼓与特磬、编铙与特磬、编铙与编磬三种配置模式,史前礼乐制度中常见的土鼓已退出礼乐器的行列。

　　西周初年,对于如何"损""益"殷礼,建立属于周人自己的礼乐制度,当时的统治者确实煞费苦心。周公兴正礼乐,当务之急首先就是要建立一个不同于殷礼的新的礼乐制度。那就是,采用殷人没有使用过的新型礼乐器——编甬钟,用来取代殷礼的标志性礼乐器——编铙,西周乐悬制度得以初步确立。在西周早期的成、康之世(前1042~前996年),商铙还见于強伯墓(BZM13)。至康、昭时(前1020~前977年)的強伯各墓(BZM7),编铙为编甬钟彻底取代,这正是"兴正礼乐,度制于是改"的生动体现。而殷礼中使用的另外几种礼乐器,鼍鼓、编磬和特磬,均不见于西周早期的墓葬,更说明周公"制礼作乐"时改造殷礼态度的坚决,以至于到了西周中期的穆王之世,晋武侯仍然只配置4件编甬钟。但是西周早期的编甬钟均为3件一组,与殷商编铙的编列完全一致,至穆王时的长甶墓仍是如此。这说明西周乐悬制度还是继承了殷礼的某些因素,只不过已是细枝末节罢了。

　　一直到西周中期,当时的统治者才把编磬和镈纳入乐悬的编制之中。镈是源于南方百越之地的一种青铜乐器,殷礼中并无使用,周人似用它取代了殷礼中的礼乐重器鼍鼓,成为周王、三公以及上卿等高级权贵专用的礼乐器。编磬出现于殷商时期,在殷礼中使用极少。西周中期的编磬与殷商时期已有较大差别。周人把这两种礼乐器纳入乐悬制度的编制,从而使西周乐悬的用器制度

---

① 中国社会科学院考古研究所山西工作队等:《山西襄汾县陶寺遗址发掘简报》,第18页,《考古》1980年第1期;中国社会科学院考古研究所山西工作队、临汾地区文化局:《1978~1980年山西襄汾陶寺墓地发掘简报》,第30页,《考古》1983年第1期。

得到进一步的发展与完善。可见,西周统治者对乐悬制度中的三种礼乐器:编甬钟、编磬、镈的使用,经历了深刻的社会实践和观念上的变革。"殷人尊神,率民以事神,先鬼而后礼。周人尊礼尚施,事鬼敬神而远之。"①殷礼中礼乐器的配置与西周乐悬制度礼乐器的配置之间存在的巨大差别,也与商、周两代统治者这种思想观念的不同有着密切的关系。从恭、懿之世开始,编甬钟与编磬的乐悬配置模式开始确立,至西周晚期已经成为定制。乐悬的三种配置,即单用编甬钟、编甬钟与编磬的合用或编甬钟、编磬和镈的组合使用,层次清楚,等级分明。西周晚期的乐悬制度已经完全成熟。

　　先谈西周时期诸侯的乐悬配置。从文献记载来看,《周礼·春官·小胥》贾公彦疏:"天子、诸侯悬皆有镈。今以诸侯之卿、大夫、士半天子之卿、大夫、士言之,则卿、大夫直有钟、磬,无镈也;若有镈,不得半之耳。"②《仪礼·燕礼》贾疏:"天子宫悬,诸侯轩悬,面皆钟、磬、镈各一虡;大夫判悬,士特悬,不得有镈。"③可见,贾氏认为天子、诸侯的乐悬配置为编钟、编磬、镈俱全。史实是否如此呢?笔者把目前所见西周时期诸侯级别所有随葬钟磬乐悬的墓葬做了统计(表三九)。

表三九　　　　西周时期诸侯级别墓葬乐悬配置一览表

墓葬号	墓主	时代	乐悬配置及墓葬保存情况	礼器	夫人墓及礼器、乐悬
宝鸡竹园沟7号墓④	㳉伯各	康、昭之世	保存完好,编甬钟3件。	3鼎2簋	不清

① 《礼记·表记》,《礼记正义》卷五十四,《十三经注疏》(下),第1642页,中华书局,1980年。

② 《周礼注疏》卷二十三,《十三经注疏》(上),第795页,中华书局,1980年。

③ 《仪礼·燕礼》,《仪礼注疏》卷十四,《十三经注疏》(上),第1014页,中华书局,1980年。

④ 卢连成、胡智生:《宝鸡㳉国墓地》,第96页,文物出版社,1988年;方建军:《中国音乐文物大系·陕西卷》,第29页,大象出版社,1996年。

宝鸡茹家庄1号墓①	強伯嬃	昭、穆之世	保存完好,编甬钟3件。	8鼎5簋	BRM2, 6鼎5簋。
晋侯9号墓②	?武侯(宁族)	穆王之世	保存完好,编甬钟4件。	不清	M13,5鼎4簋③。
晋侯7号墓④	?成侯(服人)	恭、懿之世	被盗严重	被盗,不清	M6,被盗严重,不清。
晋侯33号墓⑤	厉侯(福)	孝夷之世	被盗,仅编磬10余件。	被盗,不清	M32, 不清。
晋侯91号墓⑥	(喜父)靖侯(宜臼)	厉王之世	编甬钟7件,编磬近20件。	7鼎5簋	M92
晋侯1号墓⑦	釐侯(司徒)	厉王之世	被盗严重,仅编磬1件。	被盗,不清	M2,被盗,不清。

---

① 卢连成、胡智生:《宝鸡強国墓地》,第281页,文物出版社,1988年;方建军:《中国音乐文物大系·陕西卷》,第31页,大象出版社,1996年。

② 北京大学考古学系、山西省考古研究所:《天马——曲村遗址北赵晋侯墓地第二次发掘》,第4～28页,《文物》1994年第1期;刘绪:《天马——曲村遗址晋侯墓地及相关问题》,《三晋考古》第一辑,山西人民出版社,1994年;项阳、陶正刚:《中国音乐文物大系·山西卷》,第47页,大象出版社,2000年。

③ 北京大学考古学系、山西省考古研究所:《天马——曲村遗址北赵晋侯墓地第二次发掘》,第8页,《文物》1994年第1期。

④ 北京大学考古学系、山西省考古研究所:《天马——曲村遗址北赵晋侯墓地第二次发掘》,第4～28页,《文物》1994年第1期。

⑤ 北京大学考古学系、山西省考古研究所:《天马——曲村遗址北赵晋侯墓地第五次发掘》,第10～11页,《文物》1995年第7期;王世民、蒋定穗:《最近十多年来编钟的发现与研究》,第4页,《黄钟》1999年第3期。

⑥ 北京大学考古学系、山西省考古研究所:《天马——曲村遗址北赵晋侯墓地第五次发掘》,第10～11页,《文物》1995年第7期;王世民、蒋定穗:《最近十多年来编钟的发现与研究》,第4页,《黄钟》1999年第3期。

⑦ 北京大学考古系、山西省考古研究所:《1992年春天马——曲村遗址墓葬发掘报告》,第11～30页,《文物》1993年第3期;王世民、蒋定穗:《最近十多年来编钟的发现与研究》,第4页,《黄钟》1999年第3期。

晋侯8号墓①	献侯（苏）	宣王之世	被盗，编甬钟16件、编磬18件。	5鼎4簋	M31，3鼎2簋。
晋侯64号墓②	穆侯（费王）（晋侯邦父）	西周末期	保存完好，编甬钟8件，编磬18。	5鼎4簋	M62，3鼎4簋；M63，不清。
晋侯93号墓③	？晋文侯（仇）	春秋初年	保存完好，编甬钟16，编磬10件。	5鼎6簋	M102，3鼎4簋。
平顶山滍阳95号墓④	应侯	厉王之世	保存完好，编甬钟7，编磬4件。	5鼎6簋	不清

    从表三九来看，从西周早期的夨伯各墓（BZM7）⑤、夨伯旂墓（BRM1）⑥，到西周中期穆王之世的晋武侯墓，同为诸侯，所享用的乐悬也相同，只有一肆编钟，既无磬又无镈。从西周晚期的厉王开始，一直到东周初年，历代晋侯（如靖侯、献侯、穆侯、文侯）的乐悬配置均为编甬钟和编磬各一堵。孝、夷之世的晋厉侯墓和厉王之世的晋鳌侯墓均被盗严重，仅存编磬。根据同期其他几座晋侯墓钟磬俱全来看，这两位晋侯的乐悬配置也应该有钟有磬。恭、懿之世的晋成侯墓被盗严重，不见钟磬出土，根据同为懿王之世的井叔

① 北京大学考古学系、山西省考古研究所：《天马——曲村遗址北赵晋侯墓地第二次发掘》，第4～28页，《文物》1994年第1期；孙华：《晋侯组墓的几个问题》，《文物》1997年第8期。

② 山西省考古研究所、北京大学考古系：《天马——曲村遗址北赵晋侯墓地第四次发掘》，第4～10页，《文物》1994年第8期；项阳、陶正刚：《中国音乐文物大系·山西卷》，第27、48页，大象出版社，2000年。

③ 北京大学考古学系、山西省考古研究所：《天马——曲村遗址北赵晋侯墓地第五次发掘》，第22～28页，《文物》1995年第7期。

④ 河南省文物考古研究所等：《平顶山应国墓地九十五号墓的发掘》，《华夏考古》1992年3期；赵世纲：《中国音乐文物大系·河南卷》，第81页，大象出版社，1996年。

⑤ 卢连成、胡智生：《宝鸡夨国墓地》，第96页，文物出版社，1988年；方建军：《中国音乐文物大系·陕西卷》，第29页，大象出版社，1996年。

⑥ 卢连成、胡智生：《宝鸡夨国墓地》，第281页，文物出版社，1988年；方建军：《中国音乐文物大系·陕西卷》，第31页，大象出版社，1996年。

夫人墓(M163)钟磬俱全来看①,晋成侯的乐悬配置应该与之相同。
再看厉王之世的平顶山滍阳95号墓,墓主为应侯②,尽管其封国不
在王畿附近,但其乐悬也是编甬钟和编磬。可见,从西周中期后段
一直到春秋早期,编钟和编磬已经成为诸侯级别乐悬用器制度的
定规,但始终未见镈。可见,西周时期的诸侯并非如贾公彦诸人所
言,编甬钟、编磬和镈俱全。从考古发现来看,诸侯的乐悬钟、磬、
镈俱备,应是春秋初期以后的乐悬制度了。王世民指出,在东周时
期只有国君及个别上卿(此间或有僭越)方能配置起和声作用的大
型低音钟镈,而其他有资格享用金石之乐的贵族(主要是大夫),则
仅备中高音编钟和编磬③。所言甚是。

　　西周时期诸侯的乐悬配置既是如此,那么卿、大夫的乐悬配置
如何呢?《周礼·春官·小胥》郑玄注④、贾公彦疏⑤认为天子、诸
侯之卿、大夫的乐悬有钟有磬。王国维《释乐次》的意见则与其相
左,认为只有天子、诸侯可以享用编钟,大夫有鼓无钟。根据是《仪
礼·乡射礼》郑玄注"陔夏者,天子、诸侯以钟、鼓,大夫士鼓而已。"
以及《仪礼·乡饮酒礼》郑玄注"钟、鼓者,天子、诸侯备用之,大夫
士鼓而已。"⑥今人杨华也认为:"'金石之乐'是一种高规格等级标
志,大夫以下一般不配享有。"他的根据也是"《乡射礼》和《乡饮酒

①　中国社会科学院考古研究所沣西发掘队:《长安张家坡西周井叔墓发掘简报》,第
　　25～26页,《考古》1986年第1期;中国社会科学院考古研究所:《张家坡西周墓地》,
　　第164～167页,中国大百科全书出版社,1999年。
②　王龙正:《平顶山应国墓地九十五号墓年代、墓主及相关问题》,《华夏考古》1995年
　　第4期。
③　王世民:《春秋战国葬制中乐器和礼器的组合状况》,《曾侯乙编钟研究》,第105页,
　　湖北人民出版社,1992年。
④　《周礼注疏》卷二十三,《十三经注疏》(上),第795页,中华书局,1980年。
⑤　《周礼注疏》卷二十三,《十三经注疏》(上),第795页,中华书局,1980年。
⑥　王国维:《释乐次》,《观堂集林》(卷二),第101页,中华书局,1959年。

礼》注'钟鼓者,天子、诸侯备用之,大夫士鼓而已。'"①如果对一些相关文献仔细分析,并加以比较就会发现,郑玄自己就是前后矛盾。如《周礼·春官·小胥》郑玄注:"诸侯之卿、大夫,半天子之卿、大夫,西悬钟,东悬磬"②,而非自己所言"大夫士鼓而已"。显然,郑玄之注不足为证。到底事实如何?是如王国维所言编钟是西周天子和诸侯的专利?还是卿、大夫也可享用编钟乐悬?

先看两例金文材料。第一,据周厉王时期师嫠簋铭文记载,伯龢父赐师嫠"钟一,磬五"③。既然伯龢父在等级森严的西周时期可以赐师嫠钟磬,也就是说伯龢父和师嫠均有权力享用钟磬乐悬。郭沫若考证:伯龢父即共伯和,曾任司马之职,后为三公(太师、太保、太史),"本铭当是入为三公以前事"④。即伯龢父赐师嫠钟磬时应任司马,属于天子之卿级别⑤。师嫠的级别显然低于伯龢父,应该是天子之大夫或士一级。此为西周天子之卿、大夫或士有权享用编钟乐悬之一证;第二,据1975年出土于陕西岐山县董家村一号窖藏的西周公臣簋铭文:"虢中令公臣:'司朕百工。赐女(汝)马乘、钟五、金,用事。'公臣拜稽首,敢扬天尹丕显休。用作尊簋,公臣其万年用宝兹休。"其意为:虢仲命令公臣管理百工,并赏其四匹马、五件钟和铜。虢仲是周厉王时的大臣,他的官职是天尹,为天子之卿⑥。公臣的级别应该是天子之大夫或士一级。此为西周天子之大夫或士有权享用编钟乐悬之二证。

_____

① 杨华:《先秦礼乐文化》,第113页,湖北教育出版社,1997年。

② 《周礼注疏》卷二十三,《十三经注疏》(上),第795页,中华书局,1980年。

③ 郭沫若:《两周金文辞大系图录考释》(七),第114页,科学出版社,1957年。

④ 郭沫若:《两周金文辞大系图录考释》(七),第114页,科学出版社,1957年。

⑤ 杨宽:《西周史》(前言),第2页,上海人民出版社,1999年。

⑥ 唐兰:《陕西省岐山县董家村新出西周重要铜器铭辞的译文和注释》,《文物》1976年第5期。

　　再看看西周时期的几例考古资料。第一、张家坡井叔夫人墓（M163）①，其时代为懿王之世②，该墓被盗掘，但是仍出土了3件编甬钟和数件编磬，可见井叔夫人有权享用钟磬乐悬。前文已有论述，其相当于大夫级别。这是西周时期天子之大夫有权享用编钟乐悬之三证。第二、扶风法门寺任村窖藏所出克钟、克镈。关于其时代，马承源认为是孝王时期③。目前，学术界多赞同此说。器主克的身份应为上卿。克钟与克镈共出，说明西周中期卿级高官的乐悬不仅有编甬钟，个别高官还可以享用镈。这是西周时期天子之卿有权享用编钟乐悬之四证。第三、眉县杨家村窖藏所出编甬钟和编镈，均为西周晚期宣王之器，器主逨的官职从管理四方虞林再到官司历人，为西周王室重臣，相当于卿、大夫级别④。从金文和文献来看，其等级显然不是六卿之一，最高是下卿而已。他的乐悬配置有两肆16件编甬钟，还有一肆镈3件。这是西周时期天子之卿有权享用编钟乐悬之五证。而逨身为下卿或大夫之级别却享用3件镈却是僭越礼制的。可见，西周时期的天子之卿、大夫乐悬均有钟有磬，并非如王国维等人所言编钟为天子、诸侯的专利，"大夫士鼓而已"。

　　关于天子或诸侯之士的乐悬配置，《周礼·春官·小胥》郑玄注⑤、贾公彦疏⑥认为天子之士的乐悬有钟有磬，而诸侯之士有磬

①　中国社会科学院考古研究所沣西发掘队：《长安张家坡西周井叔墓发掘简报》，第25～26页，《考古》1986年第1期；中国社会科学院考古研究所：《张家坡西周墓地》，第164～167页，中国大百科全书出版社，1999年。

②　张长寿：《论井叔铜器——1983～1986年沣西发掘资料之二》，《文物》1990年第7期。

③　马承源：《中国音乐文物大系·上海卷》，第42页，大象出版社，1996年。

④　刘怀君：《眉县杨家村西周窖藏青铜器的初步认识》，第35～38页，《考古与文物》2003年第3期。

⑤　《周礼注疏》卷二十三，《十三经注疏》(上)，第795页，中华书局，1980年。

⑥　《周礼注疏》卷二十三，《十三经注疏》(上)，第795页，中华书局，1980年。

无钟。王国维则有不同看法,认为天子或诸侯之士不能享用编钟,根据是《仪礼·乡射礼》郑玄注"陔夏者,天子、诸侯以钟、鼓,大夫士鼓而已。"以及《仪礼·乡饮酒礼》郑玄注"钟、鼓者,天子、诸侯备用之,大夫士鼓而已。"①今人杨华也认为:"'金石之乐'是一种高规格等级标志,大夫以下一般不配享有。"他的根据也是"《乡射礼》和《乡饮酒礼》郑玄注"②。前文已述,郑玄自己就前后矛盾,他的注释不足为证。今从出土实物观之,诸说均值得商榷。目前士一级的考古资料仅有2例:临沂花园村西周墓(编甬钟9件)③和长安马王村西周青铜器窖藏(编甬钟10件)④,二者均出土列鼎3件,器主应为士一级。而他们配置的乐悬均为编钟一肆。从这两例考古资料的地域来看,前者应为诸侯之士,后者应为周王之士。如果推测不误,那么西周时期天子和诸侯之士的乐悬均应只有一肆编钟,并非如郑、贾二氏所言天子之士的乐悬有钟有磬,诸侯之士有磬无钟,也非王国维等人所言钟磬均无。

最后谈谈西周天子乐悬的配置。《周礼·春官·小胥》贾公彦疏:"天子、诸侯悬,皆有镈。"⑤《仪礼·燕礼》贾疏:"天子宫悬,诸侯轩悬,面皆钟、磬、镈各一虡。"⑥可见,贾氏认为周王的乐悬配置为编钟、编磬、镈俱全。除此之外,周天子所用之磬也非一般石料制成。《礼记·郊特牲》载:"诸侯之宫悬而祭以白牡,击玉磬,朱干设

① 王国维:《释乐次》,《观堂集林》(卷二),第101页,中华书局,1959年。

② 杨华:《先秦礼乐文化》,第113页,湖北教育出版社,1997年。

③ 周昌福、温增源:《中国音乐文物大系·山东卷》,第60页,大象出版社,2001年。

④ 西安市文物管理处:《陕西长安新旺村、马王村出土的西周铜器》,第1~5页,《考古》1974年第1期;方建军:《中国音乐文物大系·陕西卷》,第80~83页,大象出版社,1996年。

⑤ 《周礼注疏》卷二十三,《十三经注疏》(上),第795页,中华书局,1980年。

⑥ 《仪礼注疏》卷十四,《十三经注疏》(上),第1014页,中华书局,1980年。

锡,冕而舞大武,乘大路,诸侯之僭礼也。"①郑玄注:"玉磬,天子乐器。"以此观之,周天子所用的乃为玉磬。目前,周王墓一直没有发现,事实如何难以确定。但从三公的乐悬配置为编钟、编磬、镈俱全来看,周王的乐悬配置为编钟、编磬、镈俱备是没有问题。关于玉磬,即墨台城琉璃磬是目前周代唯一一件有关玉磬的实物标本,已是战国时期的产物②。虽然周代玉磬出土极少,但是从考古发现可知,玉器一直颇受历代统治者重视,周代也不例外。所以《礼记》所载,玉磬是一种只有周天子方可享用的礼乐重器,应该是有其可信性的。目前出土实物极少是否与此有关,还有待于周王墓发现之后再作探讨。

综上所述,从音乐考古发现来看,西周乐悬的用器制度等级分明,层次清楚,但与郑注、贾疏出入很大。如西周诸侯的乐悬配置只有编甬钟和编磬,并非如郑、贾二氏所言钟、磬、镈俱全;卿、大夫的乐悬配置一般是编钟和编磬,个别上卿可以享用特镈,与郑、贾二氏所言只有钟、磬不完全相符;天子和诸侯之士的乐悬只有一肆编钟,并非如郑、贾二氏所言天子之士的乐悬有钟有磬,而诸侯之士有磬无钟;至于周王的乐悬,目前尚没有发现周王墓,暂时存疑。需要指出的是,西周时期卿、大夫与诸侯的乐悬配置相同,一般看来似有矛盾,因为按照文献记载诸侯应在卿、大夫之上。实际非也。杨宽云:"成康之际,公卿的官爵制度当以确立。太保、太师、太史等执政大臣称'公',其他朝廷大臣,由四方诸侯进入为卿的称为'侯',由畿内诸侯进入为卿的称'伯',很是分明。"③也就是说,西周时期的侯、伯、卿应属同一级别。孙华通过对晋侯"櫔/㜈"组铜礼器组合的复原,认为晋侯墓地的用鼎制度属于少牢五鼎之制。

---

① 《礼记正义》卷二十五,《十三经注疏》(下),第 1448 页,中华书局,1980 年。

② 周昌福、温增源:《中国音乐文物大系·山东卷》,第 168 页,大象出版社,2001 年。

③ 杨宽:《西周史》,第 341 页,上海人民出版社,1999 年。

其规格为卿、大夫或下大夫的等级，因为晋之始封仅为"爵卑而贡重"的甸服偏侯①。由此可知，西周诸侯属于卿或大夫级别，当然所用乐悬配置只有编钟和编磬。而钟、磬、镈俱全应是西周时期三公以及上卿的乐悬配置。杨宽通过对西周金文的研究指出"《周礼》所载周朝官制则大不相同，……没有高于六卿的公一级。"②既然《周礼》官制没有三公一级，郑、贾二氏也就不会涉及三公的乐悬配置，从而弥补了历代文献有关西周三公乐悬用器制度的失载。至于诸侯可以享用钟、磬、镈俱全的乐悬配置，应是春秋时期的事情了。因为春秋时期，诸侯都升级为公，如晋文公，齐桓公等等。同为诸侯，级别升为公爵，所以乐悬的规格也要相应提高，这与西周乐悬制度仍然相符。

二 乐悬的摆列制度

在西周的乐悬制度中，有关摆列制度的问题探讨最多。《周礼·春官·小胥》载："正乐悬之位，王宫悬，诸侯轩悬，卿、大夫判悬，士特悬，辨其声"③，这是先秦典籍中关于周代乐悬摆列制度的唯一记载，但语焉不详。郑玄注云："乐悬，谓钟磬之属悬于簨簴者。郑司农云：'宫悬四面悬，轩悬去其一面，判悬又去其一面，特悬又去其一面。四面象宫室四面有墙，故谓之宫悬。轩悬三面其形曲，故《春秋传》曰：'请曲悬，繁缨以朝，'诸侯礼也。故曰：'唯器与名不可以假人'。'玄谓轩悬，去南面辟王也。判悬左右之合，又空北面，特悬悬于东方或于阶间而已。"④ 经过郑玄的注解，我们对周代乐悬的摆列方式比较清楚了。根据等级的不同，周代乐悬的摆列方式分为四种：周天子为宫悬，摆列于四面；诸侯为轩悬，摆列于东、西、北三面，空南

---

① 孙华:《关于晋侯苏组墓的几个问题》,《文物》1995 年第 9 期。

② 杨宽:《西周史》(前言),第 2 页,上海人民出版社,1999 年。

③ 《周礼注疏》卷二十三,《十三经注疏》(上),第 795 页,中华书局,1980 年。

④ 《周礼注疏》卷二十三,《十三经注疏》(上),第 795 页,中华书局,1980 年。

面；卿、大夫判悬，摆列于东、西两面，空南、北两面；士特悬，摆列于东面或阶间。对于乐悬每面的规格，不同等级又有不同。《周礼·春官·小胥》郑玄注："钟磬者，编悬之，二八十六枚而在一簴谓之堵。钟一堵，磬一堵，谓之肆。半之者，谓诸侯之卿、大夫、士也。诸侯之卿、大夫，半天子之卿、大夫，西悬钟，东悬磬。士亦半天子之士，悬磬而已。"① 按照郑说，我们能确定的只有诸侯之卿、大夫的乐悬为西面一簴编钟，东面一簴编磬，诸侯之士只有一簴编磬，而天子、诸侯以及天子之卿、大夫、士之乐悬每面的规格则不甚明了。对此，贾公彦在《仪礼·燕礼》中有详细阐述："天子宫悬，诸侯轩悬，面皆钟、磬、镈各一簴；大夫判悬，士特悬，不得有镈。"② 贾公彦此处所言的"大夫"、"士"应为天子之大夫、士。按照贾氏所言，天子、诸侯之乐悬每面都由编钟、编磬、编镈各一簴组成，天子之大夫和士的乐悬没有镈，每面由编钟、编磬各一簴组成。按照贾说：诸侯之卿、大夫半天子之卿、大夫，士半天子之士，则诸侯之卿、大夫、士的乐悬规格恰与郑说吻合：诸侯之卿、大夫的乐悬为西面一簴编钟，东面一簴编磬，诸侯之士只有一簴编磬。

　　从以上这些文献记载和分析来看，关于西周乐悬的摆列制度似乎已经明了。但从出土实物来看，事实并非如此。西周早期的㣲伯各墓（BZM7）③和㣲伯𬱃墓（BRM1）④的墓主均为㣲国国君，属

① 《周礼注疏》卷二十三，《十三经注疏》（上），第795页，中华书局，1980年。
② 《仪礼注疏》卷十四，《十三经注疏》（上），第1014页，中华书局，1980年。
③ 卢连成、胡智生：《宝鸡㣲国墓地》，第96页，文物出版社，1988年；方建军：《中国音乐文物大系·陕西卷》，第29页，大象出版社，1996年。
④ 卢连成、胡智生：《宝鸡㣲国墓地》，第281页，文物出版社，1988年；方建军：《中国音乐文物大系·陕西卷》，第31页，大象出版社，1996年。

诸侯级别,所用乐悬只有编甬钟3件;西周中期穆王之世的晋武侯墓①和长甶墓②,前者出土编钟4件,后者出土编钟3件。如果摆放的话,以上四位墓主的乐悬只能摆放一面,属特悬而已,远没有达到"诸侯轩悬,卿、大夫判悬"的规模。

再看西周中期的恭、懿王之世,井叔夫人墓出土编甬钟3件和编磬数件③,应该是编钟、编磬各一虡,分两面摆放,应属判悬之制。关于井叔夫人的等级,前文已有论述,其相当于大夫级别。可见,懿王之世的大夫已可享用判悬之制。

到了西周中期孝、夷之世,乐悬制度获得重大发展。这一时期的上卿膳夫克、位列三公的微伯痶和第一代井叔都已享用编钟、编磬、镈俱全的乐悬配置。但是他们的摆列方式却有不同。因为第一代井叔(M157)乐悬的具体数量还不清楚,其摆列方式不便妄谈。这里仅探讨其他两例。第一例是孝王时的膳夫克,其乐悬只出土编甬钟5件,特镈1件。陈双新认为克钟原来应该一肆8件④。虽然没有编磬出土,但是这一时期编磬已经成为乐悬中的必备成员。估计是因为克钟、克镈出自青铜器窖藏,所以没有石质乐器编磬而已。根据膳夫克仅有编甬钟一肆8件来看,与之相配的编磬也应是一肆8件。如是这样,8件克钟和1件克镈应悬一虡,摆列一面,8件编磬应悬一虡,摆列另一面。可见,上卿级别的膳夫克之乐悬

① 北京大学考古学系、山西省考古研究所:《天马——曲村遗址北赵晋侯墓地第二次发掘》,第4~28页,《文物》1994年第1期;刘绪:《天马——曲村遗址晋侯墓地及相关问题》,《三晋考古》第一辑,山西人民出版社,1994年;项阳、陶正刚:《中国音乐文物大系·山西卷》,第47页,大象出版社,2000年。

② 陕西省文物管理委员会:《长安普渡村西周墓的发掘》,第75~86页,《考古学报》1957年第1期。

③ 中国社会科学院考古研究所沣西发掘队:《长安张家坡西周井叔墓发掘简报》,第25~26页,《考古》1986年第1期;中国社会科学院考古研究所:《张家坡西周墓地》,第164~167页,中国大百科全书出版社,1999年。

④ 陈双新:《两周青铜乐器铭辞研究》,第93~94页,河北大学出版社,2002年。

应该是判悬之制。第二例是微伯痰，活动于孝、夷之时。其所用的编甬钟应该是3肆，每肆8件，共计24件；编磬虽然没有出土，但根据所出编甬钟的数量来看，其数量至少为2肆16件；镈虽然也没有出土，根据膳夫克享用镈1件来看，位列三公的微伯痰之乐悬也应配有镈，很可能为3件。如果此种推测属实的话，这24件编钟、3件编镈和16件编磬应该如何悬挂摆放呢？前文已经论述，笔者认为曲尺形多簨式比较合理，也就是把曾侯乙编钟的第三层纽钟去掉之后的摆列形式。把三肆编甬钟当中体量接近的两肆大钟，分两层悬挂在正面簨虡之上：左侧为第一组，上层5件小钟，下面3件大钟；右侧为第二组，也是上层5件小钟，下层3件大钟。把体量较小的第三肆悬挂在左面簨虡的上层，下层则是3件编镈。而右面，应该是一堵编磬，分上下两层悬挂，每层8件。如此而成"轩悬"之制（图五三）。但此种"轩悬"每面的规格并非如贾公彦所言"面皆钟、磬、镈各一虡"，而是每面只有一虡。

　　最后看看西周晚期的乐悬摆列制度。从表三九来看，从西周晚期的厉王开始，一直到春秋初年，历代晋侯（如靖侯、献侯、穆侯、文侯）的乐悬配置均为编甬钟和编磬各一虡（一肆或两肆），只不过是数量不同而已。孝夷之世的晋厉侯墓和厉王之世的晋釐侯墓均被盗严重，仅存编磬。根据同期其他几座晋侯墓均随葬钟磬来看，这两位晋侯的乐悬配置也应该有钟有磬。恭懿之世的晋成侯墓被盗严重，不见钟磬出土。根据同为懿王之世的井叔夫人墓（M163）钟磬俱全来看[1]，晋成侯的乐悬配置应该与之相同。以此观之，当时诸侯的乐悬摆列方式应为：一虡编甬钟摆列一面，一虡编磬摆列另一面，如此而成"判悬"之制。此外，厉王之世的平顶山应侯95

① 中国社会科学院考古研究所沣西发掘队：《长安张家坡西周井叔墓发掘简报》，第25～26页，《考古》1986年第1期；中国社会科学院考古研究所：《张家坡西周墓地》，第164～167页，中国大百科全书出版社，1999年。

号墓,尽管其封国不在王畿附近,但其乐悬也是编甬钟和编磬各一堵,亦为"判悬"之制。由此可见,从西周中期后段一直到春秋早期,"判悬"乃是诸侯的乐悬定制,而非"轩悬"。而且,每面乐悬的规格也非贾公彦所言"面皆钟、磬、镈各一虞",而是每面只有一虞。至于"特悬",西周中期和晚期各有一例,临沂花园村西周墓(编甬钟 9 件)①和长安马王村西周青铜器窖藏(编甬钟 10 件)②,二者均出土列鼎 3 件,墓主应为士一级。他们配置的乐悬均为编钟一虞,为"特悬",确与《周礼》相合。从这两例考古资料的地域来看,前者应为诸侯之士,后者应为周王之士。如果推测不误,那么西周时期天子和诸侯之士的"特悬"均应为编钟一虞,并非如郑、贾二氏所言天子之士的"特悬"编钟、编磬各一虞,而诸侯之士只有编磬一虞。西周晚期还有一例"轩悬"之制,那就是单氏家族逑的乐悬。单逑所出乐悬有编甬钟 15 件(其中 5 件已丢失)③、编镈 3 件④,均为西周晚期宣王之器。逑的官职从管理四方虞林再到官司历人,为西周王室重臣,相当于卿、大夫级别⑤。前文已经论述,其乐悬配置应为编甬钟两肆 16 件(或三肆 24 件),镈一肆 3 件。编磬虽然没有出土,但是编磬已是当时各级贵族乐悬的必备之器。根据其编钟有两肆 16 件(或三肆 24 件)来看,其所用编磬至少有两肆 16 件。由此观之,其乐悬应为"轩悬"之制。如果编甬钟为三肆 24 件,那么

---

① 周昌福、温增源:《中国音乐文物大系·山东卷》,第 60 页,大象出版社,2001 年。

② 西安市文物管理处:《陕西长安新旺村、马王村出土的西周铜器》,第 1～5 页,《考古》1974 年第 1 期;方建军:《中国音乐文物大系·陕西卷》,第 80～83 页,大象出版社,1996 年。

③ 刘怀君:《眉县出土一批西周窖藏青铜乐器》,《文博》1987 年第 2 期;方建军:《中国音乐文物大系·陕西卷》,第 60～67 页,大象出版社,1996 年。

④ 刘怀君:《眉县出土一批西周窖藏青铜乐器》,《文博》1987 年第 2 期;方建军:《中国音乐文物大系·陕西卷》,第 101 页,大象出版社,1996 年。

⑤ 刘怀君:《眉县杨家村西周窖藏青铜器的初步认识》,第 35～38 页,《考古与文物》2003 年第 3 期。

其乐悬则与微伯疢完全相同（图五三）；如果编甬钟为两肆 16 件，那么其乐悬的左面就只有一肆编镈了（图六九）。不过，微伯疢之"轩悬"合于礼制，而单逨则是僭礼而为。

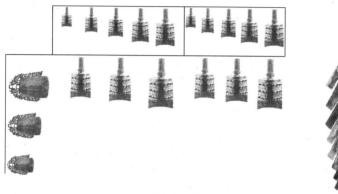

图六九　单逨乐悬图

目前，周王之墓尚没有发现，不知其乐悬是否如文献所载为摆列四面的"宫悬"。不过从微伯疢和单逨的乐悬之制来看，周天子之乐悬数量构成"宫悬"是完全没有问题的。此外，晋侯邦父 64 号墓①随葬的楚公逆编钟铭文载："楚公逆用自作和□锡钟百□"。李学勤指出："'百'下面的字，左半从'食'，是钟的单位。"②黄锡全、于柄文认为其中的"食"即"肆"，"百食"就是"百肆"。此句的意思就是"楚公逆用四方首领所献之铜作了和谐美好的编钟一百组"③。如果按照晋侯墓地的常数一肆 8 件来看，数量就达 800 件，非常可

---

① 山西省考古研究所、北京大学考古系：《天马——曲村遗址北赵晋侯墓地第四次发掘》，第 4～10 页，《文物》1994 年第 8 期；项阳、陶正刚：《中国音乐文物大系·山西卷》，第 27、48 页，大象出版社，2000 年。

② 李学勤：《试论楚公逆编钟》，第 69 页，《文物》1995 年第 2 期。

③ 黄锡全、于柄文：《山西晋侯墓地所出楚公逆钟铭文初释》，第 175 页，《考古》1995 年第 2 期。

观。当然"'百肆'不一定就是一百组。'百'也可能泛指多数"。不过,从战国初期的曾侯乙编钟来推测,一个小小的曾国国君都可以随葬编钟 65 件、编磬 32 件,乐悬总数达 97 件。那么一个堂堂大国之君楚公逆所用乐悬比曾侯乙多数倍,也就是数百件应该没有问题。一位楚王尚且如此,周天子的乐悬数量就可想而知了。

综上所述,从音乐考古发现来看,西周乐悬的摆列制度与文献记载有其相合之处。如所谓的"轩悬"、"判悬"、"特悬"等乐悬之制在西周时期确已存在,卿、大夫、士的乐悬之制也与《周礼》相合。但也有的等级并不能完全对应。如卿、大夫与诸侯同为"判悬",三公应为"轩悬"。杨宽通过对西周金文的研究指出"《周礼》所载周朝官制则大不相同,……没有高于六卿的公一级。"①既然《周礼》官制没有三公一级,当然就不会有关于三公一级乐悬制度的记载。因此三公应为"轩悬"之制,弥补了先秦文献有关乐悬制度的失载。对于另一个不能相合之处,即卿、大夫与诸侯同为"判悬"一般看来确有矛盾,因为根据文献记载诸侯应在卿、大夫之上。实际非也。前文已经论述,西周时期的侯、伯、卿、大夫应属同一级别。既然如此,西周诸侯当然该用"判悬"之制,这与《周礼》所载"卿、大夫判悬"是相符的。所以,笔者认为西周的乐悬摆列制度应为:王宫悬,三公轩悬,诸侯、卿、大夫判悬,士特悬。至于诸侯享用"轩悬"之制应是春秋时期的事情了。但这与《周礼》记载也不矛盾。因为西周时期的诸侯为卿,当用"判悬"之制;到了春秋时期,诸侯都升级为公,如晋文公,齐桓公等等。同为诸侯,级别升为公爵,所以其乐悬规格也应该由"判悬"升为"轩悬",这与《周礼》所载的乐悬制度仍然相符。正如杨宽所言:"《周礼》一书编辑之际,确有不少真实的史料为其素材,并非全出'向壁虚造'"②。李纯一认为《周礼·春

① 杨宽:《西周史》(前言),第 2 页,上海人民出版社,1999 年。
② 杨宽:《西周史》,第 362 页,上海人民出版社,1999 年。

官·小胥》所载的"正乐悬之位……"云云，"当是已经发展到定制的东周后期的情况"[①]的观点，需要重新审视。至少在时间的判断上显得晚了些。

有关周代乐悬堵与肆的问题，笔者在第二章中已有论及。编钟、编磬应该均可以单独称肆；一肆编钟或编磬，应该是指一组编钟或编磬。所谓一"堵"，应指一虡编钟或者一虡编磬，一堵可悬钟、磬一或数层，每层可悬一或两肆。关于堵、肆的分组标准以及组成件数，历代学者虽多有考证，但至今聚讼纷纭。

对于编钟堵、肆的分组，考古界原来多以铭文作为分组的标准。容庚《彝器通考·乐器章》认为，克钟、刑人钟、子璋钟皆合两钟而成全文，则两钟即为一肆；虢叔编钟合四钟而成全文，则四钟为一肆；沪编钟第一组合七钟而成全文，则七钟为一肆。杨伯峻对此说提出异议，指出容庚以铭文之长短为肆的说法值得商榷。根据出土实物，"似可论断音调音阶完备能演奏而成乐曲者始得为一肆。"[②]陈双新对于容庚之说也予以否定，"从出土实物看，堵、肆与编钟全铭的组合形式无多大关系，如子犯钟两组十六件，每组八件合为全铭；晋侯苏钟两组十六件，合为一篇全铭；新出楚公逆钟一组八件，每钟全铭。"[③]笔者以为，杨伯峻虽然认识到单纯依靠编钟的铭文以及形制纹饰来作为编钟分组标准的不足，但"音调音阶完备能演奏而成乐曲者始得为一肆"[④]的说法还不够全面。从出土实物来看，西周早期的一些编甬钟均为 3 件一组，如强伯各墓编钟[⑤]、

①　李纯一：《先秦音乐史研究的两种基本史料》，第 36 页，《音乐研究》1994 年第 3 期。

②　杨伯峻：《春秋左传注》，第 991～993 页，中华书局，1990 年。

③　陈双新：《两周青铜乐器铭辞研究》，第 27 页，河北大学出版社，2002 年。

④　杨伯峻：《春秋左传注》，第 991～993 页，中华书局，1990 年。

⑤　卢连成、胡智生：《宝鸡强国墓地》，第 96 页，文物出版社，1988 年；方建军：《中国音乐文物大系·陕西卷》，第 29 页，大象出版社，1996 年。

强伯姞墓编钟①、平顶山魏庄编甬钟②等等,音律尚不完备,均未达到杨氏所言"音调音阶完备能演奏而成乐曲者"的标准,但似也应作为一肆看待。因此,对于编钟的分组标准,除了要考虑其器形特征和铭文之外,还应注意它们的音列特点,更要全面考察编钟音列在其发展过程中各个阶段的特征。

关于钟磬乐悬堵、肆的组成件数,《周礼·春官·小胥》郑玄注:"钟磬者,编悬之,二八十六枚而在一簴谓之堵。"③《左传》襄公十一年杜预注:"悬钟十六为一肆。"④对此,历代学者多有异议。王国维从簴虡的容量出发,对郑、杜之说提出质疑。以为"钟磬虡之高,以击者为度,高广亦不能逾丈。一丈之广,不能容钟磬十六枚或十九枚,此亦事理也。"⑤也就是说,王国维认为一堵不会有 16 或 19 件之多。那么一架簴虡是否能够悬挂钟磬 16 件或 19 件呢? 今从考古发现观之,王说值得商榷。如春秋晚期的王孙诰编钟,一副簴虡悬挂编钟 26 件⑥;曾侯乙墓编磬,一副簴虡悬挂编磬 32 件⑦;而曾侯乙编钟,一副簴虡悬挂编钟多达 65 件⑧。可见王说不足为凭。

今人杨伯峻、李纯一、黄翔鹏也不同意郑、杜悬钟十六为一堵

① 卢连成、胡智生:《宝鸡强国墓地》,第 281 页,文物出版社,1988 年;方建军:《中国音乐文物大系·陕西卷》,第 31 页,大象出版社,1996 年。

② 平顶山市文管会、孙清远、廖佳行:《河南平顶山发现西周甬钟》,第 466 页,《考古》1988 年第 5 期。

③ 《周礼注疏》卷二十三,《十三经注疏》(上),第 795 页,中华书局,1980 年。

④ 《春秋左传正义》卷三十一,《十三经注疏》(下),第 1951 页,中华书局,1980 年;此"肆"应改为堵。

⑤ 王国维:《汉南吕编磬跋》,《观堂集林》(别集卷二),第 1217 页,中华书局,1959 年。

⑥ 赵世纲:《中国音乐文物大系·河南卷》,第 87 页,大象出版社,1996 年。

⑦ 王子初:《中国音乐文物大系·湖北卷》,第 250 页,大象出版社,1996 年。

⑧ 王子初:《中国音乐文物大系·湖北卷》,第 202 页,大象出版社,1996 年。

之说。杨伯峻认为"郑玄等所注，以出土实物证之，皆不甚切合。"①
李纯一指出"迄今考古发现先秦实物无一例与之相合，足见郑、杜
这些解释都不足为据。"②黄翔鹏也认为"这些说法对于西周从三
件一套到八件一套，春秋的九件一套、十三件一套，竟然到了无
一数字相合的程度。说明它们并无多少实际根据，既非西周制
度，也不是春秋制度。"③笔者对于以上诸说有不同见解。从今天
的出土实物来看，郑玄、杜预之说是有一定根据的。目前所见周
代编钟以 16 件为一堵的非止一套。如西周早中期的晋侯苏编甬
钟，16 件一堵，每肆 8 件④；两周之际的闻喜晋国子范编甬钟为
16 件一堵，每肆 8 件⑤；春秋早期的虢仲编钟为 16 件一堵，其中编
甬钟 8 件 1 肆、编纽钟 8 件 1 肆⑥；其他还有春秋早期的曲村晋侯
93 号墓编甬钟⑦、战国初期的潞城潞河 7 号墓编甬钟⑧、战国早期
的易县燕下都 16 号墓陶甬钟⑨、战国中期或稍晚的洛阳西工 131

①　杨伯峻：《春秋左传注》，第 993 页，中华书局，1990 年。

②　李纯一：《中国上古出土乐器综论》，第 288 页，文物出版社，1996 年。

③　黄翔鹏：《新石器和青铜时代的已知音响资料与我国音阶发展史问题》，《溯流探
　　源——中国传统音乐研究》，第 57 页，人民音乐出版社，1992 年。

④　北京大学考古学系、山西省考古研究所：《天马——曲村遗址北赵晋侯墓地第二
　　次发掘》，第 4～28 页，《文物》1994 年第 1 期；王子初：《晋侯苏编钟的音乐学
　　研究》，《文物》1998 年第 5 期。

⑤　张光远：《故宫新藏春秋晋文称霸"子范和钟"初释》，台湾《故宫文物月刊》第 145 期
　　（1995 年 4 月）；李学勤：《补telation子范编钟》，《中国文物报》1995 年 5 月 28 日第三版。

⑥　姜涛：《虢国墓地的再发掘与认识》，《中国文物报》1991 年 12 月 8 日；《虢国墓地发
　　掘又获重大发现》，《中国文物报》1992 年 2 月 2 日。

⑦　北京大学考古学系、山西省考古研究所：《天马——曲村遗址北赵晋侯墓地第五次
　　发掘》，第 22～28 页，《文物》1995 年第 7 期。

⑧　山西省考古研究所、山西省晋东南地区文化局：《山西潞城县潞河战国墓》，第 9 页，
　　《文物》1986 年第 6 期。

⑨　河北省文化局文物工作队：《河北易县燕下都第十六号墓发掘》，第 93～94 页，《考
　　古学报》1965 年第 2 期。

号墓编纽钟①等等,皆为 2 肆 16 件一堵。以此观之,郑、杜之说在一定程度上反映了周代乐悬堵、肆组合的真实情况,但此绝非周代乐悬堵、肆的定制。因为至春秋战国时期,9 件一肆的编钟也不少见。从《后汉书·礼仪志·大丧》所载:"钟十六,无虡;镈四,无虡;磬十六,无虡"②来看,郑玄之说更可能为局部传承于先秦的汉代乐悬堵、肆之制。

此外,陈双新认为"前人提出过诸如'乐生于风',故乐悬之法取数于八音八风;一悬十九钟,十二钟当一月,十二月十二辰,辰加七律之钟则十九钟;钟磬参悬之,正声十二倍声十二而悬二十四钟等许多牵强附会的说法,皆不可取。"③笔者认为,此观点尚可探讨。从出土实物来看,河南新郑郑韩故城遗址曾出土编钟 206 件,其时代均为春秋中期。编钟共 9 套,其中 8 套均为一堵 24 件(编镈 4 件,编纽钟 20 件)④。一堵 19 件的周代乐悬例子有太原赵卿墓编镈(春秋晚期,19 件)⑤、新郑李家楼编甬钟(春秋中期,19 件)⑥,而西汉初期的山东章丘洛庄编钟⑦和广州南越王墓编钟⑧也均为一

① 蔡运章、梁晓景、张长森:《洛阳西工 131 号战国墓》,第 4~15 页,《文物》1994 年第 7 期。

② 《后汉书·礼仪下·大丧》(志第六),第 3146 页,中华书局,1965 年。

③ 陈双新:《两周青铜乐器铭辞研究》,第 24 页,河北大学出版社,2002 年。

④ 河南省文物考古研究所:《河南新郑市郑韩故城郑国祭祀遗址发掘简报》,第 73~77 页,《考古》2000 年第 2 期。

⑤ 山西省考古研究所、太原市文物管理委员会:《太原金胜村 251 号春秋大墓及车马坑发掘简报》,《文物》1989 年第 9 期。

⑥ 许敬参:《编钟编磬说》,《河南省博物馆刊》第九集,中华民国二十六年;河南博物院、台北国立历史博物馆:《新郑郑公大墓青铜器》,大象出版社,2001 年。

⑦ 济南市考古研究所等:《山东章丘市洛庄汉墓陪葬坑的清理》,《考古》2004 年第 8 期;王清雷:《章丘洛庄编钟刍议》,《文物》2005 年第 1 期。

⑧ 萧亢达:《南越王墓出土的乐器》,第 37 页,《西汉南越王墓文物特展图录》,(台湾)国立历史博物馆,1998 年。

堵19件。以此观之,前人所言悬钟一堵19件或24件之说,应该也是有其所本的。堵、肆之数很可能带有一定的时代性和地域性。但是一堵19件或24钟是否真的源于"十二钟当一月,十二月十二辰,辰加七律之钟则十九钟;钟磬参悬之,正声十二倍声十二而悬二十四钟"则难以深究了。

对于如何看待堵、肆的编组问题,李纯一指出:"先秦堵肆的件数并不是一开始出现就固定下来而永久不变,而是经历过一个形成和发展的过程。"[1]先看周代编钟的一肆之数:西周早期的编钟为一肆3件(如弦伯各墓编钟[2]、弦伯 音墓编钟[3]等)或2件(如晋侯苏编钟I式),到西周中期发展为一肆4件(如曲村晋侯9号墓编甬钟[4])、5件(如扶风吊庄甬钟[5])、8件(如 症钟三肆24件[6])、10件(如长安马王村甬钟[7]),到西周晚期一肆8件几乎成为这一时期的定制。但是也有一肆7件(如平顶山滍阳95号墓编甬钟[8]、晋侯91

① 李纯一:《中国上古出土乐器综论》,第289页,文物出版社,1996年。

② 卢连成、胡智生:《宝鸡弦国墓地》,第96页,文物出版社,1988年;方建军:《中国音乐文物大系·陕西卷》,第29页,大象出版社,1996年。

③ 卢连成、胡智生:《宝鸡弦国墓地》,第281页,文物出版社,1988年;方建军:《中国音乐文物大系·陕西卷》,第31页,大象出版社,1996年。

④ 北京大学考古学系、山西省考古研究所:《天马——曲村遗址北赵晋侯墓地第二次发掘》,《文物》1994年第1期。

⑤ 高西省:《扶风发现一铜器窖藏》,《文博》1985年第1期;方建军:《中国音乐文物大系·陕西卷》,第78～79页,大象出版社,1996年。

⑥ 方建军:《中国音乐文物大系·陕西卷》,第37～50页,大象出版社,1996年。

⑦ 西安市文物管理处:《陕西长安新旺村、马王村出土的西周铜器》,第1～5页,《考古》1974年第1期;方建军:《中国音乐文物大系·陕西卷》,第80～83页,大象出版社,1996年。

⑧ 河南省文物考古研究所等:《平顶山应国墓地九十五号墓的发掘》,《华夏考古》1992年第3期。

号墓编甬钟①、大悟雷家山编甬钟②)、9件(如临沂花园村编钟③)、
13件(如临潼零口甬钟④)等等。到春秋战国时期,9件一肆的编钟
大量出现,几乎成为春秋时期的定制;后来一肆又由8件、9件增扩
为11件、13件、14件。再看周代编钟的一堵之数。西周早期的编
钟均为一堵一肆2或3件,到西周中期迅速扩展到3肆24件,一直
发展到战国初期曾侯乙编钟的一堵8肆65件。可见,在不同时代、
不同地域,乐悬的堵、肆编组均不相同。因此,在作相关研究时更
应从相应的考古发现中获取第一手资料。此外,对于乐悬的堵、肆
编组问题,不应局限于音列上是否成编。因为它们在商周礼乐制
度中,其身份首先是礼器,其次才是乐器。陈梦家说:"或是大小相
次的一类铜器,或是大小相等的一类铜器,或是数类相关铜器的组
合"都可称"肆"⑤。因此,器型上成编就可以构成一肆或一堵。否
则春秋战国时期出现的大量钟磬明器的堵、肆,将如何划分?

三 乐悬的音列制度

西周晚期,乐悬制度得到进一步的发展完善。西周中期编甬
钟有48例121件,到了西周晚期增至71例192件。其编列和规模
与西周中期相比,并无多大提高。这一时期,编列完整的编钟大多
为一肆8件,几乎成为西周晚期乐悬编列的定制,这是西周乐悬制
度发展成熟的标志之一。下面笔者就对其中几组保存较好、编列

① 北京大学考古学系、山西省考古研究所:《天马——曲村遗址北赵晋侯墓地第五次
   发掘》,第10~11页,《文物》1995年第7期;王世民、蒋定穗:《最近十多年来编钟的
   发现与研究》,第4页,《黄钟》1999年第3期。

② 熊卜发、刘志升:《大悟发现编钟等铜器》,《江汉考古》1980年第2期;王子初:《中国
   音乐文物大系·湖北卷》,第21页,大象出版社,1996年。

③ 周昌福、温增源:《中国音乐文物大系·山东卷》,第60页,大象出版社,2001年。

④ 临潼县文化馆:《陕西临潼发现武王征商簋》,第1~7页,《文物》1977年第8期;方
   建军:《中国音乐文物大系·陕西卷》,第89~91页,大象出版社,1996年。

⑤ 陈梦家:《西周铜器断代》(三),第73页,《考古学报》1956年第1期。

比较完整、音列比较齐全的编甬钟的测音数据进行分析,以探究西周乐悬音列制度的原貌。

1. 晋侯苏编钟

1992年,出土于山西晋侯墓地8号墓①,共计16件,分为2肆。有关专家指出,墓主晋献侯苏在位的时间为周宣王6年到16年②。前文已述,两肆编钟的正鼓音音列均为:羽—宫—角—羽—角—羽—角—羽,加上侧鼓音,可以构成完整的四声音阶:羽—宫—角—徵—羽—宫—角—徵—羽—宫—角—徵—羽—宫,音域达三个八度又一个小三度。只不过两肆编钟的调高不同,第一肆为A羽,第二肆为#G羽(表二八)。

2. 眉县杨家村编甬钟

1985年,出土于陕西眉县杨家村窖藏,共计15件(其中5件已丢失)③,同出编镈3件④,属西周晚期宣王时器,器主为西周王室重臣单氏家族的逨⑤。前文已述,现存的10件编甬钟分为甲、乙、丙三式。根据其形制、纹饰、铭文和音列来看,每式原来均应为8件一肆,共计16件。乙组甬钟仅出4件,加上所缺的4件编钟,其正鼓音音列应为:羽—宫—角—羽—角—羽—角—羽,正、侧鼓音音列应为G羽调四声音阶:羽—宫—角—徵—羽—宫—角—徵—羽—宫—角—徵—羽—宫,音域达三个八度又一个小三度(表三

① 北京大学考古学系、山西省考古研究所:《天马——曲村遗址北赵晋侯墓地第二次发掘》,第4～28页,《文物》1994年第1期。

② 北京大学考古学系、山西省考古研究所:《天马——曲村遗址北赵晋侯墓地第五次发掘》,第37～38页,《文物》1995年第7期。

③ 刘怀君:《眉县出土一批西周窖藏青铜乐器》,《文博》1987年第2期;方建军:《中国音乐文物大系·陕西卷》,第60～67页,大象出版社,1996年。

④ 刘怀君:《眉县出土一批西周窖藏青铜乐器》,《文博》1987年第2期;方建军:《中国音乐文物大系·陕西卷》,第101页,大象出版社,1996年。

⑤ 刘怀君:《眉县杨家村西周窖藏青铜器的初步认识》,第35～38页,《考古与文物》2003年第3期。

图七〇 中义钟之一

四);丙组（4件）与甲组甬钟（2件）应为一肆，加上所缺编钟后其正、侧鼓音音列应为B羽四声音阶：羽—宫—角—徵—羽—宫—角—徵—羽—宫—角—徵—羽—宫，音域也是三个八度又一个小三度（表三六、三七）。

3. 中义钟、柞钟①

1960年，出土于扶风齐家村西周铜器窖藏，共计16件。根据铭文可分为2组：中义钟（图七〇）和柞钟（图七一），

图七一 柞钟之一

其时代为西周晚期。现将这2肆16件编钟的测音结果进行分析并列表（表四〇、四一）。从测音数据分析表来看，这两肆编钟的音列均为四声音阶：羽—宫—角—徵—羽—宫—角—徵—羽—宫—角—徵—羽—宫，音域同为三个八度又一个小三度。只有调高不同，中义钟为♯G羽，柞钟为A羽。

① 陕西省博物馆等：《扶风齐家村青铜器群》，文物出版社，1963年；陕西省考古研究所等：《陕西出土商周青铜器（二）》，文物出版社，1980年；方建军：《中国音乐文物大系·陕西卷》，第52～57页，大象出版社，1996年。

表四〇 　　　　　　中义钟测音数据分析表[1] 　　　　　单位:音分

序号	标本号	正鼓音		侧鼓音	
		音高	阶名	音高	阶名
1	60・0・187	$^\sharp$g—23	羽	同正鼓音	羽
2	60・0・182	b±0	宫	同正鼓音	宫
3	60・0・188	$^\sharp$d^1—48	角↓	$^\sharp$f^1—15	徵
4	60・0・189	$^\sharp$g^1—41	羽↓	b^1+14	宫
5	60・0・183	$^\sharp$d^2—1	角	$^\sharp$f^2+16	徵
6	60・0・184	$^\sharp$g^2—4	羽	b^2+31	宫
7	60・0・185	$^\sharp$d^3—2	角	$^\sharp$f^3+6	徵
8	60・0・186	$^\sharp$g^3—45.	羽↓	b^3—20	宫

表四一 　　　　　　柞钟测音数据分析表[2] 　　　　　单位:音分

序号	标本号	正鼓音		侧鼓音	
		音高	阶名	音高	阶名
1	60・0・175	a—26	羽	同正鼓音	羽
2	60・0・176	c^1—30	宫	同正鼓音	宫
3	60・0・177	a^1—23	角	c^2—15	徵
4	60・0・178	e^1—25	羽	g^1+2	宫
5	60・0・179	e^2—21	角	g^2+24	徵↑
6	60・0・180	a^2+34	羽↑	c^3+22	宫↑
7	60・0・190	e^3+64	角↑	g^3—16	徵
8	60・0・181	a^3+74↑	羽	c^4+94	宫

　　有关整个西周时期编钟的音列问题,已有诸多学者进行专文研究,如黄翔鹏的《新石器和青铜时代的已知音响资料与我国音阶

① 方建军:《中国音乐文物大系・陕西卷》,第53页,大象出版社,1996年。

② 方建军:《中国音乐文物大系・陕西卷》,第56页,大象出版社,1996年。

发展史问题》①和《用乐音系列记录下来的历史阶段——先秦编钟音阶结构的断代研究》②、陈荃有的《西周乐钟的编列探讨》③、孔义龙的《两周编钟音列研究》④等。他们一致认为,西周时期的编钟音列只有宫、角、徵、羽四声,并无商音。但从西周中期的长安马王村编甬钟的音列来看,是否还存在例外的情形? 马王村编甬钟的正、侧鼓音音列,仅差变宫、徵曾、徵 3 个音就可以在一个八度内构成完整的半音阶(表二二),其不仅可以演奏四声音阶,还可以构成五声、六声和七声音阶。似西周编钟的音列并非只有宫、角、徵、羽四声,原来认为只有春秋战国时期才有的可以演奏七声音阶的编钟是否在西周中期即已出现? 不过迄今所见绝大多数西周编钟,例如弭伯各墓编钟(表一○)、弭伯𪠽墓编钟(表一一)、痪钟(3 肆 24 件,表二一)、晋侯苏编钟(2 肆 16 件,表二八)、眉县杨家村编钟(2 肆 16 件,表三四、三六、三七)、中义钟(表四○)、柞钟(表四一)等,其音列诚如诸家所言,只用宫、角、徵、羽四声,并无商音。西周乐悬确实存在着禁用商音的规定。目前可以演奏七声音阶的西周编钟仅马王村编甬钟一例,值得进一步研究。

西周编钟禁用商音的问题,古今学者多有阐发。《周礼·春官·大司乐》载:"凡乐,圜钟为宫,黄钟为角,太簇为徵,姑洗为羽……凡乐,函钟为宫,太簇为角,姑洗为徵,南吕为羽……凡乐,黄钟为宫,大吕为角,太簇为徵,应钟为羽……"⑤。《周礼·春官·

① 黄翔鹏:《溯流探源——中国传统音乐研究》,第 1～58 页,人民音乐出版社,1992年。

② 黄翔鹏:《溯流探源——中国传统音乐研究》,第 98～108 页,人民音乐出版社,1992年。

③ 陈荃有:《西周乐钟的编列探讨》,第 29～42 页,《中国音乐学》2001 年第 3 期。

④ 孔义龙:《两周编钟音列研究》,第 11～49 页,中国艺术研究院 2005 届音乐学博士学位论文。

⑤ 《周礼注疏》卷二十二,《十三经注疏》(上),第 789～790 页,中华书局,1980 年。

大司乐》郑玄注："此乐无商者,祭尚柔,商坚刚也。"贾公彦疏："云此乐无商者,祭尚柔,商坚刚也者。此经三者皆不言商,以商是西方金,故云祭尚柔,商坚刚不用。若然,上文云:'此六乐者皆文之以五声。'并据祭祀而立五声者,凡音之起由人心生,单出曰声,杂比曰音,泛论乐法以五声言之,其实祭无商声。"①可见,贾公彦认为周乐五声齐全,并非没有商音,只是因为"商坚刚"而不能用于祭祀音乐,所以上段文献没有涉及商音。《周礼·春官·大司乐》陈旸训义云:"三宫不用商声者,商为金声而周以木王,其不用则避其所剋而已"。并进一步指出"周之作乐非不备五声,其无商声,文去实不去故也。"②也就是说,陈旸认为商与周是相克的关系,所以不用商音。但这仅仅是书面的规定,而在实际的演奏中商音是使用的,即所谓"文去实不去"。王光祈研究发现,《诗经》"三百篇之中罕有商调,唯《商颂》五篇始用商调。故特系在三百篇后,仿佛是一种附录之意。据说,周朝之所以不用商调,系因商调有一种杀声之故。"③以上诸家虽角度不同,但均站在政治的高度,认为商音或者商调不利于周的统治,所以不用商音。黄翔鹏对周钟不用商音,则作如是解:"宫廷中至少已用全五声;不过,商声却不在骨干音之列。也就是说,西周宫廷音乐,无论其为五声或七声音阶,其可用于不同调式作为主音的音节骨干音却是:'宫-角-徵-羽'的结构。"④也就是说,黄先生认为编钟只是用于演奏骨干音,而"骨干音却是:'宫-角-徵-羽'的结构",所以西周编钟上才没有商音。刘再生则认为,西周编钟五声缺商的原因,在于周民族与商民族音乐习俗和审美观念的不同,属于一种民族文化差异;同时,这与民

① 《周礼注疏》卷二十二,《十三经注疏》(上),第789~790页,中华书局,1980年。
② 陈旸:《周礼·春官·大司乐》训义,《乐书》,光绪丙子(1876)刊本。
③ 王光祈(冯文慈、俞玉滋选注):《王光祈音乐论著选集》(下册),84页,人民音乐出版社,1993年。
④ 黄翔鹏:《溯流探源——中国传统音乐研究》,第24页,人民音乐出版社,1992年。

族之间的政治对立也有一定关系①。

今人孔义龙对此也有新的看法。他认为：对于西周编钟没有商音的问题出于政治上的考虑是可以的，但是"缺'商'问题的客观原因与主观问题是应该分清楚的"。"在西周编甬钟的音列中找不到'商'这个音，客观原因是在作弦上等份取音时不方便获取'商'音"②。孔氏认为，西周时期编钟的音列是按照一弦取音制，有三种取音方法：弦长六等份取音法、弦长五等份取音法、弦长四等份取音法③。这三种取音法均没有商音。他指出"到西周中、晚期这种一弦取音的方法趋于统一的时候，仍然将西周钟缺商的原因完全归结于对商的仇恨的结论尚待讨论。"④但是孔氏又指出，殷商时期的妇好墓编铙的音列已经出现商音，"它是按一弦五等分制取音时按第五等份的二分之一节点处产生。"而且"按一弦五等分制取音法，每一等份中的1\2节点是最容易按取的，这是无需试验仅凭常识就可以证实的。按取第五等份中的1\2节点获取的音位正是'商'音。"⑤既然在殷商时期的编铙上"商"音已经如此容易的取得，到了西周仍然使用一弦五等分制，为何在编钟上再来取得"商"音难度却更大了呢？孔氏的自相矛盾显而易见。西周编钟禁用商音另有原因。

《礼记·乐记》载："宾牟贾侍坐于孔子，孔子与之言，及乐。

---

① 刘再生：《中国古代音乐史简述》（修订版），第92～94页，人民音乐出版社，2006年。

② 孔义龙：《两周编钟音列研究》，第78页，中国艺术研究院2005届音乐学博士学位论文。

③ 孔义龙：《两周编钟音列研究》，第33页，中国艺术研究院2005届音乐学博士学位论文。

④ 孔义龙：《两周编钟音列研究》，第21页，中国艺术研究院2005届音乐学博士学位论文。

⑤ 孔义龙：《两周编钟音列研究》，第61页，中国艺术研究院2005届音乐学博士学位论文。

曰……'声淫及商,何也?'对曰:'非武音也。'子曰:'若非武音,则何音也?'对曰:'有司失其传。若非有司失其传,则武王之志荒矣。'子曰:'唯,丘之闻诸苌弘,亦若吾子之言是也。'"①可见,禁用商音,应是西周初期周公"制礼作乐"时订立的规矩,所以说是"武王之志"。王子初指出,周灭商而王天下,商为周之大敌。作为宫廷礼乐重器的编钟,自然绝不允许出现"商"音②。通观中国历朝历代的统治者,都对前朝某些问题异常敏感,因为前朝与他们直接相关。孔子云:"'礼云礼云',玉帛云乎哉?'乐云乐云',钟鼓云乎哉?"③在西周时期,钟磬乐悬绝对不仅仅是一种演奏音乐的乐器,它承载的更多是其深刻的政治内涵。"乐者,非谓黄钟、大吕、弦歌、干扬也,乐之末节也……铺筵席,陈尊俎,列笾豆,以升降为礼者,礼之末节也。"④可见,编钟乐悬的音乐性能是"乐之末节",关键是要秉承"武王之志"的政治用意。编钟乐悬禁用商音就是其中一项非常重要的规定。西周时期,中国还处于"礼乐征伐自天子出"⑤的时代。所谓"溥天之下,莫非王土;率土之滨,莫非王臣"⑥,周天子对各国诸侯握有生杀予夺的大权。如周夷王时期,齐哀公得罪了纪侯,"纪侯谮之周,周烹哀公,而立其弟静,是为胡公。"⑦就因为纪侯在周夷王面前说了齐哀公的坏话,齐哀公就被周夷王烹杀,还直接安排胡公继位,齐国却不敢反抗,当时周天子权力之强大可见

---

① 《礼记正义》卷三十八,《十三经注疏》(下),第 1541～1542 页,中华书局,1980 年。

② 王子初:《晋侯苏钟的音乐学研究》,第 29 页,《文物》1998 年第 5 期。

③ 《论语·阳货》,《论语注疏》卷十七,《十三经注疏》(下),第 2525 页,中华书局,1980 年。

④ 《礼记·乐记》,《礼记正义》卷三十八,《十三经注疏》(下),第 1538 页,中华书局,1980 年。

⑤ 《论语·季氏》,《论语注疏》卷十六,《十三经注疏》(下),第 2521 页,中华书局,1980 年。

⑥ 《诗·小雅·四月》,《毛诗正义》卷十三——,《十三经注疏》(上),第 463 页,中华书局,1980 年。

⑦ 《史记·齐太公世家》(卷三十二),第 1481 页,中华书局,1959 年。

一斑。作为西周乐悬制度中的一项重要的政治规定,在西周长达数百年的时间里,在中国广袤的土地上,出土众多的编钟音列绝大多数均没有商音,只有在西周强大的王权下才可以做到。同时,商音在春秋早期编钟音列上的频繁出现更能说明这一问题。西周灭亡,中国进入了"礼乐征伐自诸侯出"①的时代,周天子的威严一落千丈。如公元前 708 年,周桓公带领军队讨伐桀骜不驯的郑国,郑伯不仅敢于领兵反抗,而且大败王师,还在周王的肩膀上射了一箭。这与西周中后期周夷王烹杀齐哀公时期的强大王权相比,此时周王的地位已是天壤之别。随着周王一统天下强权的丧失,周钟禁用商音的"武王之志"也在一夜间崩溃。春秋早期编钟音列中商音的频繁出现,正是这种时代特征的生动体现。随着时代的发展,"礼崩乐坏"不断加剧,五声齐全的编钟、编磬数量大增,有些编钟还可以演奏完整的六声、七声音阶。如长清仙人台 5 号墓编纽钟的音列可构成完整的六声旧音阶②;长清仙人台 6 号墓编纽钟(1～5 号钟)的音列可在一个八度内构成完整的俗乐(清商)七声音阶③。特别是临沂凤凰岭编镈,其第一组前 3 件残破失音,最后一件(编号 21)与第二组(5 件)的音列就差两音(徵曾、宫曾)即构成完整的半音阶④。

综上所述,对于西周编钟音列禁用商音这一问题,应该站在政治的高度看待它,而不应囿于音乐本体的范畴。西周乐悬制度是一种等级森严的政治制度,其中涉及的任何问题都与政治息息相

---

① 《论语·季氏》,《论语注疏》卷十六,《十三经注疏》(下),第 2521 页,中华书局,1980 年。

② 周昌福、温增源:《中国音乐文物大系·山东卷》,第 87 页,大象出版社,2001 年;王清雷《山东地区两周编钟的初步研究》,《文物》2006 年第 12 期。

③ 周昌福、温增源:《中国音乐文物大系·山东卷》,第 89 页,大象出版社,2001 年;王清雷《山东地区两周编钟的初步研究》,《文物》2006 年第 12 期。

④ 周昌福、温增源:《中国音乐文物大系·山东卷》,第 334 页(表六),大象出版社,2001 年;王清雷《山东地区两周编钟的初步研究》,《文物》2006 年第 12 期。

关。如果不能站在政治的高度对待这一问题，我们看到和研究的只是所谓的"乐之末节"和"礼之末节"，将很难探究到其本质内涵。

《国语·周语下》载："钟尚羽，石尚角，匏竹利制，大不逾宫，细不过羽。"[1]这也是西周乐悬音列制度的内容之一。黄翔鹏认为，"钟尚羽"还是有些道理[2]。而"'大不逾宫，细不过羽'未必完全是西周钟乐制度。'大不逾宫'可能是东周人对西周人的片面看法。"[3]前文笔者已对西周时期 12 肆编钟的音列作了分析，现对其宫调等资料进行统计。其中马王村编甬钟作为例外，暂不列入。现把其余 11 肆编钟的有关宫调等内容制表（表四二）。

表四二　　　西周编钟音列的宫调等数据统计表

序号	名称	宫音	调式	音列的最低音	音列的最高音	出处
1	㝬伯各墓编钟	B	B宫	宫	宫	表一〇
2	㝬伯墓编甬钟	♭D	♭B羽	羽	羽	表一一
3	疢钟·一肆	♭B	G羽	羽	宫	表二一
4	疢钟·二肆	F	A角	角	宫	表二一
5	疢钟·三肆	B	♯G羽	羽	宫	表二一
6	晋侯苏编钟·一肆	C	A羽	羽	宫	表二八
7	晋侯苏编钟·二肆	B	♯G羽	羽	宫	表二八
8	杨家村编钟·乙组	♭B	G羽	羽	宫	表三四
9	杨家村编钟·丙组、甲组	D	B羽	羽	宫	表三六、三七
10	中义钟	B	♯G羽	羽	宫	表四〇
11	柞钟	C	A羽	羽	宫	表四一

从表四二的统计结果来看，在 11 肆编钟中，有 9 组为羽调，百分比为 82％，表明"钟尚羽"所言不虚。关于 11 肆编钟音列的最低

---

[1] 徐元诰（王树民、沈长云点校）：《国语·周语下》第三，《国语集解》，第 110 页，中华书局，2002 年。

[2] 黄翔鹏：《新石器和青铜时代的已知音响资料与我国音阶发展史问题》，第 25 页，《溯流探源——中国传统音乐研究》，人民音乐出版社，1992 年。

[3] 黄翔鹏：《新石器和青铜时代的已知音响资料与我国音阶发展史问题》，第 41 页，《溯流探源——中国传统音乐研究》，人民音乐出版社，1992 年。

音,有 9 组为羽,百分比为 82％,最高音有 10 组为宫,百分比为 90％,并非如文献所载"大不逾宫,细不过羽"。从统计结果来看,是否有可能为文献误载? 而实际上是"大不逾羽,细不过宫"呢? 可作进一步研究。

四 关于"礼崩乐坏"

随着西周乐悬制度的逐步完善、成熟,"礼崩乐坏"也悄然出现。一般认为,这种现象开始于西周晚期或春秋早期。今从西周时期出土的编钟乐悬来看,其出现的时间还要早一些。马王村编甬钟即是例证之一。陕西马王村编甬钟为西周中期器物,其音列就差 3 个音就可以构成完整的半音阶,可以演奏ᵇB 宫六声俗乐音阶、ᵇB 宫六声正声音阶(或下徵音阶)(表二五)、C 徵六声俗乐音阶(或下徵音阶)(表二六),甚至可以演奏完整的 C 宫七声下徵音阶(表二四)。也就是说,马王村编甬钟不仅在多个宫调上出现了商音,而且还可以演奏不同的商调。可见,器主已经违反了周钟禁用商音(或商调)的"武王之志"。马王村编甬钟出自长安马王村西周铜器窖藏,同出列鼎 3 件[①]。也就是说墓主应为一位士级的小贵族。出土编钟一肆,应为特悬之制。可见,他在表面上还是遵守着当时的礼制;只是在禁用商音的规矩上逾礼,这种违规是不易觉察的。因为虽然有了商音,只要不在规定的祭祀和朝会等场合使用,再加上他只是一个小小的士,不会引起别人的注意。这样在一些私下的场合,他就可以尽情地使用编钟演奏当时的"郑卫之音",使自己获得身心感官上的娱乐与享受。可见,西周中期已经出现"礼未崩乐已坏"的现象。当然这在西周中期还是极个别的现象。到了西周晚期,有的贵族已经敢于公然僭越西周的乐悬制度,如西周

---

① 西安市文物管理处:《陕西长安新旺村、马王村出土的西周铜器》,第 1～5 页,《考古》1974 年第 1 期;方建军:《中国音乐文物大系·陕西卷》,第 80～83 页,大象出版社,1996 年。

晚期的单逨,官职相当于卿、大夫级别。但是他的乐悬规格却是
"轩悬"之制,已经僭用了三公的礼制。同时,单逨仅四十三年鼎就
有 10 件,也是对西周列鼎制度的明显僭越①。除此之外,西周晚期
还有 3 例享用大牢九鼎的考古资料:膳夫此(宣王时期,官职为膳
夫)、函皇父(幽王时期,身份为卿士,三公之一)和虢仲(厉王时期,
三公之一)②。俞伟超认为这 3 例均为僭越周王之制,笔者有不同
看法。先看第一例,按照西周礼制,膳夫应用七鼎之制,而膳夫此
却用大牢九鼎之制,确为僭越行为。至于后两例,器主均为三公之
一。笔者文中已有论述,三公应该享用九鼎之制,因此函皇父和虢
仲并非僭礼越规。王国维认为"虢仲以畿内诸侯为天子三公,正宜
用上公及侯、伯之礼。"③所言极是。由此观之,孔子所谓的"礼崩乐
坏"在西周中期已经萌芽,到西周晚期才刚刚开始。个别卿、大夫
只是僭用三公之礼,从僭越程度上来看,尚属轻微逾礼。至于"礼
崩乐坏"局面的形成,当是春秋中晚期的事情了。

---

① 刘怀君:《眉县杨家村西周窖藏青铜器的初步认识》,第 38 页,《考古与文物》2003 年
　　第 3 期。
② 俞伟超、高明:《周代用鼎制度研究》(中),第 90 页,《北京大学学报》1978 年第 2 期。
③ 王国维:《虢仲簋跋》,《观堂集林》卷二,第 1200、1201 页,中华书局,1961 年。

结　语

西周乐悬制度与列鼎制度一样,同为礼乐制度的核心内容之一。乐悬,"是指必须悬挂起来才能进行演奏的钟磬类大型编悬乐器。"[1]西周统治者赋予钟磬类大型编悬乐器以深刻的政治内涵,形成了以钟磬为代表、严格等级化的乐悬制度,就像当时的列鼎制度一样不可僭越。从它的萌芽孕育到略成雏形,从初步确立到发展、成熟,经历了一个漫长的发展过程。

西周乐悬制度的萌芽可以追溯到史前时期的礼乐制度。所谓礼乐制度,一般是指西周初期产生的一种社会等级制度的专称。而夏、商以及史前时期还没有"礼乐制度"一说。不过,从先秦文献来看,礼乐制度的涵义似乎没有这么狭隘,应还可包括"夏礼"、"殷礼",甚至史前的"礼"。本文拟从此角度来应用这一概念。对于史前的礼乐制度,高炜在20世纪80年代末就大胆提出龙山时代已经形成的观点[2]。当时认同者不多。随着近几年考古学的发展和研究的逐步深入,越来越多的学者开始赞同高炜之说。既然在龙山时代礼乐制度已经形成,当时的鼍鼓、土鼓、特磬等乐器成为权力、地位的象征,并确已上升为一种礼器;因此名之曰礼乐器应该比较恰当,同时也可以与一般礼器相区别。据笔者统计,目前所见史前

---

① 　王子初:《中国音乐考古学》,第143页,福建教育出版社,2003年。

② 　高炜:《龙山时代的礼制》,第242页,《庆祝苏秉琦考古五十五年论文集》,文物出版社,1989年。

时期的土鼓有 207 件,其中 5 件属于新石器时代早期的北辛文化遗物,162 件属于新石器时代中期的大汶口文化和仰韶文化遗物。在这些土鼓实物中,不少出土于大型祭祀遗址,还有些出土于墓葬。在 15 座仅见土鼓的墓葬中,有 14 座均属于大、中型墓葬。由此可知,在新石器时代早中期,土鼓不仅是祭祀活动中比较流行的法器,还是氏族部落中少数高级贵族权力和地位的象征。而这时的鼍鼓,也已成为部落或方国首领专用的礼乐重器。陶寺遗址乐器群是研究新石器时代晚期礼乐制度最重要、最完整的资料。在陶寺遗址中,发掘墓葬 1300 余座,大型墓只有 6 座,其中地位最高的甲种大墓仅有 5 座,而鼍鼓、特磬与土鼓正是出于这五座大墓中。较之新石器时代早中期,这一时期的礼乐器已经形成一定的组合,不同等级享有不同的配置。石磬,作为后来西周乐悬制度中的重要成员,此时已经具有礼器的功能,它与鼍鼓、土鼓相配,已经成为方国国君权力地位的象征。特别是陶寺铜铃,作为目前所见中国音乐史上第一件金属乐器,从形制方面把史前陶铃同商代铜铃、镈钟乃至周代纽钟之间的发展序列连接起来。它的音响效果虽然远没有后世编钟那么气势恢弘,但这种合瓦形结构的铜铃却是中国青铜钟类乐器的滥觞。陶寺铜铃和石磬,昭示了千年以后,以钟磬乐悬为代表的"金石之乐"时代的到来,西周的乐悬制度自此开始孕育萌芽。

较之史前的礼乐制度,"殷礼"的最大特征则是青铜乐钟的诞生与兴起。在目前所见的商代礼乐器中,青铜乐钟的总数是石磬和鼍鼓的两倍还多。其中,编铙是"殷礼"中使用最为广泛的青铜乐器,是"殷礼"的标志性礼乐器。此外,编磬在商代晚期已经出现,如妇好墓编磬、安阳殷墟西区 93 号墓编磬、于省吾旧藏编磬等,它们都是编磬初始阶段的产物。青铜乐钟的产生与勃兴以及编磬的诞生,为西周乐悬制度的产生奠定了坚实的基础。首先,西周乐悬制度继承了殷礼青铜乐钟和石磬的"金石之乐"组合形式。

殷礼乐器的配置之一为编铙和特磬或者编磬，而西周乐悬的基本配置为编甬钟和编磬，二者同为典型的"金石之乐"组合；其次，西周乐悬制度的标志性礼乐器——甬钟的形成，主要是以南方古越族的青铜乐钟——大铙为基础，又吸收殷商编铙的某些因素而成。而起源于南方古越族的青铜乐钟——镈，更是成为西周时期周天子、三公以及个别上卿方可享有的礼乐重器；此外，关于编铙的演奏方式，李纯一认为悬鸣和植鸣一直并行。也就是说，殷商时期的编铙已经可以悬奏。同时，石磬、镈和一些大铙（有旋的）也都是可以悬奏的。郑玄云："乐悬，谓钟磬之属悬于簨簴者。"[1]按照郑说，它们也都是可以称为"乐悬"的。可见，西周建立的乐悬制度有着殷商晚期已成雏形的深刻社会背景。

　　西周时期，乐悬制度经历了初成、发展以及成熟的历程。笔者主要通过用器制度、摆列制度和音列制度三个方面的考察，以探究其真实的历史面貌。

　　第一，用器制度。宗周建国之初，周公"制礼作乐"，当务之急是首先要建立一个在核心内容上完全不同于"殷礼"的新的礼乐制度，即采用了一种新型礼乐器——编甬钟彻底取代殷礼的标志性礼乐器——编铙。在西周早期成、康之世（前 1042～前 996 年），商铙还偶有所见，如弦伯墓（BZM13）。至康、昭之世（前 1020～前 977 年）的弦伯各墓（BZM7），编铙便被编甬钟彻底取代，标志着西周乐悬制度的初步确立。殷礼中使用的另外几种礼乐器，鼍鼓、编磬和特磬，均不见于西周早期的墓葬，一直到中期穆王之世的晋武侯仍然只配有 4 件编甬钟，这正是"兴正礼乐，度制于是改"的生动写照。从西周中期的恭懿之世开始，西周的统治者才把编磬和镈钟纳入乐悬制度的编制之中，编甬钟与编磬的乐悬配置已经形成。

---

[1]　《周礼・春官・小胥》，《周礼注疏》卷二十三，《十三经注疏》（上），第 795 页，中华书局，1980 年。

到了西周晚期,这种配置已经成为定制。乐悬的三种配置方式,即单用编甬钟、编甬钟与编磬的合用以及编甬钟、编磬和镈的组合使用,层次清楚,等级分明,乐悬的用器制度已经完全成熟。严文明指出:"夏、商、周都吸收了周邻各个文化的因素,形成各自的文明。"正是西周乐悬用器制度形成的写照。

第二,摆列制度。《周礼·春官·小胥》载:"正乐悬之位,王宫悬,诸侯轩悬,卿、大夫判悬,士特悬,辨其声"①,这是先秦典籍中关于周代乐悬摆列制度的唯一记载。西周早期编甬钟的编列主要继承了殷商编铙3件一组的模式,一般3或2件一肆(组),其规模只有一堵一肆而已,远远没有达到如《周礼》所载的规模。到西周中期,乐悬制度获得迅猛发展。《周礼》所载的"判悬"、"轩悬"、"特悬"均已出现。西周晚期,乐悬制度完全成熟。从音乐考古发现来看,西周乐悬的摆列制度与文献记载仍有龃龉之处。所谓的"轩悬"、"判悬"、"特悬"等乐悬之制在西周时期确已存在,卿、大夫、士的乐悬之制也与《周礼》相合;但卿、大夫与诸侯同为"判悬",三公应为"轩悬"的情况,《周礼》则没有提及。杨宽指出"《周礼》所载周朝官制则大不相同,……没有高于六卿的公一级。"②既然《周礼》官制没有三公一级,当然就不会有关于三公一级乐悬制度的记载。因此三公应为"轩悬"之制,在一定程度上弥补了先秦文献有关乐悬制度的失载。又如按照文献所载,诸侯的地位应在卿、大夫之上。但考古发现的实际情况是,西周时期的诸侯应与卿、大夫同级。有关晋侯墓地礼器的研究也指出,西周诸侯属于卿或大夫的级别。既然如此,卿与诸侯同享"判悬"之制顺理成章。诸侯享用"判悬"之制仍与《周礼》所载"卿、大夫判悬"相符。故本文提出,西周的乐悬摆列制度应为:王宫悬,三公轩悬,诸侯、卿、大夫判悬,士

① 《周礼注疏》卷二十三,《十三经注疏》(上),第795页,中华书局,1980年。

② 杨宽:《西周史》(前言),第2页,上海人民出版社,1999年。

特悬。至于诸侯可以享用"轩悬"之制,应是春秋时期的情形了。但是这并不与《周礼》记载相矛盾。因为西周时期的诸侯为卿或大夫级别,当用"判悬"之制;到了春秋时期,如晋文公、齐桓公等,都已自升级为公。既已为公,乐悬当由"判悬"相应升为"轩悬",这与《周礼》所载的乐悬制度仍然相符。李纯一认为《周礼·春官·小胥》所载的"正乐悬之位……"云云,"当是已经发展到定制的东周后期的情况"[①]的观点,需要重新审视。至少在时间的判断上显得晚了些。

第三,音列制度。关于这一论题,已有诸多学者进行专文研究。西周时期的编钟音列只用宫、角、徵、羽四声,并无商音,已经成为业内学者的共识。但从西周中期的长安马王村编甬钟的音列来看,是否还存在例外的情形? 马王村编甬钟的正、侧鼓音音列,仅差变宫、徵曾、徵3个音就可以在一个八度内构成完整的半音阶(表二二),其不仅可以演奏四声音阶,还可以构成五声、六声和七声音阶。似西周编钟的音列并非只有宫、角、徵、羽四声,原来认为只有春秋战国时期才有的可以演奏七声音阶的编钟是否在西周中期即已出现? 而绝大多数西周编钟的音列,正如诸家所言只用宫、角、徵、羽四声,并无商音。西周乐悬的音列制度确实存在着禁用商音的规定。关于其原因的探讨,争议颇多。本文认为,禁用商音应是西周初期周公"制礼作乐"时订立的规矩,即所谓"武王之志"。周灭商而王天下,商为周之大敌。对于宫廷礼乐重器的编钟,自然不允许使用商音。《国语·周语下》载:"钟尚羽,石尚角,匏竹利制,大不逾宫,细不过羽"。通过对出土钟磬乐悬音列的分析发现,其很有可能是"大不逾羽,细不过宫"文献误载。至于钟乐的旋宫转调问题。西周中期长安马王村编甬钟的音列仅差变宫、徵曾、徵3个音就可以在一个八度内构成完整的半音阶,已经具备较强的旋

---

① 李纯一:《先秦音乐史研究的两种基本史料》,第36页,《音乐研究》1994年第3期。

宫转调的性能。黄翔鹏曾指出,在西周时期"并不存在在同一套编钟内完成旋宫的可能性"的说法,需要重新审视。关于"礼崩乐坏",学界探讨颇多,一般多认为发生在西周晚期或春秋早期。今从西周的音乐考古发现来看,所谓的"礼崩乐坏"在西周中期已经萌芽,到西周晚期才公然出现。至于"礼崩乐坏"局面的形成,当是春秋时期的事情了。

本文关于西周乐悬制度的初步研究,还不足以勾勒出这一制度的全貌。从目前的音乐考古发现来看,尽管西周时期的乐悬资料十分丰富,但出土于墓葬的还是少数,墓主身份、地位明确的也还不多。许多问题还有待于更多的考古资料出土后,才能进行更深入、更广泛、多层次的考察与研究。特别需要说明的是,西周乐悬制度在春秋战国时期发展衰落的演变过程也是一个重大课题。东周时期诸侯国林立,乐悬制度在各个诸侯国的发展演变轨迹,必然会存在一定的差异。而且,东周时期的乐悬资料比之于西周时期更是多出数倍。仅就东周的乐悬制度研究而言,已非一篇博士论文所能容纳。因此,囿于篇幅和时间,本文仅对西周时期的乐悬制度作较为全面而系统的考察,而对于其在东周时期的演变过程,只能将来另作专文研究了。

笔者理论功底较薄,学识有限,文中的不妥之处,诚望学界师长及同仁及时指正。

附　录

一　插图目录

二 表格目录

三 附表目录

四　附　表

附表一　　史前时期鼍鼓（12 件）、土鼓（207 件）一览表

名称	来源	时代	出处
鼍鼓（共计 12 件）			
大汶口 M10 鼍鼓（2 件）	1959 年，出土于山东泰安大汶口 10 号大墓	大汶口文化晚期	山东省文物管理处、济南市博物馆：《大汶口》第 23 页，文物出版社，1974 年。
陶寺鼍鼓（8 件）	1978～1985 年，分别出土于山西省襄汾县陶寺遗址 M3016、M3015、M3002、M3072、M3073。	陶寺文化早期	中国社会科学院考古研究所山西工作队、临汾地区文化局：《1978～1980 年山西襄汾陶寺墓地发掘简报》，《考古》1983 年第 1 期。
临朐朱封 M202 鼍鼓	出土于山东省临朐朱封 202 号墓	龙山文化	中国社会科学院考古研究所山东工作队：《山东临朐朱封龙山文化墓葬》，《考古》1990 年第 7 期；高广仁、栾丰实：《大汶口文化》，第 172 页，文物出版社，2004 年。
泗水尹家城 M15 鼍鼓	出土于山东泗水尹家城 15 号墓	龙山文化	山东大学历史系考古教研室：《泗水尹家城》，第 44、157 页，文物出版社，1990 年；高广仁、栾丰实：《大汶口文化》，第 172 页，文物出版社，2004 年。
土鼓（共计 207）			
大汶口土鼓（12 件）	1974 年，出土于山东省大汶口遗址，其中北辛文化 5 件，分别出土于 H2、F2、5A 层（2 件）、6 层；大汶口文化 7 件，分别出自 M1018、M2007、M2011、M2018 等墓。	6210～5800 年前	山东省文物管理处、济南市博物馆：《大汶口》，文物出版社，1974 年；山东省文物考古研究所：《大汶口续集——大汶口遗址第二、三次发掘报告》，科学出版社，1997 年；何德亮：《大汶口文化的打击乐器——陶鼓浅析》，《东南文化》2003 年第 7 期；费玲伢：《淮河流域史前陶鼓的研究》，《江汉考古》2005 年第 2 期。

名称	来源	时代	出处
邹县野店土鼓(20件)	1971~1972年,出土于山东邹县野店遗址。其中17件出自墓葬,2件(M49H:06,M49:10)出自墓葬的填土,1件(ⅡT455⑤:1)出土于探方,时代为大汶口文化中晚期。	6000~4640年前	山东省博物馆、山东省考古研究所:《邹县野店》,文物出版社,1985年;高天麟:《黄河流域新石器时代的陶鼓辨析》,《考古学报》1991年第2期;何德亮:《大汶口文化的打击乐器——陶鼓浅析》,《东南文化》2003年第7期;费玲伢:《淮河流域史前陶鼓的研究》,《江汉考古》2005年第2期。
凌源城子山土鼓(27件)	1979年,出土于辽宁省凌源三官甸小城子山遗址,属红山文化遗物。	6000~5000年前	李恭笃:《辽宁凌源县三官甸子城子山遗址试掘简报》,第497~510页,《考古》1986年第6期;陈星灿:《红山文化彩陶筒形器是陶鼓推考》,《北方文物》1990年第1期。
阜新胡头沟土鼓(20件以上)	1973年,在辽宁省阜新胡头沟两座石棺墓的上面揭露出一个大石围圈和排列有序的彩陶筒形器群,属红山文化遗物。	6000~5000年前	方殿春、刘葆华:《辽宁阜新县胡头沟红山文化玉器墓的发现》,第2~3页,《文物》1984年第6期;陈星灿:《红山文化彩陶筒形器是陶鼓推考》,《北方文物》1990年第1期。
辽宁牛河梁土鼓(40件以上)	1983~1985年,在辽宁省凌源、建平交界处的牛河梁遗址出土大量彩陶筒形器以及碎片,属红山文化遗物。	6000~5000年前	辽宁省文物考古研究所:《辽宁牛河梁红山文化"女神庙"与积石冢群发掘简报》,《文物》1986年第8期;陈星灿:《红山文化彩陶筒形器是陶鼓推考》,《北方文物》1990年第1期。
兖州王因土鼓(4件)	1975~1978年,出土于山东兖州王因遗址第2层。	5700~5500年前	何德亮:《大汶口文化的打击乐器——陶鼓浅析》,《东南文化》2003年第7期;费玲伢:《淮河流域史前陶鼓的研究》,《江汉考古》2005年第2期。

续表一

名称	来源	时代	出处
邳县刘林土鼓(3件)	1964年,出土于江苏邳县刘林遗址 M145、M148,属大汶口文化早期遗物。	5700～5500年前	南京博物院:《江苏邳县刘林新石器时代遗址第二次发掘》,第35～36页,《考古学报》1965年第2期;何德亮:《大汶口文化的打击乐器——陶鼓浅析》,《东南文化》2003年第7期;费玲伢:《淮河流域史前陶鼓的研究》,《江汉考古》2005年第2期。
喀左东山嘴土鼓(10件以上)	1979年,出土于辽宁喀左县东山嘴红山文化群址方形墓址内。	5485～4895年前	郭大顺、张克举:《辽宁省喀左县东山嘴红山文化建筑群址发掘简报》,《文物》1984年第11期;陈星灿:《红山文化彩陶筒形器是陶鼓推考》,《北方文物》1990年第1期。
秦安大地湾土鼓	1981年,出土于甘肃秦安县五营乡大地湾遗址,时代为大地湾文化三期。	约5300年前	赵建龙、张力华:《甘肃最早发现的陶鼓研究》,第22页,《丝绸之路》总第7期。
青州桃园土鼓	1980年,出土于山东青州市王潍公路北侧桃园遗址,属大汶口文化中期遗物。	约5000年前	青州市博物馆:《青州市新石器遗址调查》,《海岱考古》第1辑,山东大学出版社,1989年;何德亮:《大汶口文化的打击乐器——陶鼓浅析》,《东南文化》2003年第7期。
临汝大张土鼓	1959年,出土于河南省临汝大张一处大型的仰韶文化遗址。	约5000年前	河南省文化局文物工作队:《河南临汝大张新石器时代遗址发掘简报》,《考古》1960年第6期;赵世纲:《中国音乐文物大系·河南卷》,第31页,大象出版社,1996年。
郑州后庄王土鼓(14件)	1958年,出土于河南省郑州市中原区沟赵乡后庄王遗址,属仰韶文化晚期遗物。	约5000年前	河南省文物考古研究所:《郑州后庄王遗址的发掘》,《华夏考古》1988年第1期;赵世纲:《仰韶文化陶鼓辨析》,《华夏考古》1993年第1期;赵世纲:《中国音乐文物大系·河南卷》,第30页,大象出版社,1996年。

续表一

名称	来源	时代	出处
内乡朱岗土鼓	1988年,河南内乡县文物管理委员会进行文物普查时,在该县茨园村杨献中家发现,属仰韶文化晚期遗物。	约5000年前	王家恒:《屈家岭文化彩陶鼓》,《文物天地》1991年第4期;赵世纲:《中国音乐文物大系·河南卷》,第32页,大象出版社,1996年。
邳县大墩子土鼓(6件)	1966、1976年,出土于江苏邳县四户镇大墩子遗址花厅期墓葬,属大汶口文化中期遗物。	约5000年前	南京博物院:《江苏邳县大墩子遗址第二次发掘》,《考古学集刊》第一辑;何德亮:《大汶口文化的打击乐器——陶鼓浅析》,《东南文化》2003年第7期;费玲伢:《淮河流域史前陶鼓的研究》,《江汉考古》2005年第2期。
新沂花厅土鼓(2件)	出土于江苏新沂花厅遗址,属大汶口文化中期遗物。	约5000年前	南京博物院:《花厅——新石器时代墓地发掘报告》,文物出版社,2003年;费玲伢:《淮河流域史前陶鼓的研究》,《江汉考古》2005年第2期。
高邮龙虬庄土鼓	出土于江苏高邮龙虬庄遗址,属大汶口文化中期遗物。	约5000年前	龙虬庄遗址考古队:《龙虬庄——江淮东部新石器时代遗址发掘报告》,科学出版社,1999年;费玲伢:《淮河流域史前陶鼓的研究》,《江汉考古》2005年第2期。
兖州西吴寺土鼓	出土于山东省兖州县小孟乡西吴寺遗址,属大汶口文化中期遗物。	约5000年前	国家文物局考古领队培训班:《兖州西吴寺》,文物出版社,1990年;费玲伢:《淮河流域史前陶鼓的研究》,《江汉考古》2005年第2期。
蒙城尉迟寺土鼓(3件)	出土于安徽省蒙城尉迟寺皖北新石器时代聚落遗址,属大汶口文化中期遗物。	约5000年前	中国社会科学院考古研究所:《蒙城尉迟寺皖北新石器时代聚落遗址的发掘与研究》,科学出版社,2001年;费玲伢:《淮河流域史前陶鼓的研究》,《江汉考古》2005年第2期。
永登乐山坪土鼓(9件)	1985年10月,出土于甘肃兰州市永登县河桥镇乐山坪。	马厂类型文化	马德璞、曾爱、魏怀珩:《永登乐山坪出土一批新石器时代的陶器》,《史前研究》(陕西省考古研究所、西安半坡博物馆成立三十周年纪念特刊)1988年。

续表一

名称	来源	时代	出处
甘肃省博物馆藏土鼓(10 余件)	1997 至 1998 年,甘肃省博物馆征集于甘肃永登和青海部分地区,时代分别为马家窑、半山、马厂时期。	5000～4000年前	尹德生:《甘肃新发现史前陶鼓研究》,第 31～35 页,《考古与文物》2001 年第 2 期。
郑州大河村土鼓(2 件)	1971 年,出土于郑州市北郊大河村遗址。	仰韶文化晚期	郑州市博物馆:《郑州大河村遗址发掘报告》,《考古学报》1979 年第3 期。
巩义滩小关土鼓	1992 年,出土于河南巩义市滩小关遗址,时代为滩小关三期,与大河村四期基本相同。	约 4700 年前	河南省文物考古研究所:《河南巩义市滩小关遗址发掘报告》,《华夏考古》2002 年第 4 期;费珍伢:《淮河流域史前陶鼓的研究》,《江汉考古》2005 年第 2 期。
广饶五村土鼓(2 件)	1985 年,山东广饶县博物馆工作人员在五村遗址调查时发现,时代为大汶口文化中期偏晚。	约 4600 年前	刘桂芹、王建国:《山东广饶县五村遗址发现大汶口文化陶鼓》,《考古》1997 年第 12 期;何德亮:《大汶口文化的打击乐器——陶鼓浅析》,《东南文化》2003 年第 7 期。
宁县阳垭土鼓	1981 年,出土于甘肃宁县瓦斜乡庄科村潘坪阳垭遗址。	约 4500 年前	庆阳地区博物馆:《甘肃宁县阳垭遗址试掘简报》,《考古》1983 年第 10 期;高天麟:《黄河流域新石器时代的陶鼓辨析》,《考古学报》1991 年第 2 期。
陶寺土鼓(6 件)	1978～1985 年,分别出土于山西省襄汾县陶寺遗址 M3016、M3015、M3002、M3072、M3073 M3032。	陶寺文化早期	中国社会科学院考古研究所山西工作队、临汾地区文化局:《1978～1980 年山西襄汾陶寺墓地发掘简报》,《考古》1983 年第 1 期。
民和吉家堡陶面鼓	系青海师范大学艺术系梁今知教授征集。据梁先生介绍,此鼓 1999 年出土于民和回族土族自治县川口镇吉家堡村,为半山－马厂类型。	4500～4000年前	刘再生:《原始社会鼓类家族新成员出土——我国首例陶面鼓在青海发现》,第 38～39 页,《人民音乐》2002 年第 5 期。

名称	来源	时代	出处
天门邓家湾土鼓	出土于湖北天门石家河遗址群中的邓家湾遗址，属石家河文化遗物。	约4400年前	石家河考古队：《邓家湾》，文物出版社，2003年；费玲伢：《淮河流域史前陶鼓的研究》，第48～60页，《江汉考古》2005年第2期。
天门肖家屋脊土鼓	出土于湖北天门石家河遗址群中的肖家屋脊遗址，属石家河文化遗物。	约4400年前	石家河考古队：《肖家屋脊》，文物出版社，1999年；费玲伢：《淮河流域史前陶鼓的研究》，《江汉考古》2005年第2期。
民和阳山23号墓土鼓（3件）	1980年，出土于青海民和阳山第23号墓，时代为半山至马厂过渡时期。	约4300年前	青海省文物考古队：《青海民和阳山墓地发掘简报》，《考古》1984年第5期。
庄浪小河村土鼓	1988年，出土于甘肃省庄浪县南湖镇程家小河村，属齐家文化常山类型文化遗物。	4200～3900年前	郑汝中、董玉祥：《中国音乐文物大系·甘肃卷》，第27页，大象出版社，1998年。
商县紫荆土鼓	出土于陕西省商县紫荆遗址。	新石器时代晚期	商县图书馆、西安半坡博物馆等：《陕西商县紫荆遗址发掘简报》，《考古与文物》1981年第3期。
武功浒西庄土鼓	出土于陕西省武功浒西庄。	新石器时代晚期	中国社会科学院考古研究所：《武功发掘报告》，文物出版社，1988年。

附表二　　　　　　　　史前时期特磬(16 件)一览表

名称	来源	时代	出处
陶寺特磬（4件）	1978～1985 年，分别出土于山西省襄汾县陶寺遗址 M3016、M3015、M3002、M3072。	陶寺文化早期	中国社会科学院考古研究所山西工作队、临汾地区文化局：《1978～1980 年山西襄汾陶寺墓地发掘简报》，《考古》1983 年第 1 期。
五台阳白特磬	1987 年秋，出土于山西五台县阳白村西墩台梁古文化遗址 I 区 H111。	龙山文化	山西大学历史系考古专业等：《山西五台县阳白遗址发掘简报》，第 50 页，《考古》1997 年第 4 期。
襄汾大崮堆山1 号石磬坯	1985 年，发现于山西省襄汾县大崮堆山史前石器制造场遗址。	龙山文化	陶富海：《山西襄汾大崮堆山发现新石器时代石磬坯》，《考古》1988年第 12 期。
襄汾大崮堆山2 号石磬坯	由山西省考古研究所陶正刚先生自襄汾大崮堆山新石器时代石料场采集。	龙山文化	项阳、陶正刚：《中国音乐文物大系·山西卷》，第 16 页，大象出版社，2000 年。
襄汾特磬	具体出土时间、地点不详。	龙山文化	张丽：《山西大同市博物馆收藏的一件特大石磬》，第 88 页，《考古》1999 年第 2 期。
蔚县上陈庄特磬	1977 年，出土于河北蔚县上陈庄工地，为当地村民发现。	龙山文化	《中国音乐文物大系·河北卷》(待版)。
闻喜南宋村特磬	1976 年，在山西闻喜县郭家庄乡南宋村龙山遗址区，村民搞农田基建时发现，后为县博物馆征集。	新石器时代晚期	李裕群、韩梦如：《山西闻喜县发现龙山时期大石磬》，第 60、94 页，《考古与文物》1986年第 2 期。
中阳谷罗沟特磬	山西中阳谷罗沟村村民在挖窑取土时发现，1987 年由县文物管理所任福保先生征集。	新石器时代晚期	项阳、陶正刚：《中国音乐文物大系·山西卷》，第 15 页，大象出版社，2000 年。
禹州阎砦特磬	1983 年秋，出土于河南原禹县花石乡阎砦遗址。	龙山文化晚期	匡瑜、姜涛：《禹县阎砦龙山遗址》，《中国考古年鉴·考古新发现》，文物出版社，1984 年。

名称	来源	时代	出处
柳湾 M1103 特磬	出土于青海乐都柳湾墓地	齐家文化早期	青海省文物管理处考古队等:《青海柳湾》,第233、248页,文物出版社,1984年。
榆中马家山特磬	1976年,出土于甘肃兰州市榆中县连搭乡马家山遗址。	齐家文化	郑汝中、董玉祥:《中国音乐文物大系·甘肃卷》,第32页,大象出版社,1998年。
夏县西下冯特磬	1989年征集。据送交人说此磬放置于山西夏县西下冯村中井台之上,何时出土尚不清楚。	夏	项阳、陶正刚:《中国音乐文物大系·山西卷》,第12页,大象出版社,2000年。
东下冯特磬	1974年,出土于山西夏县东下冯遗址。	东下冯类型文化	东下冯考古队:《山西夏县东下冯遗址东区、中区发掘简报》,第101页,《考古》1980年第2期。

附表三   **商代编铙（109 件）一览表**

名称	来源	时代	出处
亚弜编铙 （5 件）	1976 年，出土于河南安阳小屯妇好墓。	殷墟二期	中国社会科学院考古研究所：《殷墟妇好墓》，第 100～101 页，文物出版社，1980 年。
古铙（3 件）	1983 年，出土于河南安阳大司空村东南 663 号墓。	殷墟二期	中国社会科学院考古研究所安阳工作队：《安阳大司空村东南的一座殷墓》，第 868 页，《考古》1988 年第 10 期。
安阳市郭家庄 M26 编铙 （3 件）	1995 年，出土于河南安阳市郭家庄东南 26 号墓。	殷墟二期偏晚	中国社会科学院考古研究所安阳工作队：《河南安阳市郭家庄东南 26 号墓》，第 36～47 页，《考古》1998 年第 10 期。
安阳花园庄 M54 编铙 （3 件）	2001 年，出土于河南安阳殷墟花园庄 54 号墓，现藏安阳工作站。	殷墟二期偏晚	刘新红：《殷墟出土编铙的考察与研究》，第 7、14 页，中央音乐学院 2004 届音乐学硕士学位论文。
爰铙（3 件）	1984 年，出土于安阳市殷墟戚家庄第 269 号墓。	殷墟三期	安阳市文物工作队：《安阳市戚家庄东 269 号墓》，《考古学报》1991 年第 3 期。
亚窶止铙 （3 件）	1990 年，出土于安阳郭家庄 160 号墓。	殷墟三期	中国社会科学院考古研究所安阳工作队：《安阳郭家庄 160 号墓》，第 390～391 页，《考古》1991 年第 5 期。
专铙（3 件）	传安阳出土	殷墟文化三期	黄濬：《邺中片羽初集》1·1～4，1935 年；李纯一：《中国上古出土乐器综论》，第 109～110 页，文物出版社，1996 年。
徼铙	传世品	殷墟文化三期	容庚：《善斋彝器图录》1·19，哈佛燕京学报，1936 年；李纯一：《中国上古出土乐器综论》，第 110～111 页，文物出版社，1996 年。
亚窶铙	李荫轩、邱辉捐赠。	商代晚期	马承源：《中国音乐文物大系·上海卷》，第 8 页，大象出版社，1996 年。
亚窶铙	不清	殷墟三期	王杰等：《西清续鉴甲编》17·30，宣统二年(1910)涵芬楼依宁寿宫本影印；李纯一：《中国上古出土乐器综论》，第 112 页，文物出版社，1996 年；曹定云：《殷代的"竹"与"孤竹"》，《华夏考古》1988 年第 3 期。

名称	来源	时代	出处
安阳大司空村M51编铙(3件)	1958年,出土于河南安阳市大司空村51号墓。	殷墟四期	赵青云、赵世纲:《1958年春河南安阳大司空村殷代墓葬发掘简报》,《考古通讯》1958年第10期。
中铙(3件)	1974年,出土于河南安阳殷墟西区699号墓。	殷墟四期	中国社会科学院考古研究所安阳工作队:《1969～1977年殷墟西区墓葬发掘报告》,第98页,《考古学报》1979年第1期。
中铙	李荫轩、邱辉捐赠。	殷墟四期	马承源:《中国音乐文物大系·上海卷》,第7页,大象出版社,1996年。
中铙	不清	殷墟四期	罗振玉:《三代吉金文存》十八、六,1937年;方建军:《河南出土殷商编铙初论》,第69页,《中国音乐学》1990年第3期。
安阳高楼庄8号墓铙(3件)	1957年,出土于河南安阳市西郊高楼庄8号墓。	殷墟晚期	周到、刘东亚:《1957年秋安阳高楼庄殷代遗址发掘》,第213～216页,《考古》1963年第4期。
温县小南张编铙(3件)	1968年,出土于河南温县城关小南张村一商代墓葬。	殷墟晚期	杨宝顺:《温县出土的商代铜器》,《文物》1975年第2期。
殷墟西区M765编铙(3件)	1982年,出土于安阳殷墟西区765号墓。	殷墟晚期	赵世纲:《中国音乐文物大系·河南卷》,第74页,大象出版社,1996年。
安阳大司空村M288编铙(3件)	1966年,出土于安阳大司空村288号墓。	殷墟晚期	赵世纲:《中国音乐文物大系·河南卷》,第78页,大象出版社,1996年。
亚伐姗编铙(3件)	1953年,出土于河南安阳大司空村312号墓。	商代后期	马得志、周永珍、张云鹏:《一九五三年安阳大司空村发掘报告》,《考古学报》第9册,1955年。
沂源东安编铙	1984年,出土于山东省沂源县东安村商代石墓中。	商代后期	周昌福、温增源:《中国音乐文物大系·山东卷》,第23页,大象出版社,2001年。
青州苏埠屯M8编铙(3件)	1976年,出土于山东青州苏埠屯8号商代墓。	商代晚期	山东省文物考古研究所、青州市博物馆:《青州市苏埠屯商代墓地发掘报告》,《海岱考古》第一辑。

续表三

名称	来源	时代	出处
亚醜铙	上海博物馆收购。又名亚酖铙、嫡铙。	商代晚期	马承源:《中国音乐文物大系·上海卷》,第9页,大象出版社,1996年;殷之彝:《山东益都苏埠屯墓地和"亚醜"铜器》,《考古学报》1977年第2期;李纯一:《中国上古出土乐器综论》,第112~114页,文物出版社,1996年;容庚:《善斋彝器图录》图一九,哈佛燕京学报,1936年。
亚醜铙	不清	商代晚期	容庚:《武英殿彝器图录》图一五一,哈佛燕京学社,1934年;方建军:《河南出土殷商编铙初论》,第69页,《中国音乐学》1990年第3期。
亚醜铙	不清,又名亚醜嫡铙。	商代晚期	邹安:《周金文存》卷一补遗,1916年;方建军:《河南出土殷商编铙初论》,第69页,《中国音乐学》1990年第3期。
兽面纹铙	拣选	商代晚期	马承源:《中国音乐文物大系·上海卷》,第8页,大象出版社,1996年。
史铙	张雪庚捐赠	商代晚期	马承源:《中国音乐文物大系·上海卷》,第10页,大象出版社,1996年。
史铙	收购,传世品。	商代晚期	袁荃猷:《中国音乐文物大系·北京卷》,第30页,大象出版社,1996年。
夫册铙	收购	商代晚期	马承源:《中国音乐文物大系·上海卷》,第11页,大象出版社,1996年。
兽面纹铙	拣选	商代晚期	马承源:《中国音乐文物大系·上海卷》,第12页,大象出版社,1996年。
安阳侯家庄M1083编铙(4件)	1934年,出土于河南安阳侯家庄王陵区1083号墓。	殷商时期	郭宝钧:《商周铜器群综合研究》,第24页,文物出版社,1981年;梁思永、高去寻:《侯家庄》,台北中央研究院历史语言研究所,1968年。
亚吴铙(2件)	均系国家文物局拨交,传安阳出土。	商	袁荃猷:《中国音乐文物大系·北京卷》,第31页,大象出版社,1996年。

名称	来源	时代	出处
亚吴铙	传安阳出土	商	黄濬:《尊古斋所见吉金图》1·10,1936 年;李纯一:《中国上古出土乐器综论》,第 110 页,文物出版社,1996 年;胡平生:《对部分殷商"记名铭文"铜器时代的考察》,《考古与文物丛刊》第二号,1983 年。
亚吴铙	安阳出土	商	黄濬:《邺中片羽二集》卷上一~二,1935 年;方建军:《河南出土殷商编铙初论》,第 69 页,《中国音乐学》1990 年第 3 期。
亚吴铙	安阳出土	商	黄濬:《尊古斋所见吉金图初集》一、一〇,图版三,1936 年;方建军:《河南出土殷商编铙初论》,第 69 页,《中国音乐学》1990 年第 3 期。
兽面纹编铙(3 件)	现藏日本	殷商时期	朝日新闻社　大田信男:《东洋美术》(第五卷·铜器),第 31 页,朝日新闻社,昭和四十三年。
兽面纹编铙	现藏加拿大皇家安大略博物馆	殷商时期	秦孝仪:《海外遗珍·铜器》(一),第 69 页,国立故宫博物院,1985 年。
兽面纹陶编铙	现藏日本大和文华馆	殷商时期	秦孝仪:《海外遗珍·陶瓷》(四),第 78 页,国立故宫博物院,1993 年。
贮铙	传安阳出土	殷墟文化前期	商承祚:《十二家吉金图录》贮 2,1935 年;丁山:《甲骨文所见氏族及其制度》,第 121 页,科学出版社,1956 年;李纯一:《中国上古出土乐器综论》,第 110 页,文物出版社,1996 年。
贮铙	安阳出土	殷商时期	商承祚:《十二家吉金图录》贮二、图版二,1935 年;方建军:《河南出土殷商编铙初论》,第 69 页,《中国音乐学》1990 年第 3 期。

名称	来源	时代	出处
兽面纹铙	传世品	殷商时期	容庚：《善斋彝器图录》图二二，哈佛燕京学报，1936年；李纯一：《中国上古出土乐器综论》，第116～117页，文物出版社，1996年。
兽面纹铙	安阳出土	殷商时期	容庚：《颂斋吉金图录》续图一一一、一一二，1933年；方建军：《河南出土殷商编铙初论》，第69页，《中国音乐学》1990年第3期。
兽面纹铙	安阳出土	殷商时期	黄濬：《邺中片羽二集》（卷上），1935年；方建军：《河南出土殷商编铙初论》，第69页，《中国音乐学》1990年第3期。
杀铙	安阳出土	殷商时期	容庚：《颂斋吉金图录》续图一〇四，1933年；方建军：《河南出土殷商编铙初论》，第69页，《中国音乐学》1990年第3期。
阝铙	安阳出土	殷商时期	商承祚：《十二家吉金图录》贮一，1935年；方建军：《河南出土殷商编铙初论》，第69页，《中国音乐学》1990年第3期。
勄铙	安阳出土	殷商时期	黄濬：《邺中片羽初集》卷上二～四，1935年；方建军：《河南出土殷商编铙初论》，第69页，《中国音乐学》1990年第3期。
粜铙	安阳出土	殷商时期	黄濬：《邺中片羽初集》卷上五～七，1935年；方建军：《河南出土殷商编铙初论》，第69页，《中国音乐学》1990年第3期。
十铙	安阳出土	殷商时期	黄濬：《尊古斋所见吉金图初集》一、十一，1936年；方建军：《河南出土殷商编铙初论》，第69页，《中国音乐学》1990年第3期。

续表三

名称	来源	时代	出处
蓸父巳铙	安阳出土	殷商时期	容庚:《善斋彝器图录》图一八,哈佛燕京学报,1936 年;方建军:《河南出土殷商编铙初论》,第 69 页,《中国音乐学》1990 年第 3 期。
毕铙	安阳出土	殷商时期	黄濬:《尊古斋所见吉金图初集》一、一〇,图版三,1936 年;方建军:《河南出土殷商编铙初论》,第 69 页,《中国音乐学》1990 年第 3 期。
兽面纹编铙(3 件)	1946 年,故宫博物院接收,为德人杨宁史旧藏。	商	袁荃猷:《中国音乐文物大系·北京卷》,第 28 页,大象出版社,1996 年。
饕餮纹铙(3 件)	1952 年收购,但无资料可证其为一组。	商	袁荃猷:《中国音乐文物大系·北京卷》,第 29 页,大象出版社,1996 年。
弦纹铙	国家文物局拨交	商	袁荃猷:《中国音乐文物大系·北京卷》,第 29 页,大象出版社,1996 年。
弦纹铙	1954 年收购	商	袁荃猷:《中国音乐文物大系·北京卷》,第 29 页,大象出版社,1996 年。
亚□铙	收购,传世品。	商	袁荃猷:《中国音乐文物大系·北京卷》,第 30 页,大象出版社,1996 年。
舌铙	1974 年,于废旧物品中拣选。	商	赵世纲:《中国音乐文物大系·河南卷》,第 70 页,大象出版社,1996 年。
获嘉赵镜铙	河南获嘉县赵镜出土,新乡市博物馆收购。	商	赵世纲:《中国音乐文物大系·河南卷》,第 78 页,大象出版社,1996 年。
受铙	原为齐鲁大学加拿大传教士明义士收集,1959 年征集。	商	周昌福、温增源:《中国音乐文物大系·山东卷》,第 25 页,大象出版社,2001 年。
惠民大郭铙	原为齐鲁大学加拿大传教士明义士收集,1979 年征集。出土于惠民县大郭商代遗址。	商	周昌福、温增源:《中国音乐文物大系·山东卷》,第 27 页,大象出版社,2001 年。

续表三

名称	来源	时代	出处
弦纹铙	原为齐鲁大学加拿大传教士明义士收集，1959年征集。	商	周昌福、温增源:《中国音乐文物大系·山东卷》，第28页，大象出版社，2001年。
饕餮纹编铙	征集品。购于文物商店。	商	黄崇文:《中国音乐文物大系·天津卷》，第197页，大象出版社，1996年。
媸娸编铙	传世品。原为湖北汉阳叶志铣（东卿）旧藏，1956年购于北京。	商	黄崇文:《中国音乐文物大系·天津卷》，第199页，大象出版社，1996年。
鸢铙	征集	商	马承源:《中国音乐文物大系·上海卷》，第19页，大象出版社，1996年。
兽面纹铙	征集	商	马承源:《中国音乐文物大系·上海卷》，第19页，大象出版社，1996年。
微子启墓编铙（6件）	1997～1998年，出土于河南鹿邑县太清宫镇的太清宫遗址微子启墓，其时代为西周初期。所出3件编铙为商代器物。	商	河南省文物考古研究所、周口市文化局:《鹿邑太清宫长子口墓》，第121～126页，中州古籍出版社，2000年；王恩田:《鹿邑太清宫西周大墓与微子封启》，第41～45页，《中原文物》2002年第4期。

附表四　　　　　　　　商代石磬（63件）一览表

名称	来源	时代	出处
偃师二里头特磬	1975 年，出土于偃师二里头遗址第六区 3 号墓。	二里头文化三期	中国科学院考古研究所二里头工作队：《偃师二里头遗址新发现的铜器和玉器》，第 263 页，《考古》1976 年第 4 期。
北票特磬	辽宁北票出土	夏家店下层文化	李纯一：《中国上古出土乐器综论》，第 35 页，文物出版社，1996 年。
建平水泉特磬	1978 年，出土于辽宁建平碌碡科水泉。	夏家店下层文化	辽宁省博物馆文物工作队等：《辽宁建平县喀喇沁河东遗址试掘简报》，《考古》1983 年第 11 期。
建平喀喇沁特磬	1980 年，出土于辽宁省建平喀喇沁河东遗址 3 号探方中。	夏家店下层文化	辽宁省博物馆文物工作队等：《辽宁建平县喀喇沁河东遗址试掘简报》，《考古》1983 年第 11 期。
建昌大东沟特磬	1980 年，发现于辽宁省建昌二道湾子大东沟遗址，为采集品。	夏家店下层文化	冯永谦、邓宝学：《辽宁建昌普查中发现的重要文物》，《文物》1983 年第 9 期。
喀喇沁西府特磬	1977 年，内蒙古自治区喀喇沁旗锦山乡西府村民在西山坡的台地上发现。	夏家店下层	喀喇沁旗文化馆、郑瑞丰、张义成：《喀喇沁旗发现夏家店下层文化石磬》，《文物》1983 年第 8 期。
喀喇沁大山前磬坯	1996 年，出土于内蒙古自治区喀喇沁旗大山前遗址第 1 地点 149 号灰坑。	夏家店下层文化	中国社会科学院考古研究所等：《喀喇沁大山前遗址 1996 年发掘简报》，《考古》1998 年第 9 期。
喀喇沁大山前石磬残件（5 件）	1997 年，出土于喀喇沁旗大山前遗址。	夏家店下层文化	段泽兴：《中国音乐文物大系·内蒙古卷》（待版）。
喇喀沁石磬（6 件）	内蒙古自治区喀喇沁旗征集。	夏家店下层文化	段泽兴：《中国音乐文物大系·内蒙古卷》（待版）。
郑州小双桥特磬	1990 年，出土于河南郑州市西北郊 20 千米处的小双桥商代文化遗址。	商代前期晚段	河南省文物考古研究所：《郑州小双桥遗址的调查与试掘》，第 246 页，《郑州商城考古新发现与研究》，中州古籍出版社，1993 年。

名称	来源	时代	出处
安阳大司空村 M539 鱼形磬	1980 年，出土于河南安阳大司空村 539 号墓。	商代殷墟二期	中国社会科学院考古研究所安阳工作队：《1980 年河南安阳大司空村 M539 发掘简报》，第 515 页，《考古》1992 年第 6 期。
安阳大司空村 M991 特磬	1990 年，出土于河南安阳大司空村 991 号墓。	商代殷墟二期	赵世纲：《中国音乐文物大系·河南卷》，第 56 页，大象出版社，1996 年。
妇好墓编磬（5 件）	1976 年，出土于河南安阳殷墟小屯妇好墓。	商代殷墟二期	中国社会科学院考古研究所：《殷墟妇好墓》，第 100～101 页，文物出版社，1980 年。
安阳郭家庄 M160 特磬	1990 年，出土于河南安阳郭家庄 160 号墓。	商代殷墟三期	中国社会科学院考古研究所安阳工作队：《安阳郭家庄 160 号墓》，第 390～391 页，《考古》1991 年第 5 期。
侯家庄 M1217 特磬	1935 年，出土于河南安阳侯家庄西北冈王陵区 1217 号大墓。	殷墟文化三期	梁思永、高去寻：《侯家庄 1217 号大墓》(第六本)，中国考古报告集之三，台北中央研究院历史语言研究所，1968 年。
安阳殷墟 M1004 特磬	1934～1935 年，出土于河南安阳殷墟 1004 号大墓。	殷墟文化三期	中国社会科学院考古研究所：《殷墟的发现与研究》，第 106 页，科学出版社，1994 年。
安阳殷墟西区 M701 特磬	1977 年，出土于河南安阳殷墟西区 701 号墓。	商代殷墟四期	中国社会科学院考古研究所安阳工作队：《1969～1977 年殷墟西区墓葬发掘报告》，第 104 页，《考古学报》1979 年第 1 期。
滕州前掌大 M4 特磬	1991 年，出土于山东滕州前掌大 4 号墓。	殷墟四期	中国社会科学院考古研究所山东工作队：《滕州前掌大商代墓葬》，第 365 页，《考古学报》1992 年第 3 期。
殷墟西区 M93 编磬（5 件）	1972 年，出土于河南安阳殷墟西区 93 号墓。	商代殷墟四期	中国社会科学院考古研究所安阳工作队：《1969～1977 年殷墟西区墓葬发掘报告》，第 103 页，《考古学报》1979 年第 1 期。

名称	来源	时代	出处
虎纹特磬	1950年，出土于河南安阳武官村殷墟大墓。	商代晚期	郭宝钧：《一九五○年春殷墟发掘报告》，《考古学报》第5册，1951年。
蓝田怀真坊特磬	1973年，出土于陕西蓝田县怀真坊村。	商代晚期	樊维岳等：《陕西蓝田县出土商代青铜器》，《文物资料丛刊》第3期，文物出版社，1980年。
殷墟西区M1769鱼形磬	1987年，出土于河南安阳殷墟西区1769号墓。	商代晚期	赵世纲：《中国音乐文物大系·河南卷》，第57页，大象出版社，1996年。
虎纹石磬	传世品。据传为安阳出土。	商代晚期	赵世纲：《中国音乐文物大系·河南卷》，第57页，大象出版社，1996年。
安阳石磬（0084）	1958年征集	商代晚期	赵世纲：《中国音乐文物大系·河南卷》，第67页，大象出版社，1996年。
安阳石磬（0085）	1958年收集	商代晚期	赵世纲：《中国音乐文物大系·河南卷》，第67页，大象出版社，1996年。
潞城鱼形特磬	山西潞城市博物馆征集	商代晚期	项阳、陶正刚：《中国音乐文物大系·山西卷》，第19页，大象出版社，2000年。
山东青州苏埠屯M8特磬	1976年，出土于山东青州苏埠屯8号商代墓。	商代晚期	山东省文物考古研究所、青州市博物馆：《青州市苏埠屯商代墓地发掘报告》，《海岱考古》第一辑。
殷墟安阳鱼形石磬	河南安阳出土	商代晚期	赵世纲：《中国音乐文物大系·河南卷》，第68页，大象出版社，1996年。
于省吾藏编磬	1935年，河南安阳殷墟一坑出土，于省吾旧藏。	商代晚期	袁荃猷：《中国音乐文物大系·北京卷》，第20页，大象出版社，1996年。
沂水信家庄特磬	1991年，山东沂水柴山乡信家庄农民在菜地挖土时发现。	商代晚期	马玺伦：《山东沂水新发现一件带鸟形象形文字的铜戈》，第72页，《文物》1995年第7期。
灵石旌介M3特磬	1976年，出土于山西省灵石旌介3号墓。	商代晚期	代尊德：《山西灵石县旌介村商代墓和青铜器》，《文物资料丛刊》第3期，文物出版社，1980年。

续表四

名称	来源	时代	出处
安阳小屯龙纹特磬	1973年，出土于河南安阳小屯村北约0.7千米的洹河南岸探方六西南隅。	商代 殷墟晚期	中国科学院考古研究所安阳发掘队：《殷墟出土的陶水管和石磬》，第61页，《考古》1976年第1期。
五峰花桥头特磬(2件)	百余年前出土于湖北五峰县渔洋关镇水田街花桥头。原系私人收藏，1953年为渔洋关文化站征集。	商	王子初：《中国音乐文物大系·湖北卷》，第74页，大象出版社，1996年。
平陆前庄特磬	1990年，出土于山西平陆县坡底乡前庄村商代遗址。	商	卫斯：《平陆县前庄商代遗址出土文物》，《文物季刊》1992年第1期。
藁城台西M112特磬	1972年，出土于河北藁城县台西村商代遗址"西台"南侧断崖下112号墓。	商	河北省博物馆、文物管理处：《河北藁城台西村的商代遗址》，第269页，《考古》1973年第5期。
湖南石门皂特磬	1981年，出土于湖南石门皂市一商代遗址。	商	湖南省文物考古研究所：《湖南石门皂市商代遗存》，《考古学报》1992年第2期。
山东省博物馆藏特磬(7件)	原为齐鲁大学加拿大传教士明义士收集，1959年征集。	商	周昌福、温增源：《中国音乐文物大系·山东卷》，第138～141、172页，大象出版社，2001年。
阳城灵泉寺特磬	1949年采集，传说此磬是五代时后唐明宗李嗣源赐给本县灵泉寺洪密和尚的传家之宝。	商	项阳、陶正刚：《中国音乐文物大系·山西卷》，第20页，大象出版社，2000年。
微子启墓特磬	1997～1998年，出土于河南鹿邑县太清宫镇的太清宫遗址微子启墓，其时代为西周初期。所出特磬为商代器物。	商	河南省文物考古研究所、周口市文化局：《鹿邑太清宫长子口墓》，第181页，中州古籍出版社，2000年；王恩田：《鹿邑太清宫西周大墓与微子封启》，第41～45页，《中原文物》2002年第4期。

附表五　　　　　　　　商代大铙（51 件）一览表

名称	来源	时代	出处
兽面纹大铙	国家文物局拨交	商	中央音乐学院民族音乐研究所：《中国音乐史参考图片》（第 1 辑）图二,新音乐出版社,1954 年。
虎纹大铙	1959 年,出土于湖南宁乡老粮仓师古寨山顶上。	商晚期	高至喜：《中国南方出土商周铜铙概况》,《湖南考古辑刊》1959 年第 2 期。
兽面纹大铙	1959 年,出土于湖南宁乡老粮仓师古寨山顶上。	商晚期	高至喜：《中国南方出土商周铜铙概况》,《湖南考古辑刊》1959 年第 2 期。
象纹大铙	传世品,1959 年故宫博物院拨交。	商	《故宫博物院院刊》（封面及说明）,1958 年第 1 期。
阳新白沙乡大铙(2 件)	1974 年,出土于湖北省阳新县白沙乡刘荣山小学校园内土山顶。	商晚期	咸博：《湖北省阳新县出土两件青铜铙》,第 93 页,《文物》1981 年第 1 期。
饕餮纹大铙	1958 年,天津市文化局购于三星委托商店。传世品。原为毕奎旧藏。	商	黄崇文：《中国音乐文物大系·天津卷》,第 198 页,大象出版社,1996 年。
余杭徐家畈大铙	1963 年,浙江余杭县石濑徐家畈挖坑时发现。	商晚期	王士伦：《记浙江发现的铜铙、釉陶钟和越王石矛》,第 256 页,《考古》1965 年第 5 期。
芜湖兽面纹大铙	出土于安徽芜湖	商	《中国音乐文物大系·安徽卷》（待版）。
庐江大铙	安徽庐江出土	商晚期	《中国音乐文物大系·安徽卷》（待版）。
望城高冲铙	1977 年,于湖南省望城塘坡岭高冲村张罗生屋前路边出土。	商晚期	高至喜：《中国南方出土商周铜铙概论》,《湖南考古辑刊》第 2 集,岳麓书社,1984 年。
浏阳柏嘉铙	1985 年,于湖南浏阳县柏嘉村出土。	商晚期	黄纲正等：《浏阳双峰出土商周青铜器》,《湖南文物》1986 年第 1 期。
宁乡陈家湾大铙	1974 年,出土于湖南宁乡县唐市陈家湾前楚江河岸。	商晚期	高至喜：《中国南方出土商周铜铙概论》,《湖南考古辑刊》第 2 集,岳麓书社,1984 年。

续表五

名称	来源	时代	出处
宁乡月山铺大铙	1983年，出土于湖南宁乡县月山铺转耳崙。	商晚期	益阳地区博物馆 盛定国等：《宁乡月山铺发现商代的铜铙》，《文物》1986年第2期。
宁乡三亩地大铙	1973年，出土于湖南宁乡县黄材三亩地，属窖藏。	商晚期	高至喜、熊传薪：《中国音乐文物大系·湖南卷》，大象出版社，2006年。
宁乡北峰滩四虎大铙	1978年，出土于湖南省宁乡县老粮仓北峰滩。	商晚期	故宫博物院杜逎松等：《记各省市自治区征集文物汇报展览》，《文物》1978年第6期。
宁乡北峰滩兽面纹大铙	1978年，出土于湖南省宁乡县老粮仓北峰滩。	商晚期	高至喜：《中国南方出土商周铜铙概论》，《湖南考古辑刊》第2集，岳麓书社，1984年。
宁乡师古寨大铙(5件)	1959年，出土于湖南宁乡老粮仓杏村湾师古寨山顶一个小土坑中。	商晚期	高至喜：《中国南方出土商周铜铙概论》，《湖南考古辑刊》第2集，岳麓书社，1984年。
宁乡师古寨大铙(2件)	1993年，出土于湖南宁乡县老粮仓师古寨山顶。	商晚期	宁乡县文物管理所 李乔生：《湖南宁乡出土商代大铜铙》，《文物》1997年第12期。
宁乡师古寨大铙(10件)	1993年，出土于宁乡县老粮仓乡师古寨。	商晚期	长沙市博物馆等：《湖南宁乡老粮仓出土商代铜编铙》，《文物》1997年第12期。
岳阳费家铙	1971年，出土于湖南岳阳县黄秀桥湖庭湖区费家河岸。	商晚期	熊传薪：《湖南省新发现的青铜器》，《文物资料丛刊》第5集，文物出版社，1981年。
株洲兽面纹铙	征集于湖南株洲	商晚期	高至喜：《中国南方出土商周铜铙概论》，《湖南考古辑刊》第2集，岳麓书社，1984年。
兽面纹大铙	征集品	商晚期	高至喜、熊传薪：《中国音乐文物大系·湖南卷》，大象出版社，2006年。
小型虎纹铙	征集品	商晚期	高至喜、熊传薪：《中国音乐文物大系·湖南卷》，大象出版社，2006年。

续表五

名称	来源	时代	出处
兽面纹大铙	1964 年征集	商晚期	高至喜：《中国南方出土商周铜铙的类型与年代》，《南方文物》1993 年第 2 期。
益阳三亩土大铙	2000 年，出土于湖南益阳市赫山区千家洲乡新民村三亩土。	商晚期	湖南益阳市文物管理处：《湖南益阳出土商代铜铙》，第 66～70 页，《文物》2001 年第 8 期。
兽面纹铙（14095）	接管	商晚期	马承源：《中国音乐文物大系·上海卷》，第 13 页，大象出版社，1996 年。
双目式兽面纹铙（25578）	收购	商晚期	马承源：《中国音乐文物大系·上海卷》，第 15 页，大象出版社，1996 年。
双目式兽面纹铙（26780）	收购	商晚期	马承源：《中国音乐文物大系·上海卷》，第 16 页，大象出版社，1996 年。
界栏式兽面纹大铙（19976）	拣选	商晚期	马承源：《中国音乐文物大系·上海卷》，第 16 页，大象出版社，1996 年。
大洋洲大铙（3件）	1989 年，出土于江西省新干县大洋洲乡程家村一商代墓葬。	商后期	江西省文物考古研究所等：《新干商代大墓》，文物出版社，1997 年。
株洲兴隆铙	1988 年，出土于湖南省株洲县朱亭黄龙乡兴隆村。	商末	熊建华：《湖南省博物馆新征集的西周齿纹铜铙》，《湖南省博物馆文集》，岳麓书社，1991 年。
株洲伞铺铙	湖南株洲县伞铺出土	商末	高至喜：《湖南省博物馆藏西周青铜乐器》，《湖南考古辑刊》第 2 集，岳麓书社，1984 年。
德安陈家墩大铙	1993 年，出土于江西德安县陈家墩商周遗址。	商末	江西省文物考古研究所、德安县博物馆：《江西德安县陈家墩遗址发掘简报》，《南方文物》1995 年第 2 期。
宜丰牛形山大铙	1985 年，出土于江西宜丰县天宝乡辛会村牛形山。	商晚期	胡绍仁：《宜丰出土商代铜铙》，《江西历史文物》1985 年第 1 期。

附表六　　　　商代与西周镈（23 件）一览表

名称	来源	时代	出处
新干大洋洲镈	1989 年，出土于江西新干县大洋洲乡程家村一商代墓葬。	商后期	江西省文物考古研究所等：《新干商代大墓》，第 80 页，文物出版社，1997 年；高至喜：《论新干大洋洲商墓出土的青铜乐器》，第 56 页，《商周青铜器与楚文化研究》，岳麓书社，1999 年。
石首九佛岗镈	1998 年，出土于湖北省石首市桃花山镇九佛岗村张家冲。	商末	戴修政：《湖北石首出土商代青铜器》，第 57～59 页，《文物》2000 年第 11 期；高至喜：《论商周铜镈》，第 38～43 页，《商周青铜器与楚文化研究》，岳麓书社，1999 年。
邵东民安镈	1985 年，出土于湖南邵东县毛荷殿乡民安村。	商末	熊建华：《湖南邵东出土一件西周四虎镈》，《考古与文物》1991 年第 3 期；高至喜：《论商周铜镈》，第 38～43 页，《商周青铜器与楚文化研究》，岳麓书社，1999 年。
虎饰镈	湖南省博物馆收集	商末	高至喜：《湖南省博物馆馆藏西周青铜乐器》，《湖南考古辑刊》第 2 集，岳麓书社，1984 年；高至喜：《论商周铜镈》，第 38～43 页，《商周青铜器与楚文化研究》，岳麓书社，1999 年。
四虎镈	上海博物馆收购	商末	马承源：《中国音乐文物大系·上海卷》，第 87 页，大象出版社，1996 年；高至喜：《论商周铜镈》，第 38～43 页，《商周青铜器与楚文化研究》，岳麓书社，1999 年。
兽面纹镈	上海复兴岛仓库抢救文物	商末	马承源：《中国音乐文物大系·上海卷》，第 95 页，大象出版社，1996 年；高至喜：《论商周铜镈》，第 38～43 页，《商周青铜器与楚文化研究》，岳麓书社，1999 年。

续表六

名称	来源	时代	出处
四虎镈	传世品,1958 年故宫博物院收购。	商末	王海文:《乐钟综述》,《故宫博物院院刊》1980 年第 4 期;朱家溍:《国宝》图八,商务印书馆香港分馆,1983 年;袁荃猷:《中国音乐文物大系·北京卷》,第 45 页,大象出版社,1996 年;高至喜:《论商周铜镈》,第 38~43 页,《商周青铜器与楚文化研究》,岳麓书社,1999 年。
虎饰镈	现藏美国纽约 sackler	商代末期	高至喜:《论商周铜镈》,第 38~43 页,《商周青铜器与楚文化研究》,岳麓书社,1999 年。
鸟饰镈	现藏美国纽约 sackler	商代末期	容庚:《商周彝器通考》(上册),第 495 页,哈佛燕京学社,1941 年;高至喜:《论商周铜镈》,第 38~43 页,《商周青铜器与楚文化研究》,岳麓书社,1999 年。
虎鸟饰镈	传世品,1960 年故宫博物院收购。	殷墟晚期	石志廉:《西周虎鸟纹铜钟》,《文物》1960 年第 10 期;王海文:《乐钟综述》,《故宫博物院院刊》1980 年第 4 期;袁荃猷:《中国音乐文物大系·北京卷》,第 44 页,大象出版社,1996 年;高至喜:《论商周铜镈》,第 38~43 页,《商周青铜器与楚文化研究》,岳麓书社,1999 年。
资兴兽面纹镈	湖南省资兴出土	西周早期	高至喜:《论商周铜镈》,第 38~43 页,《商周青铜器与楚文化研究》,岳麓书社,1999 年;高至喜、熊传薪:《中国音乐文物大系·湖南卷》,大象出版社,2006 年。
衡阳金兰市镈	1976 年从湖南省衡阳市废品收购站征集,后经调查,系衡阳县金兰市出土。	西周早期	冯玉辉:《衡阳博物馆收藏三件周代铜器》,第 95 页,《文物》1980 年第 11 期;高至喜:《论商周铜镈》,第 38~43 页,《商周青铜器与楚文化研究》,岳麓书社,1999 年。
浏阳黄荆村镈	湖南省浏阳县淳口乡黄荆村出土。	西周早中期	高至喜:《论湖南出土的西周铜器》,《江汉考古》1984 年第 3 期;高至喜、熊传薪:《中国音乐文物大系·湖南卷》,大象出版社,2006 年。

续表六

名称	来源	时代	出处
鸟饰镈	湖南省博物馆收集品	西周早中期	高至喜:《湖南省博物馆馆藏西周青铜乐器》,《湖南考古辑刊》第 2 集,岳麓书社,1984 年;高至喜、熊传薪:《中国音乐文物大系·湖南卷》,大象出版社,2006 年。
鸟饰镈	现藏美国	西周早中期	高至喜:《论商周铜镈》,第 38～43 页,《商周青铜器与楚文化研究》,岳麓书社,1999 年。
勾形鸟饰镈	现藏日本东京	西周早中期	高至喜:《论商周铜镈》,第 38～43 页,《商周青铜器与楚文化研究》,岳麓书社,1999 年。
波浪纹鸟饰镈	从湖南省宁远县九嶷山供销社征集	西周中晚期	高至喜:《论商周铜镈》,第 38～43 页,《商周青铜器与楚文化研究》,岳麓书社,1999 年;高至喜、熊传薪:《中国音乐文物大系·湖南卷》,大象出版社,2006 年。
广西贺县镈	出土于广西贺县	西周中晚期	覃光荣:《广西贺县发现青铜镈》,第 62 页,《考古与文物》1982 年第 4 期;高至喜:《论商周铜镈》,第 38～43 页,《商周青铜器与楚文化研究》,岳麓书社,1999 年。
克镈	1890 年,出土于陕西省扶风县法门寺任村。	西周中期	《贞松堂集古遗文》(卷一)十一页;郭沫若:《两周金文辞大系图录考释》(七),112 页,科学出版社,1957 年;唐兰:《西周铜器断代中的"康宫"问题》,《考古学报》1962 年第 1 期;陈邦怀:《克镈简介》,第 14～16 页,《文物》1972 年第 6 期;黄崇文:《中国音乐文物大系·天津卷》,第 205 页,大象出版社,1996 年;高至喜:《论商周铜镈》,第 38～43 页,《商周青铜器与楚文化研究》,岳麓书社,1999 年。

续表六

名称	来源	时代	出处
随州毛家冲镈	1995 年,出土于湖北省随州市三里岗镇毛家冲村一西周墓葬。	西周中期	随州市博物馆:《湖北随州出土西周青铜镈》,第 76～77 页,《文物》1998 年第 10 期;王子初:《中国音乐文物大系·湖北卷》,第 41 页,大象出版社,1996 年。
眉县杨家村编镈(3 件)	1985 年,出土于陕西眉县马家镇杨家村西周青铜器窖藏。	西周晚期	刘怀君:《眉县出土一批西周窖藏青铜乐器》,《文博》1987 年第 2 期;方建军:《中国音乐文物大系·陕西卷》,第 101 页,大象出版社,1996 年;刘怀君:《眉县杨家村西周窖藏青铜器的初步认识》,第 35～38 页,《考古与文物》2003 年第 3 期。

附表七　　　　西周甬钟（346 件）一览表

名称	来源	时代	出处
㢠伯各墓编甬钟（3 件）	1980 年，出土于陕西宝鸡竹园沟西周㢠伯各墓。	西周早期	卢连成、胡智生：《宝鸡㢠国墓地》，第 96 页，文物出版社，1988 年；方建军：《中国音乐文物大系·陕西卷》，第 29 页，大象出版社，1996 年。
㢠伯婿墓编甬钟（3 件）	1974 年，出土于陕西宝鸡市茹家庄西周㢠伯婿墓，同出铜铎 1 件。	西周早期	卢连成、胡智生：《宝鸡㢠国墓地》，第 281 页，文物出版社，1988 年；方建军：《中国音乐文物大系·陕西卷》，第 31 页，大象出版社，1996 年。
临潼零口南罗甬钟	1979 年，陕西临潼县零口南罗村村民在田间改土时发现。据调查，甬钟出于一座西周墓葬。	西周早期	赵康民：《临潼零口再次发现西周铜器》，《考古与文物》1983 年第 3 期；方建军：《中国音乐文物大系·陕西卷》，第 32 页，大象出版社，1996 年。
扶风黄堆 M4 甬钟	1980 年，出土于陕西扶风县黄堆村 4 号西周墓，早年被盗。	西周早期	方建军：《中国音乐文物大系·陕西卷》，第 33 页，大象出版社，1996 年。
凤翔东关甬钟	1982 年，出土于陕西凤翔县城东关。	西周早期	高次若：《宝鸡市博物馆藏青铜器介绍》，《考古与文物》1991 年第 5 期；方建军：《中国音乐文物大系·陕西卷》，第 34 页，大象出版社，1996 年。
江陵江北农场编甬钟（2 件）	1993 年，湖北江陵北农场公安局和第二砖瓦厂派出所移交。据调查，出自第二砖瓦厂三号取土坑。	西周早期	何驽：《湖北江陵江北农场出土商周青铜器》，第 86～90 页，《文物》1994 年第 9 期。
宁乡回龙铺甬钟	1994 年，湖南宁乡县回龙铺村村民开沟发现。	西周早期	高至喜、熊传薪：《中国音乐文物大系·湖南卷》，大象出版社，2006 年。
湘乡马龙甬钟	1968 年，出土于湖南湘乡市马龙。	西周早期	高至喜：《湖南省博物馆馆藏西周青铜乐器》，《湖南考古辑刊》第 2 集，岳麓书社，1984 年；高至喜、熊传薪：《中国音乐文物大系·湖南卷》，大象出版社，2006 年。

名称	来源	时代	出处
大冶罗桥编甬钟（2件）	出土于湖北省大冶罗桥	西周早期	梅正国、余为民：《湖北大冶罗桥出土商周青铜器》，《文物资料丛刊》第五辑。
窃曲纹甬钟	传世品	西周早期	马承源：《中国音乐文物大系·上海卷》，第59页，大象出版社，1996年。
浏阳澄潭甬钟	1979年，出土于湖南浏阳县澄潭。	西周早期后段	高至喜：《湖南省博物馆馆藏西周青铜乐器》，《湖南考古辑刊》第2集，岳麓书社，1984年；高至喜、熊传薪：《中国音乐文物大系·湖南卷》，大象出版社，2006年。
吉水甬钟（3件）	70年代，出土于江西吉水县，后由文博部门征集。	西周早期后段	李家和等：《吉安地区出土的几件铜钟》，《江西历史文物》1990年第3期。
晋侯苏编甬钟（16件）	1992年，出土于曲沃县天马——曲村遗址8号墓。其中Ⅰ式（2件）、Ⅱ式（2件）为西周早期制品，Ⅲ式（12件）为西周中晚期的产物。	西周早期至厉王三十三年（前846年）间	北京大学考古学系、山西省考古研究所：《天马——曲村遗址北赵晋侯墓地第二次发掘》，第4～28页，《文物》1994年第1期；王恩田：《晋侯苏钟与周宣王东征伐鲁——兼说周、晋纪年》，《中国文物报》1996年9月8日；王占奎：《晋侯苏编钟年代初探》，《中国文物报》1996年12月22日；马承源：《晋侯苏编钟》，《上海博物馆集刊》第七辑；李学勤：《晋侯苏编钟的时、地、人》，《中国文物报》1996年12月1日；王子初：《晋侯苏钟的音乐学研究》，《文物》1998年第5期。
晋侯M9编甬钟（4件）	1992～1993年，出土于山西曲沃县天马——曲村遗址9号墓。	西周中期穆王	北京大学考古学系、山西省考古研究所：《天马——曲村遗址北赵晋侯墓地第二次发掘》，第4～28页，《文物》1994年第1期；北京大学考古系等：《天马——曲村遗址晋侯墓地及相关问题》，《三晋考古》第一辑，山西人民出版社，1994年；北京大学考古学系、山西省考古研究所：《天马——曲村遗址北赵晋侯墓地第五次发掘》，第37页，《文物》1995年7期。

续表七

名称	来源	时代	出处
长由墓编甬钟（3 件）	1954 年，出土于陕西长安普渡村长由墓。	西周中期早段	陕西省文物管理委员会：《长安普渡村西周墓的发掘》，第 75～86 页，《考古学报》1957 年第 1 期。
平顶山魏庄编甬钟(3 件)	1986 年，河南平顶山北渡乡魏庄农民挖红薯窖时挖出，似为窖藏。	西周中期早段	平顶山市文管会、孙清远、廖佳行：《河南平顶山发现西周甬钟》，第 466 页，《考古》1988 年第 5 期；赵世纲：《中国音乐文物大系·河南卷》，第 79 页，大象出版社，1996 年。
衡山甬钟	1985 年，湖南衡山县物资回收利用公司征收。	西周早中期	高至喜、熊传薪：《中国音乐文物大系·湖南卷》，大象出版社，2006 年。
湘潭甬钟	征集于湖南湘潭	西周中期偏早	高至喜、熊传薪：《中国音乐文物大系·湖南卷》，大象出版社，2006 年。
云雷纹甬钟	拣选于湖南长沙废铜仓库	西周中期偏早	高至喜、熊传薪：《中国音乐文物大系·湖南卷》，大象出版社，2006 年。
楚公𪅮甬钟（5 件）	原见于著录共 4 件，1 件下落不明。今存日本的 3 件为陈介祺旧藏。	西周中期	中国社会科学院考古研究所：《殷周金文集成》（第一册）42～45，中华书局，1984 年；罗振玉：《三代吉金文存》，1·5·2、1·6·1～2、1·7·1，1937 年；［日］滨田耕作《陈氏旧藏十钟》，《泉屋清赏别集》5～7，1922 年；马承源《商周青铜器铭文选》（第 1 册），文物出版社，1988 年；郭沫若：《两周金文辞大系图录考释》，第 177～178 页，科学出版社，1957 年；张亚初：《论楚公𪅮钟和楚公逆镈的年代》，《江汉考古》1984 年第 4 期；罗西章：《陕西周原新出土的青铜器》，《考古》1999 年第 4 期。

名称	来源	时代	出处
张家坡 M163 编甬钟(3件)	1984年,出土于陕西长安张家坡 163号墓,同出编磬数件。	西周中期	中国社会科学院考古研究所:《张家坡西周墓地》,第164～167页,中国大百科全书出版社,1999年;中国社会科学院考古研究所沣西发掘队:《长安张家坡西周井叔墓发掘简报》,第25～26页,《考古》1986年第1期。
江夏陈月基编甬钟(2件)	1995年,出土于湖北武汉江夏区湖泗镇祝祠村陈月基商周古文化遗址,应为窖藏。	西周中期	江夏区博物馆:《江夏出土的周代青铜甬钟》,第26～29页,《江汉考古》1998年第4期。
虡钟(5件)	传世品。著录5件,现存3件,另2件藏日本京都泉屋博古馆。	西周中期	容庚:《商周彝器通考》附图九五三,哈佛燕京学社,1941年;中国社会科学院考古研究所:《殷周金文集成》(一)图八九,中华书局,1984年;曾毅公:《山东金文集存·先秦编》,北京市图书业公会,1940年。
长阳王家咀甬钟	1996年,出土于湖北长阳县大桥乡白泉村王家咀。	西周中期	湖北省崇阳县博物馆:《湖北崇阳县出土一件西周铜甬钟》,第18～19页,《江汉考古》1997年第1期。
单伯昊生钟	上海博物馆收购	西周中期	马承源:《中国音乐文物大系·上海卷》,第23页,大象出版社,1996年。
梁其钟(现存5件)	1940年,出土于陕西省扶风县法门寺任村,后流散各地。目前所见共计5件。	西周中期	陈佩芬:《繁卣、鼎及梁其钟铭文诠释》,《上海博物馆集刊》第2期;马承源:《商周青铜器铭文选》397,文物出版社,1988年;中国社会科学院考古研究所:《殷周金文集成》(二),中华书局,1984年;马承源:《中国音乐文物大系·上海卷》第24～27页,大象出版社,1996年;王子初:《中国音乐文物大系·江苏卷》第174页,大象出版社,1996年。
云纹甬钟	上海博物馆拣选	西周中期	马承源:《中国音乐文物大系·上海卷》,第23页,大象出版社,1996年。

续表七

名称	来源	时代	出处
应侯见工钟（4件）	1974年，陕西蓝田县红星村在搞农田建设时于村东断崖土层内发现1件。另保利艺术博物馆（2件）、日本东京书道博物馆均有收藏。	西周中期 恭王	韧松、樊维岳：《记陕西蓝田县新出土的应侯钟》，第68～69页，《文物》1975年第10期；韧松：《〈记陕西蓝田县新出土的应侯钟〉一文补正》，第27页，《文物》1977年第8期；方建军：《中国音乐文物大系·陕西卷》，第35～36页，大象出版社，1996年；保利艺术博物馆（2件）是笔者随王子初先生亲自鉴定所见。
痶钟（21件）（甬钟）	1976年，出土于陕西扶风庄白一号西周青铜器窖藏。	西周中期	陕西周原考古队：《陕西扶风庄白一号西周青铜器窖藏发掘简报》，第1～18页，《文物》1978年第3期；陕西省博物馆等：《陕西出土商周青铜器》（二），文物出版社，1980年；方建军：《中国音乐文物大系·陕西卷》，第37～50页，大象出版社，1996年。
扶风北桥甬钟（2件）	1972年，出土于陕西扶风县北桥村西周窖藏。	西周中期	罗西章：《陕西扶风县北桥出土一批西周青铜器》，第86页，《文物》1974年第11期；方建军：《中国音乐文物大系·陕西卷》，第71～72页，大象出版社，1996年。
扶风蝉纹钟（甬钟）	1973年，陕西扶风县上攀村吕有兰捐献。据吕讲，她是1942年从本县任家村任登银手中购买。	西周中期	罗西章：《扶风出土的商周青铜器》，《考古与文物》1980年第4期；方建军：《中国音乐文物大系·陕西卷》，第73页，大象出版社，1996年。
扶风东渠甬钟	1978年，出土于陕西省扶风县东渠村灰坑。	西周中期	罗西章：《扶风出土的商周青铜器》，《考古与文物》1980年第4期；方建军：《中国音乐文物大系·陕西卷》，第74页，大象出版社，1996年。
扶风刘家村甬钟	1972年，出土于陕西省扶风县刘家村窖藏。	西周中期	罗西章：《扶风出土的商周青铜器》，《考古与文物》1980年第4期；方建军：《中国音乐文物大系·陕西卷》，第74页，大象出版社，1996年。

续表七

名称	来源	时代	出处
岐山梁田钟	1977 年,陕西岐山青化乡梁田村农民取土时发现。	西周中期	庞文龙:《岐山县博物馆藏古代甬钟、镈》,《文博》1992 年第 2 期;方建军:《中国音乐文物大系·陕西卷》,第 77 页,大象出版社,1996 年。
扶风吊庄甬钟(5 件)	1984 年,出土于陕西扶风县吊庄村西周窖藏。	西周中期	高西省:《扶风发现一铜器窖藏》,《文博》1985 年第 1 期;方建军:《中国音乐文物大系·陕西卷》,第 78~79 页,大象出版社,1996 年。
长安马王村甬钟(10 件)	1973 年,出土于陕西长安县马王村西周铜器窖藏。	西周中期	西安市文物管理处:《陕西长安新旺村、马王村出土的西周铜器》,第 1~5 页,《考古》1974 年第 1 期;方建军:《中国音乐文物大系·陕西卷》,第 80~83 页,大象出版社,1996 年。
扶风齐家村甬钟乙	1966 年,出土于陕西扶风齐家村,共出甬钟 2 件。	西周中期	罗西章:《扶风出土的商周青铜器》,《考古与文物》1980 年第 4 期;方建军:《中国音乐文物大系·陕西卷》,第 76 页,大象出版社,1996 年。
耀县丁家沟甬钟(4 件)	1984 年,陕西耀县丁家沟村民刘育华在村后取土时发现。	西周中期偏晚	呼林贵、薛东星:《耀县丁家沟出土西周窖藏青铜器》,第 5 页,《考古与文物》1986 年第 4 期;方建军:《中国音乐文物大系·陕西卷》,第 83~85 页,大象出版社,1996 年;陈双新:《两周青铜乐器铭辞研究》,第 28 页,河北大学出版社,2002 年。
鲜钟	1933 年,出土于陕西扶风上康村西周铜器窖藏。	西周中期	陕西省博物馆等:《青铜器图释》,文物出版社,1960 年;方建军:《中国音乐文物大系·陕西卷》,第 86 页,大象出版社,1996 年。
武功李台甬钟	陕西武功县博物馆旧藏,据查出于现杨陵区李台村。	西周中期	方建军:《中国音乐文物大系·陕西卷》,第 86 页,大象出版社,1996 年。

续表七

名称	来源	时代	出处
武功徐东湾甬钟	1982年,陕西武功县博物馆于杨陵区废品收购站拣选。经查出土于杨陵区徐东湾村。	西周中期	方建军:《中国音乐文物大系·陕西卷》,第86页,大象出版社,1996年。
萧山小东山甬钟	1981年,浙江省萧山县所前公社杜家大队开山时在小东山西坡地层中出土。	西周中期	浙江省博物馆　张翔:《浙江萧山杜家村出土西周甬钟》,第90页,《文物》1985年第4期。
湘潭洪家峭甬钟(2件)	1965年,出土于湖南湘潭县花石洪家峭西周墓。	西周中期	高至喜、熊传薪:《中国音乐文物大系·湖南卷》,大象出版社,2006年。
湘潭小坁甬钟	1976年,出土于湖南湘潭县青山桥小坁。	西周中期	湖南省博物馆袁家荣:《湘潭青山桥出土窖藏商周青铜器》,《湖南考古辑刊》第1集,岳麓书社,1982年;高至喜、熊传薪:《中国音乐文物大系·湖南卷》,大象出版社,2006年。
湘乡坪如甬钟	1982年,出土于湖南湘乡金石乡坪如。	西周中期	高至喜:《湖南省博物馆馆藏西周青铜乐器》,《湖南考古辑刊》第2集,岳麓书社,1984年;高至喜、熊传薪:《中国音乐文物大系·湖南卷》,大象出版社,2006年。
云雷纹甬钟	收集品	西周中期	高至喜、熊传薪:《中国音乐文物大系·湖南卷》,大象出版社,2006年。
衡阳长安甬钟	1977年,出土于湖南衡阳县长安乡。	西周中期	衡阳县文化局　周新民:《湖南衡阳出土两件西周甬钟》,第83页,《文物》1985年第6期;高至喜、熊传薪:《中国音乐文物大系·湖南卷》,大象出版社,2006年。
云纹甬钟	1960年,从湖南长沙收集。	西周中期	高至喜:《湖南省博物馆馆藏西周青铜乐器》,《湖南考古辑刊》第2集,岳麓书社,1984年;高至喜、熊传薪:《中国音乐文物大系·湖南卷》,大象出版社,2006年。

续表七

名称	来源	时代	出处
云纹甬钟	收集品	西周中期	高至喜、熊传薪:《中国音乐文物大系·湖南卷》,大象出版社,2006年。
云雷纹甬钟	收集品	西周中期	高至喜、熊传薪:《中国音乐文物大系·湖南卷》,大象出版社,2006年。
青阳庙前编甬钟(4件)	出土于安徽省青阳庙前公社,为窖藏。	西周中期偏晚	刘兴:《东南地区青铜器分区》,第92页,《考古与文物》1985年第5期。
连珠纹甬钟	传世品	西周中期	王子初:《中国音乐文物大系·湖北卷》,第36页,大象出版社,1996年。
崇阳大连山编甬钟(2件)	1997年,湖北崇阳肖岭乡大连村大连山采石场民工在取土施工中发现。经查,甬钟出自山顶的土层中。	西周中期	刘三宝:《崇阳县大连山出土两件西周铜甬钟》,第35~36页,《江汉考古》1998年第1期。
黄山扬村甬钟	1982年,安徽黄山鸟石乡扬村袁维年在住房旁山坡上取土时挖出。	西周中期	程先通:《黄山鸟石乡出土一件西周甬钟》,第465页,《考古》1988年第5期。
连珠纹甬钟	河北省博物馆旧藏	西周中期	吴东风:《中国音乐文物大系·河北卷》(待刊)。
忻城大塘甬钟	1976年,广西省忻城县大塘出土。	西周中期	梁景津:《广西出土的青铜器》,《文物》1978年第10期;广西壮族自治区文物管理委员会:《广西出土文物》图版三七,文物出版社,1978年。
云纹甬钟	不清	西周中晚期	王子初:《中国音乐文物大系·湖北卷》,第37页,大象出版社,1996年。
萍乡彭高甬钟(2件)	1962年,江西萍乡彭高村民从当地彭家桥河捞起。	西周中期	程应麟:《萍乡市彭高公社发现周代铜甬钟两件》,《文物工作资料》1963年1月30日(总第31期)。

名称	来源	时代	出处
鹰潭甬钟	1975年，拣选自江西南昌市李家庄废旧品仓库。据调查，来自鹰潭地区。	西周中期	李恒贤、彭适凡：《西周甬钟》，《文物工作资料》1976年2月1日（总第61期）。
南昌李家庄甬钟	1978年，拣选自江西南昌市李家庄废旧品仓库。	西周中期	彭适凡：《中国音乐文物大系·江西卷》（待刊）。
云纹甬钟	不清	西周中期	朝日新闻社　大田信男：《东洋美术》（第五卷·铜器），第80页，朝日新闻社，昭和四十三年。
克钟（5件）	1890年，出土于陕西扶风县法门寺任村，传世共5件。上海博物馆藏2件，余3件分别为天津艺术博物馆、奈良宁乐美术馆和京都藤井有邻馆所藏。	西周晚期	《贞松堂集古遗文》卷一；《三代吉金文存》卷一；郭沫若：《两周金文辞大系图录考释》（七），112页，科学出版社，1957年；马承源：《商周青铜器铭文选》294，文物出版社，1988年；马承源：《中国音乐文物大系·上海卷》，第41～43页，大象出版社，1996年；黄崇文：《中国音乐文物大系·天津卷》，第203页，大象出版社，1996年。
扶风上务子编甬钟（3件）	山西省博物馆征集。据查为陕西扶风县上务子村一西周墓葬出土。	西周中晚期	方建军：《中国音乐文物大系·陕西卷》，第33页，大象出版社，1996年。
保利藏甬钟（3件）	保利艺术博物馆收购	西周中晚期	笔者随王子初先生亲自鉴定所见。
岳阳西塘甬钟	1982年，从湖南岳阳西塘乡征集。	西周中晚期	高至喜、熊传薪：《中国音乐文物大系·湖南卷》，大象出版社，2006年。
细线云纹甬钟	20世纪50年代收集	西周中晚期	高至喜、熊传薪：《中国音乐文物大系·湖南卷》，大象出版社，2006年。
云纹甬钟（4543）	不清	西周晚期	王子初：《中国音乐文物大系·湖北卷》，第38页，大象出版社，1996年。

名称	来源	时代	出处
云纹甬钟 (12∶16)	不清	西周晚期	王子初:《中国音乐文物大系·湖北卷》,第38页,大象出版社,1996年。
洪洞永凝堡 M11甬钟	1980年,出土于山西洪洞永凝堡11号西周墓。	西周晚期	山西省文物工作委员会、洪洞县文化馆:《山西洪洞永凝堡西周墓葬》,第1~16页,《文物》1987年第2期;项阳、陶正刚:《中国音乐文物大系·山西卷》,第49页,大象出版社,2000年。
洪洞永凝堡 M12甬钟	1980年,出土于山西洪洞永凝堡12号西周墓。	西周晚期	山西省文物工作委员会、洪洞县文化馆:《山西洪洞永凝堡西周墓葬》,第1~16页,《文物》1987年第2期;项阳、陶正刚:《中国音乐文物大系·山西卷》,第49页,大象出版社,2000年。
平顶山滍阳 M95编甬钟 (7件)	1986年,出土于河南平顶山滍阳95号墓,同出编铃9、编磬4件。	西周晚期	河南省文物考古研究所等:《平顶山应国墓地九十五号墓的发掘》,《华夏考古》1992年第3期;王龙正:《平顶山应国墓地九十五号墓年代、墓主及相关问题》,《华夏考古》1995年第4期。
长枚甬钟	不清	西周晚期	王子初:《中国音乐文物大系·湖北卷》,第38页,大象出版社,1996年。
崇阳白泉村甬钟(2件)	1996年,出土于湖北崇阳县天城镇白泉村。	西周晚期	刘三宝:《崇阳县大连山出土两件西周铜甬钟》,第36页,《江汉考古》1998年第1期。
江夏陈月基编甬钟(3件)	1982年,出土于湖北武汉江夏区湖泗镇祝祠村陈月基商周古文化遗址,应为窖藏。	西周晚期	江夏区博物馆:《江夏出土的周代青铜甬钟》,第26~29页,《江汉考古》1998年第4期。
曲沃曲村 M7092甬钟	1984年,出土于山西曲沃县天马——曲村遗址7092号墓。	西周晚期	项阳、陶正刚:《中国音乐文物大系·山西卷》,第45页,大象出版社,2000年。

名称	来源	时代	出处
晋侯 M64 编甬钟(8 件)	1993 年,出土于山西曲沃县天马——曲村遗址 64 号墓,同出钲 1 件、编磬 18 件。经专家鉴定,墓主为穆侯(费王)(晋侯邦父)。	西周晚期	山西省考古研究所、北京大学考古系:《天马——曲村遗址北赵晋侯墓地第四次发掘》,第 4～10 页,《文物》1994 年第 8 期;李学勤:《试论楚公逆编钟》,第 69～72 页,《文物》1995 年第 2 期;黄锡全、于柄文:《山西晋侯墓地所出楚公逆钟铭文初释》,第 170～178 页,《考古》1995 年第 2 期;项阳、陶正刚:《中国音乐文物大系·山西卷》,第 48 页,大象出版社,2000 年;段渝:《楚公逆编钟与周宣王伐楚》,《社会科学研究》2004 年第 2 期。
晋侯 M91 编甬钟(7 件)	1994 年,出土于山西曲沃县天马——曲村遗址 91 号墓,同出编磬近 20 件。	西周晚期	北京大学考古学系、山西省考古研究所:《天马——曲村遗址北赵晋侯墓地第五次发掘》,第 37～38 页,《文物》1995 年第 7 期。
芮城村西庙甬钟	1979 年,山西芮城城关乡柴村农民在庙后沟刨土时发现。	西周晚期	戴尊德、刘岱瑜:《山西芮城柴村出土的西周铜器》,第 906～909 页,《考古》1989 年第 10 期。
鲁遵钟	上海博物馆拣选	西周晚期	马承源:《中国音乐文物大系·上海卷》,第 46 页,大象出版社,1996 年。
兮仲钟(6 件)	李荫轩、邱辉捐赠。传 1815 年出土于江苏江宁城。	西周晚期	马承源:《中国音乐文物大系·上海卷》,第 39 页,大象出版社,1996 年。
兄仲钟	上海博物馆收购	西周晚期	马承源:《中国音乐文物大系·上海卷》,第 40 页,大象出版社,1996 年。
蟠龙纹甬钟	上海博物馆收购	西周晚期	马承源:《中国音乐文物大系·上海卷》,第 47 页,大象出版社,1996 年。
云纹甬钟	孙鼎捐赠	西周晚期	马承源:《中国音乐文物大系·上海卷》,第 48 页,大象出版社,1996 年。

名称	来源	时代	出处
龙纹甬钟	上海博物馆拣选	西周晚期	马承源：《中国音乐文物大系·上海卷》，第48页，大象出版社，1996年。
蟠夔纹甬钟	上海博物馆收购	西周晚期	马承源：《中国音乐文物大系·上海卷》，第59页，大象出版社，1996年。
龙纹甬钟	上海博物馆收购	西周晚期	马承源：《中国音乐文物大系·上海卷》，第60页，大象出版社，1996年。
雷纹甬钟	上海博物馆接管	西周晚期	马承源：《中国音乐文物大系·上海卷》，第60页，大象出版社，1996年。
雷纹甬钟	传世品	西周晚期	马承源：《中国音乐文物大系·上海卷》，第60页，大象出版社，1996年。
兽面纹甬钟	上海博物馆收购	西周晚期	马承源：《中国音乐文物大系·上海卷》，第61页，大象出版社，1996年。
夔纹甬钟	上海博物馆收购	西周晚期	马承源：《中国音乐文物大系·上海卷》，第61页，大象出版社，1996年。
夔纹甬钟	捐赠	西周晚期	马承源：《中国音乐文物大系·上海卷》，第61页，大象出版社，1996年。
夔纹甬钟	拣选	西周晚期	马承源：《中国音乐文物大系·上海卷》，第62页，大象出版社，1996年。
夔纹甬钟	传世品	西周晚期	马承源：《中国音乐文物大系·上海卷》，第62页，大象出版社，1996年。
夔纹大甬钟	上海博物馆收购	西周晚期	马承源：《中国音乐文物大系·上海卷》，第62页，大象出版社，1996年。
饕餮雷纹甬钟	上海博物馆接管	西周晚期	马承源：《中国音乐文物大系·上海卷》，第63页，大象出版社，1996年。

名称	来源	时代	出处
雷纹甬钟	上海博物馆收购	西周晚期	马承源:《中国音乐文物大系·上海卷》,第 63 页,大象出版社,1996 年。
奇字甬钟	上海博物馆收购	西周晚期	马承源:《中国音乐文物大系·上海卷》,第 63 页,大象出版社,1996 年。
雷纹甬钟	移交	西周晚期	马承源:《中国音乐文物大系·上海卷》,第 64 页,大象出版社,1996 年。
进钟	上海博物馆收购	西周晚期	马承源:《中国音乐文物大系·上海卷》,第 64 页,大象出版社,1996 年。
士父钟(3 件)	1 件系 1956 年湖北省文物管理委员会从株洲收集,现藏湖南省博物馆;2 件为清宫旧藏,现藏故宫博物院。	西周晚期厉王	中国社会科学院考古研究所:《殷周金文集成》(一)图一四七、一四八,中华书局,1984 年;郭沫若:《两周金文辞大系图录考释》(七)第 128 页,(一)图一七、图一五八,科学出版社,1957 年;陕西省考古研究所等:《陕西出土商周青铜器》(三)图版二,图一〇七,文物出版社,1984 年;高至喜:《西周士父钟的再发现》,第 86～87 页,《文物》1991 年第 5 期;袁荃猷:《中国音乐文物大系·北京卷》,第 41 页,大象出版社,1996 年;高至喜、熊传薪:《中国音乐文物大系·湖南卷》,大象出版社,2006 年。
井(邢)人妄钟(2 件)	传陕西省扶风县齐家村出土	西周晚期	郭沫若:《两周金文辞大系图录考释》(七),第 108 页,科学出版社,1957 年;马承源:《商周青铜器铭文选》396,文物出版社,1988 年;马承源:《中国音乐文物大系·上海卷》,第 44 页,大象出版社,1996 年;方建军:《中国音乐文物大系·陕西卷》,第 68 页,大象出版社,1996 年。

续表七

名称	来源	时代	出处
虢叔旅钟(现存5件)	传出土于陕西长安河墒。著录7件,分别藏故宫博物院、上海博物馆、山东省博物馆、日本京都泉屋博古馆和日本东京书道博物馆。	西周晚期	容庚:《商周彝器通考》附图九四七,哈佛燕京学社,1941年;中国社会科学院考古研究所:《殷周金文集成》(一)图二三八,中华书局,1984年;马承源:《商周青铜器铭文选》427,文物出版社,1988年;山东省博物馆:《山东博物馆藏品选》,山东友谊书社,1991年;马承源:《中国音乐文物大系·上海卷》,第45页,大象出版社,1996年;袁荃猷:《中国音乐文物大系·北京卷》,第39～40页,大象出版社,1996年;周昌福、温增源:《中国音乐文物大系·山东卷》,第62页,大象出版社,2001年。
叔旅鱼父钟	征集品,1965年由天津市文化局拨交。	西周晚期	天津市文化局文物组:《天津新收集的商周青铜器》,第35页,《文物》1964年第9期;黄崇文:《中国音乐文物大系·天津卷》,第200页,大象出版社,1996年。
逆钟(4件)	陕西咸阳永寿县西南店头公社好畤河出土,1990年拨予天津市历史博物馆。	西周晚期	曹发展、陈国英:《咸阳地区出土青铜器》,《考古与文物》1981年第1期;王世民:《西周暨战国时代编钟铭文的排列形式》,《中国考古学研究》(夏鼐先生考古五十年纪念论文集),1986年;黄崇文:《中国音乐文物大系·天津卷》,第201页,大象出版社,1996年。
眉县杨家村编甬钟(15件)	1985年,出土于陕西眉县马家镇杨家村西周铜器窖藏,同出编镈3件。	西周晚期	刘怀君:《眉县出土一批西周窖藏青铜乐器》,《文博》1987年第2期;方建军:《中国音乐文物大系·陕西卷》,第60～67页,大象出版社,1996年;刘怀君:《眉县杨家村西周窖藏青铜器的初步认识》,第35～38页,《考古与文物》2003年第3期。

续表七

名称	来源	时代	出处
扶风齐家村编甬钟(16件)	1960年,出土于陕西扶风齐家村西周铜器窖藏。	西周晚期	陕西省博物馆等:《扶风齐家村青铜器群》,文物出版社,1963年;陕西省考古研究所等:《陕西出土商周青铜器》(二),文物出版社,1980年;方建军:《中国音乐文物大系·陕西卷》,第52~57页,大象出版社,1996年。
师奂钟	1974年,出土于陕西扶风强家村西周铜器窖藏。	西周晚期	吴镇烽、雒忠如:《陕西省扶风县强家村出土的西周铜器》,第57~62页,《文物》1975年第8期;方建军:《中国音乐文物大系·陕西卷》,第58页,大象出版社,1996年。
五祀默钟	1981年,陕西扶风县白家村农民挖土时发现。	西周晚期厉王	穆海亭、朱捷元:《新发现的西周王室重器五祀默钟》,《人文杂志》1983年第2期;方建军:《中国音乐文物大系·陕西卷》,第59页,大象出版社,1996年。
用享钟	1966年,出土于陕西扶风县上康村。	西周晚期	陕西省考古研究所等:《陕西出土商周青铜器》(三),文物出版社,1984年;方建军:《中国音乐文物大系·陕西卷》,第69页,大象出版社,1996年。
南宫乎钟	1979年,出土于陕西扶风县五岭村豹子沟。	西周晚期	方建军:《中国音乐文物大系·陕西卷》,第70页,大象出版社,1996年。
扶风齐家村甬钟甲	1966年,出土于陕西扶风县齐家村,共计2件。	西周晚期	罗西章:《扶风出土的商周青铜器》,《考古与文物》1980年第4期;方建军:《中国音乐文物大系·陕西卷》,第75页,大象出版社,1996年。
临潼零口甬钟(13件)	1973年,陕西临潼零口西段村村民平整土地发现。	西周晚期	临潼县文化馆:《陕西临潼发现武王征商簋》,第1~7页,《文物》1977年第8期;方建军:《中国音乐文物大系·陕西卷》,第89~91页,大象出版社,1996年。

续表七

名称	来源	时代	出处
临武甬钟	1962年,出土于湖南临武县。	西周晚期	高至喜:《湖南省博物馆馆藏西周青铜乐器》,《湖南考古辑刊》第2集,岳麓书社,1984年;高至喜、熊传薪:《中国音乐文物大系·湖南卷》,大象出版社,2006年。
双峰大街甬钟	1982年,湖南双峰县镇石公社红旗生产队王义有上交。	西周晚期	高至喜、熊传薪:《中国音乐文物大系·湖南卷》,大象出版社,2006年。
云雷纹甬钟	收集品	西周晚期	高至喜:《湖南省博物馆馆藏西周青铜乐器》,《湖南考古辑刊》第2集,岳麓书社,1984年;高至喜、熊传薪:《中国音乐文物大系·湖南卷》,大象出版社,2006年。
云纹甬钟	收集品	西周晚期	高至喜、熊传薪:《中国音乐文物大系·湖南卷》,大象出版社,2006年。
云纹甬钟	收集品	西周晚期	高至喜:《湖南省博物馆馆藏西周青铜乐器》,《湖南考古辑刊》第2集,岳麓书社,1984年;高至喜、熊传薪:《中国音乐文物大系·湖南卷》,大象出版社,2006年。
云雷纹甬钟	收集品	西周晚期	高至喜、熊传薪:《中国音乐文物大系·湖南卷》,大象出版社,2006年。
素面甬钟	收集品	西周晚期	高至喜、熊传薪:《中国音乐文物大系·湖南卷》,大象出版社,2006年。
扶风海家村编甬钟(3件)	1992年,陕西扶风巨良海家村村民取土时发现。	西周晚期	高西省:《扶风巨良海家出土大型爬龙等青铜器》,第92~96页,《文物》1994年第2期。
临沂花园村编钟(9件)	1966年,出土于山东临沂市兰山枣沟头花园村南一西周墓葬。	西周晚期	周昌福、温增源:《中国音乐文物大系·山东卷》,第60页,大象出版社,2001年。
云雷纹钟	山东省胶东文物管理委员会征集。	西周晚期	周昌福、温增源:《中国音乐文物大系·山东卷》,第63页,大象出版社,2001年。

续表七

名称	来源	时代	出处
龙口归城编钟（2件）	1972年，出土于山东黄县（今龙口市）和平村。	西周晚期	周昌福、温增源：《中国音乐文物大系·山东卷》，第61页，大象出版社，2001年。
益公钟	山东青岛市公安局1966年收缴	西周晚期	周昌福、温增源：《中国音乐文物大系·山东卷》，第62页，大象出版社，2001年。
邹城郭庄甬钟	1970年，山东邹城市城关镇郭庄村民挖井时发现。	西周晚期	程明：《山东邹城市出土铜甬钟》，第52页，《考古》1996年第11期。
双龙回纹甬钟（2件）	传世品	西周晚期	袁荃猷：《中国音乐文物大系·北京卷》，第42页，大象出版社，1996年。
洛阳西工编甬钟（4件）	1986年，出土于河南洛阳西工航空工业部612研究所一座周墓。	西周晚期	赵世纲：《中国音乐文物大系·河南卷》，第80页，大象出版社，1996年。
钟祥花山编甬钟（5件）	1958年，出土于湖北钟祥县城北洋梓区花山水库。	西周晚期	荆州专署文教局：《钟祥县发现古代铜钟》，《文物参考资料》1959年第6期；王子初：《中国音乐文物大系·湖北卷》，第19页，大象出版社，1996年。
通山南城畈大甬钟	1973年，出土于湖北通山县楠林镇南城畈一都河改道工程中。	西周晚期	王子初：《中国音乐文物大系·湖北卷》，第20页，大象出版社，1996年。
通山下泉甬钟	1976年，湖北通山县下泉一农民平整土地时发现。	西周晚期	王子初：《中国音乐文物大系·湖北卷》，第20页，大象出版社，1996年。
大悟雷家山编甬钟（7件）	1979年，湖北大悟县丰店乡龙潭村农民在雷家山南坡开挖渠道时发现，为窖藏。	西周晚期	熊卜发、刘志升：《大悟发现编钟等铜器》，《江汉考古》1980年第2期；王子初：《中国音乐文物大系·湖北卷》，第21页，大象出版社，1996年。
云雷纹甬钟	不清	西周晚期	王子初：《中国音乐文物大系·湖北卷》，第22页，大象出版社，1996年。

续表七

名称	来源	时代	出处
楚公逆钟	原称"楚公逆镈",宋代政和年间(1113年)出土于"鄂州嘉鱼县"。根据其形制特征,应称为甬钟,而不是镈。	西周晚期	郭沫若:《两周金文辞大系图录考释》,第177页,科学出版社,1957年;王国维:《夜雨楚公钟跋》,《观堂集林》(卷十八),中华书局,1959年;中国社会科学院考古研究所:《殷周金文集成》(一),第106页,中华书局,1984年;张亚初:《论楚公豪钟和楚公逆镈的年代》,《江汉考古》1984年第4期;[宋]王厚之:《钟鼎款识》,中华书局,1985年;高至喜:《论商周铜镈》,第42页,《商周青铜器与楚文化研究》,岳麓书社,1999年。
夔龙纹甬钟	50年代上海金属回收管理局南京交接站拨交收藏	西周晚期	王子初:《中国音乐文物大系·江苏卷》,第168页,大象出版社,1996年。
宗周钟	藏于台北故宫博物院	西周晚期	唐兰:《怀念毛公鼎、散氏盘和宗周钟——兼论西周社会性质》,《光明日报》,1961年2月2日;《唐兰先生金文论集》,紫禁城出版社,1995年。
夔纹甬钟	现藏台湾历史博物馆	西周末期	高玉珍:《国立历史博物馆典藏目录文物篇》(一)图四二七,国立历史博物馆,1998年。
武昌木头岭编钟(3件)	1981年,出土于湖北武昌县湖泗乡木头岭砖瓦厂。	西周末期	杨锦新:《武昌县发现西周甬钟》,《江汉考古》1982年第2期;王子初:《中国音乐文物大系·湖北卷》,第16～18页,大象出版社,1996年。
通城十字纹甬钟	1980年,发现于湖北省通城物资局收购的废品中。	西周	王子初:《中国音乐文物大系·湖北卷》,第22页,大象出版社,1996年。
宁乡甬钟	出土于湖南宁乡	西周	李乔生:《宁乡出土西周编钟》,《中国文物报》1994年11月13日。

名称	来源	时代	出处
扶风黄堆 M3 甬钟	1980 年,出土于陕西扶风黄堆 3 号墓。	西周	方建军:《中国音乐文物大系·陕西卷》,第 184 页,大象出版社,1996 年。
扶风黄甫五郡甬钟	1973 年,出土于陕西扶风黄甫五郡。	西周	方建军:《中国音乐文物大系·陕西卷》,第 184 页,大象出版社,1996 年。
乾县周家河甬钟	1978 年,出土于陕西乾县石牛周家河。	西周	方建军:《中国音乐文物大系·陕西卷》,第 184 页,大象出版社,1996 年。

附表八 **西周铜铙(66件)一览表**

名称	来源	时代	出处
宝鸡竹园沟M13铙	1980年,出土于陕西宝鸡市竹园沟13号墓。	西周早期	卢连成、胡智生:《宝鸡强国墓地》,第49～50页,文物出版社,1988年;方建军:《中国音乐文物大系·陕西卷》,第25页,大象出版社,1996年。
洛阳林校编铙(3件)	1993年,出土于河南洛阳林校校园内一车马坑。	西周早期	洛阳市文物工作队:《河南林校西周车马坑》,第6页,《文物》1999年第3期。
宣州正兴铙	1981年,出土于安徽宣州市孙埠镇正兴村。	西周后期	刘国梁:《皖南出土的青铜器》,《文物研究》1988年第4期;徐之田:《安徽宣州市孙埠出土周代青铜器》,《文物》1991年第8期;李纯一:《中国上古出土乐器综论》,第112页,文物出版社,1996年。
罗田人面纹大铙	出土于湖北省罗田县境内	西周早期	王子初:《中国音乐文物大系·湖北卷》,第15页,大象出版社,1996年。
江陵云纹大铙	20世纪60年代征集于湖北江陵县	西周早期	王子初:《中国音乐文物大系·湖北卷》,第15页,大象出版社,1996年。
磐安深泽大铙	1986年,浙江省磐安县深泽乡农民发现。	西周早期	赵一新:《浙江磐安深泽出土一件云纹铙》,第727页,《考古》1987年第8期。
长兴草楼大铙	1959年,浙江嘉兴专区公安局筑路大队在长兴县草楼村附近的地里发现。	西周早期	浙江省文物管理委员会:《浙江长兴县出土的两件铜器》,第48页,《文物》1960年第7期;长兴县文化馆:《浙江长兴县的两件青铜器》,第62页,《文物》1973年第1期。
长兴中学大铙	1969年,出土于浙江知城长兴中学。	西周早期	长兴县文化馆:《浙江长兴县的两件青铜器》,第62页,《文物》1973年第1期。
吉安高禹大铙	2004年,出土于浙江吉安高禹镇中学基建工地。	西周早期	周意群:《吉安发现一件西周时期铜铙》,第85页,《文物》2005年第1期。

续表八

名称	来源	时代	出处
长沙板桥大铙	1979年,出土于湖南长沙县望新乡板桥。	西周早期	湖南省博物馆 熊传薪:《湖南新发现的青铜器》,《文物资料丛刊》第5集,文物出版社,1981年。
株洲黄竹大铙	1981年,出土于湖南株洲昭陵乡黄竹。	西周早期	高至喜:《湖南省博物馆藏西周青铜乐器》,《湖南考古辑刊》第2集,岳麓书社,1984年。
株洲头坝大铙	1972年,出土于湖南株洲县太湖乡头坝的一个山坡上。	西周早期	湖南省博物馆熊传薪:《湖南新发现的青铜器》,《文物资料丛刊》第5集,文物出版社,1981年。
醴陵大铙	湖南醴陵县境内出土	西周早期	高至喜:《湖南省博物馆藏西周青铜乐器》,《湖南考古辑刊》第2集,岳麓书社,1984年。
湘乡黄马塞大铙	1975年,出土于湖南湘乡县金石乡黄马塞。	西周早期	高至喜:《中国南方出土商周铜铙概论》,《湖南考古辑刊》第2集,岳麓书社,1984年。
资兴兰布大铙	1980年,出土于湖南资兴兰布山坡。	西周早期	湖南省博物馆等:《新邵、浏阳、株洲、资兴出土商周青铜器》,《湖南考古辑刊》第3集,岳麓书社,1986年。
资兴天鹅山大铙	1983年,出土于湖南资兴市天鹅山林场。	西周早期	湖南省博物馆等:《新邵、浏阳、株洲、资兴出土商周青铜器》,《湖南考古辑刊》第3集,岳麓书社,1986年。
安仁荷树大铙	1991年,出土于湖南安仁县豪山乡荷树后山。	西周早期	陈国安、傅聚良:《湖南安仁县豪山发现西周铜铙》,第471页,《考古》1995年第5期。
云纹大铙 (25060)	湖南省博物馆收集	西周早期	高至喜、熊传薪:《中国音乐文物大系·湖南卷》,大象出版社,2006年。
龙纹大铙 (25052)	湖南省博物馆收集	西周早期	高至喜、熊传薪:《中国音乐文物大系·湖南卷》,大象出版社,2006年。
云纹大铙 (22234)	湖南省博物馆收集	西周早期	高至喜:《湖南省博物馆藏西周青铜乐器》,《湖南考古辑刊》第2集,岳麓书社,1984年。

续表八

名称	来源	时代	出处
龙纹大铙 (25059)	湖南省博物馆收集	西周早期	高至喜:《湖南省博物馆藏西周青铜乐器》,《湖南考古辑刊》第2集,岳麓书社,1984年。
云雷纹大铙 (22233)	湖南省博物馆收集	西周早期	高至喜:《中国南方出土商周铜铙概论》,《湖南考古辑刊》第2集,岳麓书社,1984年。
云雷纹大铙 (21917)	湖南省博物馆收集	西周早期	高至喜:《中国南方出土商周铜铙概论》,《湖南考古辑刊》第2集,岳麓书社,1984年。
云雷纹大铙 (25048)	湖南省博物馆收集	西周早期	高至喜:《中国南方出土商周铜铙概论》,《湖南考古辑刊》第2集,岳麓书社,1984年。
异形大铙 (25066)	湖南省博物馆收集	西周早期	高至喜:《中国南方出土商周铜铙概论》,《湖南考古辑刊》第2集,岳麓书社,1984年。
岳阳邹家山大铙	1990年,出土于湖南岳阳荆州乡邹家山一窖藏。	西周早期	高至喜、熊传薪:《中国音乐文物大系·湖南卷》,大象出版社,2006年。
株洲江家大铙	1985年,湖南株洲漂沙井乡油圳村村民建房取土时挖出。	西周早期	高至喜:《中国南方出土商周铜铙概论》,《湖南考古辑刊》第2集,岳麓书社,1984年;饶泽民:《株洲发现西周青铜器》,《湖南考古辑刊》第4集,岳麓书社,1987年。
衡阳岳屏大铙	1978年,出土于湖南衡阳岳屏乡北塘大队。	西周早期	冯玉辉:《衡阳博物馆收藏三件周代铜器》,第95页,《文物》1980年第11期。
衡阳云雷纹大铙	湖南衡阳市博物馆征集	西周早期	高至喜、熊传薪:《中国音乐文物大系·湖南卷》,大象出版社,2006年。
衡南梨头大铙	1989年,湖南衡南县江口镇梨头村烧砖取土时发现。	西周早期	高至喜、熊传薪:《中国音乐文物大系·湖南卷》,大象出版社,2006年。

续表八

名称	来源	时代	出处
衡阳泉口大铙	1979 年，湖南衡阳县栏龙乡泉口村社员平整菜地时发现。	西周早期	衡阳县文化局　周新民：《湖南衡阳出土两件西周甬钟》，第 83 页，《文物》1985 年第 6 期。
衡阳贺家牌大铙	1989 年，湖南衡阳长安乡村民挖泥塘发现。	西周早期	高至喜、熊传薪：《中国音乐文物大系·湖南卷》，大象出版社，2006 年。
耒阳夏家山大铙	1980 年，出土于湖南耒阳市东湖乡夏家山。	西周早期	高至喜：《中国南方出土商周铜铙概论》，《湖南考古辑刊》第 2 集，岳麓书社，1984 年。
云雷纹大铙（1：3054）	征集于湖南衡阳当地	西周早期	高至喜、熊传薪：《中国音乐文物大系·湖南卷》，大象出版社，2006 年。
桃江石牛大铙	1995 年，出土于湖南桃江县石牛乡彩色水泥厂工地。	西周早期	高至喜、熊传薪：《中国音乐文物大系·湖南卷》，大象出版社，2006 年。
云雷纹大铙（25049）	湖南省博物馆收集	西周早期	高至喜：《中国南方出土商周铜铙概论》，《湖南考古辑刊》第 2 集，岳麓书社，1984 年。
云雷纹大铙（22235）	湖南省博物馆收集	西周早期	高至喜：《中国南方出土商周铜铙概论》，《湖南考古辑刊》第 2 集，岳麓书社，1984 年。
云雷纹大铙（25051）	湖南省博物馆收集	西周早期	高至喜：《中国南方出土商周铜铙概论》，《湖南考古辑刊》第 2 集，岳麓书社，1984 年。
云雷纹大铙（30892）	湖南省博物馆收集	西周早期	高至喜：《中国南方出土商周铜铙概论》，《湖南考古辑刊》第 2 集，岳麓书社，1984 年。
云雷纹大铙（25056）	湖南省博物馆收集	西周早期	高至喜：《中国南方出土商周铜铙概论》，《湖南考古辑刊》第 2 集，岳麓书社，1984 年。
钟枚式大铙（10525）	上海博物馆接管	西周早期	马承源：《中国音乐文物大系·上海卷》，第 13 页，大象出版社，1996 年。

名称	来源	时代	出处
钟枚式大铙 (55660)	上海博物馆收购	西周早期	马承源:《中国音乐文物大系·上海卷》,第14页,大象出版社,1996年。
钟枚式大铙 (7038)	上海博物馆收购,原断代为春秋时期。	西周早期	马承源:《中国音乐文物大系·上海卷》,第18页,大象出版社,1996年。
雷纹大铙 (37851)	上海博物馆征集,原断代为西周中期。	西周早期	马承源:《中国音乐文物大系·上海卷》,第20页,大象出版社,1996年。
雷纹大铙 (13965)	上海博物馆征集,原断代为西周中期。	西周早期	马承源:《中国音乐文物大系·上海卷》,第20页,大象出版社,1996年。
雷纹大铙 (10527)	上海博物馆征集,原断代为西周中期。	西周早期	马承源:《中国音乐文物大系·上海卷》,第20页,大象出版社,1996年。
连珠纹大铙 (38175)	上海博物馆征集,原断代为西周中期。	西周早期	马承源:《中国音乐文物大系·上海卷》,第21页,大象出版社,1996年。
云纹大铙 (37850)	上海博物馆收购,原断代为西周中期。	西周早期偏晚	马承源:《中国音乐文物大系·上海卷》,第21页,大象出版社,1996年。
灌阳钟山大铙	广西灌阳仁江钟山出土	西周早期	高至喜:《论中国南方商周时期铜铙的型式、演变与时代》,第29页,《商周青铜器与楚文化研究》,岳麓书社,1999年。
芝加哥美术馆藏大铙	现藏于美国芝加哥美术馆	西周早期	高至喜:《论中国南方商周时期铜铙的型式、演变与时代》,第29页,《商周青铜器与楚文化研究》,岳麓书社,1999年。
吉安印下江大铙	20世纪70年代出土于江西吉安市吉水印下江。	西周早期	李家和等:《吉安地区出土的几件铜钟》,《江西历史文物》1990年第3期。

名称	来源	时代	出处
南昌李家庄大铙	1976年,拣选自江西南昌市李家庄废旧品仓库。	西周早期	彭适凡:《中国音乐文物大系·江西卷》(待刊)。
新余罗坊大铙	1980年,出土于江西新余市罗坊乡陈家墩。	西周早期	余家栋:《介绍几件近年出土的青铜器》,《江西历史文物》1980年第3期。
新余水西大铙	1981年,出土于江西新余市水西。	西周早期	余家栋:《新余发现西周甬钟》,《江西历史文物》1981年第2期。
新余界水大铙	1962年,出土于江西新余市界水主龙山。	西周早期	陈柏泉:《新余界水调查铜钟记》,《文物工作资料》1962年2月10日(总第28期)。
安源十里埠大铙(2件)	1989年,江西萍乡市安源镇十里埠村民在山上挖土发现。	西周早期	彭适凡:《中国音乐文物大系·江西卷》(待刊)。
萍乡邓家田大铙	1984年,江西萍乡市芦溪区银河乡邓家田村民垦荒发现。	西周早期	敖有胜、肖一亭:《萍乡市又出土西周甬钟》,《江西历史文物》1985年第2期。
宜春蜈公塘大铙	1997年,出土于江西宜春慈化镇蜈公塘山坡。	西周早期	彭适凡:《中国音乐文物大系·江西卷》(待刊)。
宜春金桥大铙	1984年,江西宜春市下浦乡金桥村出土。	西周早期	彭适凡:《中国音乐文物大系·江西卷》(待刊)。
万载株潭大铙	1965年,江西万载县株潭镇村民挖茶山时发现。	西周早期	刘建、黄英豪、王炼:《万载县出土西周甬钟》,《江西历史文物》1984年第1期。
靖安梨树窝大铙	1983年,江西靖安林科所职工在山上挖地发现。	西周早期	何标瑞:《靖安县出土西周甬钟》,《江西历史文物》1993年第2期。
樟树双庆桥大铙	1979年,江西樟树市收购。据查出土于山前乡双庆桥下游冲积层中。	西周早期	黄冬梅:《清江县山前发现西周甬钟》,《江西历史文物》1981年第3期。
永新横石大铙	1995年,江西永新县高溪乡横石村村民在乌龟岭挖土时发现。	西周早期	彭适凡:《中国音乐文物大系·江西卷》(待刊)。

附表九　　　　　　西周石磬(约 114 件)一览表

名称	来源	时代	出处
胶县张家庄特磬	1965 年,出土于山东胶县张家庄乡水土站西周遗址。	西周早期	周昌福、温增源:《中国音乐文物大系·山东卷》,第 142 页,大象出版社,2001 年。
淅川下王岗特磬(2 件)	1971～1972 年,出土于河南淅川下王岗遗址。	西周早期	河南省文物考古研究所等:《淅川下王岗》,第 331 页,文物出版社,1989 年;赵世纲:《中国音乐文物大系·河南卷》,第 68 页,大象出版社,1996 年。
扶风齐镇特磬	1987 年,陕西周原博物馆于扶风齐镇村征集。	西周早期	方建军:《中国音乐文物大系·陕西卷》,第 16 页,大象出版社,1996 年。
扶风云塘特磬	1999～2000 年,出土于陕西扶风县云塘西周建筑基址。	西周早期	周原考古队:《陕西扶风县云塘西周建筑基址 1999～2000 年度发掘简报》,第 22 页,《考古》2002 年第 9 期。
张家坡 M163 编磬	1984 年,出土于陕西长安张家坡 163 号墓,同出编甬钟 3 件。	西周中期	中国社会科学院考古研究所沣西发掘队:《长安张家坡西周井叔墓发掘简报》,第 25～26 页,《考古》1986 年第 1 期。
张家坡 M157 编磬(至少 5 件)	1984 年,出土于陕西长安张家坡 157 号墓。	西周中期	中国社会科学院考古研究所沣西发掘队:《长安张家坡西周井叔墓发掘简报》,第 25～26 页,《考古》1986 年第 1 期。
随州毛家冲特磬	1995 年,湖北省随州市三里岗镇毛家冲村农民犁田时发现,后确认出自墓葬,同出石磬一件。	西周中期	王子初:《中国音乐文物大系·湖北卷》,第 75 页,大象出版社,1996 年;随州市博物馆:《湖北随州出土西周青铜镈》,第 76～77 页,《文物》1998 年第 10 期。
周原召陈乙区遗址编磬(15 件以上)	1980 年,出土于陕西扶风县周原召陈乙区西周建筑基址。	西周中晚期	罗西章:《周原出土的西周石磬》,《考古与文物》1987 年第 6 期。
周公庙编磬(2 件)	2004 年,出土于陕西岐山县周公庙遗址 18 号墓。	西周晚期	呼延思:《周公庙考古获得阶段性成果》,《西安晚报》2005 年 1 月 11 日;其时代为北京大学考古文博学院刘绪教授告知。

名称	来源	时代	出处
陕西扶风云塘石磬	1982年,陕西扶风县云塘村农民平整土地发现。	西周晚期	罗西章:《周原出土的西周石磬》,《考古与文物》1987年第6期。
晋侯苏墓编磬(18件)	1992年,出土于山西曲沃县晋侯8号墓,同出编甬钟16件。	西周晚期	北京大学考古学系、山西省考古研究所:《天马——曲村遗址北赵晋侯墓地第二次发掘》,第4~28页,《文物》1994年第1期;项阳、陶正刚:《中国音乐文物大系·山西卷》,第22、42、44页,大象出版社,2000年。
晋侯邦父墓编磬(18件)	1993年,出土于山西曲沃县北赵村晋侯64号墓,同出编甬钟8件。	西周晚期	山西省考古研究所、北京大学考古系:《天马——曲村遗址北赵晋侯墓地第四次发掘》,第4~10页,《文物》1994年第8期;项阳、陶正刚:《中国音乐文物大系·山西卷》,第48页,大象出版社,2000年。
晋侯M91编磬(近20件)	1994年,出土于山西曲沃县晋侯91号墓,同出编甬钟7件。	西周晚期	北京大学考古学系、山西省考古研究所:《天马——曲村遗址北赵晋侯墓地第五次发掘》,第37~38页,《文物》1995年第7期。
晋侯M33编磬(10余件)	1994年,出土于山西曲沃县晋侯33号墓,被盗掘。	西周晚期	北京大学考古学系、山西省考古研究所:《天马——曲村遗址北赵晋侯墓地第五次发掘》,第10~11页,《文物》1995年第7期;王世民、蒋定穗:《最近十多年来编钟的发现与研究》,第4页,《黄钟》1999年第3期。
晋侯M1编磬(2件)	1994年,出土于山西曲沃县晋侯1号墓,被盗掘。	西周晚期	北京大学考古系、山西省考古研究所:《1992年春天马——曲村遗址墓葬发掘报告》,第11~30页,《文物》1993年第3期;王世民、蒋定穗:《最近十多年来编钟的发现与研究》,第4页,《黄钟》1999年第3期。

名称	来源	时代	出处
平顶山滍阳M95编磬（4件）	1986 年，出土于河南平顶山滍阳 95 号墓中，同出编铃 9、编磬 4 件。	西周晚期	河南省文物考古研究所等：《平顶山应国墓地九十五号墓的发掘》，《华夏考古》1992 年第 3 期；王龙正：《平顶山应国墓地九十五号墓年代、墓主及相关问题》，《华夏考古》1995 年第 4 期。
宝鸡上官村编磬（全套 10 余件）	1969 年，陕西宝鸡县贾村公社上官村村民取土时发现。	西周晚期	卢连成、尹盛平：《古矢国遗址、墓地调查记》，第 48～57 页，《文物》1982 年第 2 期。方建军：《中国音乐文物大系・陕西卷》，第 18 页，大象出版社，1996 年。
岐山贺家村编磬	出土于陕西岐山贺家村	西周	方建军：《中国音乐文物大系・陕西卷》，第 184 页，大象出版社，1996 年。
长安沣西编磬	1984～1985 年，出土于陕西长安沣西。	西周	方建军：《中国音乐文物大系・陕西卷》，第 184 页，大象出版社，1996 年。

参考文献[*]

【A】

安徽省六安县文物管理所:《安徽六安县城西窑厂 2 号楚墓》,《考古》1995 年第 2 期。

安徽省文物工作队、繁昌县文化馆:《安徽繁昌出土一批春秋青铜器》,《文物》1982 年第 12 期。

安徽省文物工作队、阜阳地区博物馆、阜阳县文化局:《阜阳双古堆西汉汝阴侯墓发掘简报》,《文物》1978 年第 8 期。

安徽省文物工作队:《安徽舒城九里墩春秋墓》,《考古学报》1982 年第 2 期。

安徽省文物管理委员会、安徽省博物馆:《寿县蔡侯墓出土遗物》,科学出版社,1956 年。

安阳市文物工作队:《安阳市戚家庄东 269 号墓》,《考古学报》1991 年第 3 期。

安作璋:《山东通史·先秦卷》,山东人民出版社,1993 年。

【B】

宝鸡市博物馆:《宝鸡县西高泉村春秋秦墓发掘记》,《文物》1980 年第 9 期。

北京大学考古系、山西省考古研究所:《1992 年春天马——曲村遗址墓葬发掘报告》,《文物》1993 年第 3 期;《天马——曲村遗址

---

* 按作者姓名拼音音序及文献出版时间排序。

北赵村晋侯墓地第二次发掘》,《文物》1994 年第 1 期;《天马——曲村遗址北赵村晋侯墓地第三次发掘》,《文物》1994 年第 8 期;《天马——曲村遗址北赵村晋侯墓地第四次发掘》,《文物》1994 年第 8 期;《天马——曲村遗址北赵村晋侯墓地第五次发掘》,《文物》1995 年第 7 期。

【C】

蔡全法、马俊才:《新郑郑韩故城金城路考古取得重大成果》,《中国文物报》1994 年 1 月 2 日。

蔡运章、梁晓景、张长森:《洛阳西工 131 号战国墓》,《文物》1994 年第 7 期。

曹发展、陈国英:《咸阳地区出土青铜器》,《考古与文物》1981 年第 1 期。

曹定云:《"亚其"考》,《文物集刊》第 2 辑,1980 年;《殷代的"竹"与"孤竹"》,《华夏考古》1988 年第 3 期。

曹淑琴、殷玮璋:《早期甬钟的区、系、型研究》,《考古学文化论集》,文物出版社,1989 年。

长沙市博物馆、宁乡县文管所:《湖南宁乡老粮仓出土商代铜编铙》,《文物》1997 年第 12 期。

长兴县文化馆:《浙江长兴县的两件青铜器》,《文物》1973 年第 1 期。

常文征:《洛阳出土一组铜编钟》,《河南日报》1989 年 5 月 27 日。

陈邦怀:《克镈简介》,《文物》1972 年第 6 期;

陈汉平:《西周册命制度研究》,学林出版社,1986 年。

陈梦家:《西周铜器断代》(五),《考古学报》1956 年第 3 期;《西周铜器断代》(三),《考古学报》1956 年第 1 期。

陈佩芬:《繁卣、鼎及梁其钟铭文诠释》,《上海博物馆集刊》第 2 期;《记上海博物馆所藏越族铜器》,《上海博物馆集刊》第 4 期。

陈桥驿:《吴越文化论丛》,中华书局,1999 年。

陈荃有:《从出土乐器探索商代音乐文化的交流、演变与发展》,《中国音乐学》1999 年第 4 期;《悬钟的发生及双音钟的厘定》,《交响》2000 年第 4 期;《繁盛期青铜乐钟的编列研究》(上),《音乐艺术》2001 年第 2 期;《西周乐钟的编列探讨》,《中国音乐学》2001 年第 3 期。

陈戍国:《先秦礼制研究》,湖南教育出版社,1991 年。

陈双新:《青铜乐器自名之修饰语探论》,《音乐研究》1999 年第 4 期;《青铜钟镈起源研究》,《中国音乐学》2002 年第 2 期;《两周青铜乐器铭辞研究》,河北大学出版社,2002 年。

陈衍麟:《安徽繁昌征集的青铜器》,《东南文化》1988 年第 6 期。

陈旸:《乐书》,光绪丙子(1876)刊本。

陈应时:《中国乐律学探微》(音乐文集),上海音乐学院出版社,2004 年。

陈振裕:《中国先秦青铜钟的分区探索》,《曾侯乙编钟研究》,湖北人民出版社,1992 年。

程武:《一篇重要的法律史文献——读倗匜铭文札记》,《文物》1976 年第 5 期。

崇文:《湖北崇阳出土一件铜鼓》,《文物》1978 年第 4 期。

崔大庸等:《洛庄汉墓又出精美乐器》,《中国文物报》2000 年 10 月 11 日。

崔宪:《曾侯乙编钟钟铭校释及其律学研究》,人民音乐出版社,1997 年。

【D】

代尊德:《山西灵石县旌介村商代墓和青铜器》,《文物资料丛刊》第 3 期,文物出版社,1980 年。

戴念祖:《中国声学史》,河北教育出版社,1994 年。

邓建强、盛定国、吾宇平:《益阳出土商代铜铙》,《中国文物报》2000年9月24日。

杜廼松:《中国青铜器发展史》,紫禁城出版社,1995年。

【F】

樊维岳等:《陕西蓝田县出土商代青铜器》,《文物资料丛刊》第3集。

范文澜:《中国通史简编》(修订本第一编),人民出版社,1965年。

[南朝宋]范晔:《后汉书·礼仪下》(志第六),中华书局,1965年。

方建军:《侯家庄——1217号大墓的磬和鼓》,《交响》1988年第2期;《陕西出土西周和春秋时期甬钟的初步考察》,《交响》1989年第3期;《河南出土殷商编铙初论》,《中国音乐学》1990年第3期;《西周早期甬钟及甬钟起源探讨》,《考古与文物》,1992年第1期;《中国音乐文物大系·陕西卷》,大象出版社,1996年。

费玲伢:《淮河流域史前陶鼓的研究》,《江汉考古》2005年第2期。

冯光生:《曾侯乙编钟若干问题浅论》,《曾侯乙编钟研究》,湖北人民出版社,1992年;《周代编钟的双音技术及应用》,《中国音乐学》2002年第1期。

冯汉骥:《四山彭县出土的铜器》,《文物》1980年第12期。

冯玉辉:《衡阳博物馆收藏三件周代文物》,《文物》1980年第11期。

福建省博物馆:《福建闽侯黄土仑遗址发掘简报》,《文物》1984年第4期。

【G】

高崇文、安田喜宪:《长江流域青铜文化研究》,科学出版社,2002年。

高次若：《宝鸡市博物馆藏青铜器介绍》，《考古与文物》1991 年第 5 期。

高广仁、栾丰实：《大汶口文化》，文物出版社，2004 年。

高炜：《龙山时代的礼制》，《庆祝苏秉琦考古五十五年论文集》，文物出版社，1989 年。

高西省：《扶风发现一铜器窖藏》，《文博》1985 年第 1 期；《西周早期甬钟比较研究》，《文博》1995 年第 1 期。

高至喜、熊传薪：《中国音乐文物大系·湖南卷》，大象出版社，2006 年。

高至喜：《论湖南出土的西周铜器》，《江汉考古》1984 年第 3 期；《湖南省博物馆藏西周青铜乐器》，《湖南考古辑刊》第 2 集，岳麓书社，1984 年；《商周铜镈概说》，《中国文物报》1989 年 11 月 10 日；《甬钟探源》，《中国文物报》1991 年 3 月 24 日；《中国南方出土商周铜铙的类型与年代》，《南方文物》1993 年第 2 期；《论商周铜镈》、《论新干大洋洲商墓出土的青铜乐器》、《中国南方出土商周铜铙概论》，《商周青铜器与楚文化研究》，岳麓书社，1999 年。

固始侯古堆一号墓发掘组：《河南固始侯古堆一号墓发掘简报》，《文物》1981 年第 1 期。

故宫博物院　杜迺松等：《记各省市自治区征集文物汇报展览》，《文物》1978 年第 6 期。

顾颉刚：《周公制礼的传说和〈周官〉一书的出现》，《文史》第六辑。

郭宝钧：《一九五〇年春殷墟发掘报告》，《考古学报》第五册，1951 年；《山彪镇与琉璃阁》，科学出版社，1959 年；《商周铜器群综合研究》，文物出版社，1981 年。

郭大顺：《红山文化》，文物出版社，2005 年。

郭沫若：《甲骨文研究》，人民出版社，1952 年；《金文丛考·周官质疑》，人民出版社，1954 年；《由寿县蔡器论到蔡墓的年代》，《考

古学报》1956 年第 1 期;《两周金文辞大系图录考释》,科学出版社,
1957 年;《甲骨文合集》,中华书局,1979 年。

郭若愚:《从有关蔡侯的若干资料论寿县蔡墓蔡器的年代》,
《上海博物馆集刊——建馆三十周年特辑》,上海古籍出版社,1983
年。

【H】

韩宝强:《音乐家的音准感——与律学有关的听觉心理研究》,
《中国音乐学》1992 年第 3 期;《音的历程——现代音乐声学导论》,
中国文联出版社,2003 年。

何德亮:《大汶口文化的打击乐器——陶鼓浅析》,《东南文化》
2003 年第 7 期。

何光岳:《周源流史》,江西教育出版社,1997 年。

何驽:《湖北江陵江北农场出土商周青铜器》,《文物》1994 年第
9 期。

河北省博物馆、文物管理处:《河北藁城台西村的商代遗址》,
《考古》1973 年第 5 期。

河北省文化局文物工作队:《河北易县燕下都第十六号墓发掘
简报》,《考古学报》1965 年第 2 期。

河北省文物研究所:《燕下都》,文物出版社,1996 年。

河南博物院、台北国立历史博物馆:《新郑郑公大墓青铜器》,
大象出版社,2001 年。

河南省文物考古研究所、三门峡市文物工作队:《三门峡虢国
墓》(第一卷),文物出版社,1999 年。

河南省文物考古研究所、周口市文化局:《鹿邑太清宫长子口
墓》,中州古籍出版社,2000 年。

河南省文物考古研究所、长江流域规划办公室考古队河南分
队:《淅川下王岗》,文物出版社,1989 年。

河南省文物考古研究所、河南省丹江库区考古发掘队、淅川县

博物馆:《淅川下寺春秋楚墓》,文物出版社,1991 年。

河南省文物考古研究所:《信阳楚墓》,文物出版社,1986 年;《郑州小双桥遗址的调查与试掘》,《郑州商城考古新发现与研究》,中州古籍出版社,1993 年;《河南新郑市郑韩故城郑国祭祀遗址发掘简报》,《考古》2000 年第 2 期;《河南新郑郑韩故城东周祭祀遗址》,《文物》2005 年第 10 期。

河南省文物考古研究所等:《河南淮阳马鞍冢楚墓发掘简报》,《文物》1984 年第 10 期;《河南省叶县旧县村 1 号墓的清理》,《华夏考古》1988 年第 3 期;《淅川下王岗》,文物出版社,1989 年;《平顶山应国墓地九十五号墓》,《华夏考古》1992 年第 3 期;《三门峡上村岭虢国墓地 M2001 发掘简报》,《华夏考古》1992 年第 3 期;《平顶山应国墓地九十五号墓的发掘》,《华夏考古》1992 年第 3 期;《淅川和尚岭春秋楚墓的发掘》,《华夏考古》1992 年第 3 期。

衡阳县文化局　周新民:《湖南衡阳出土两件西周甬钟》,《文物》1985 年第 6 期。

呼林贵等:《耀县丁家沟出土西周窖藏青铜器》,《考古与文物》1986 年第 4 期。

湖北荆州博物馆:《江陵天星观 1 号楚墓》,《考古学报》1982 年第 1 期。

湖北省博物馆、随州市博物馆:《湖北随州擂鼓墩 2 号墓发掘简报》,《文物》1985 年第 1 期。

湖北省博物馆:《湖北江陵发现的楚国彩绘石编磬及其相关问题》,《考古》1972 年第 3 期。

湖南省博物馆　熊传薪:《湖南省新发现的青铜器》,《文物资料丛刊》第 5 集,文物出版社,1981 年。

湖南省博物馆　袁家荣:《湘潭青山桥出土窖藏商周青铜器》,《湖南考古辑刊》第 1 集,岳麓书社,1982 年。

湖南省博物馆:《湖南省博物馆新发现的几件铜器》,《文物》

1966 年第 4 期。

　　湖南省博物馆等:《新邵、浏阳、株洲、资兴出土商周青铜器》,《湖南考古辑刊》第 3 集,岳麓书社,1986 年。

　　华觉明、贾云福:《先秦编钟设计制作的探讨》,《自然科学史研究》第 2 卷第 1 期。

　　华觉明、王玉柱:《曾侯乙编钟冶铸技术与声学特性研究》,《曾侯乙编钟研究》,湖北人民出版社,1992 年。

　　黄崇文:《中国音乐文物大系·天津卷》,大象出版社,1996 年。

　　黄纲正等:《浏阳双峰出土商周青铜器》,《湖南文物》1986 年第 1 期。

　　黄河水库考古工作队:《1957 年河南陕县发掘简报》,《考古通讯》1958 年第 11 期。

　　黄厚明:《中国史前音乐文化区及相关问题初论》,《华夏考古》2005 年第 2 期。

　　黄锡全、于炳文:《山西晋侯墓地所出楚公逆钟铭文初释》,《考古》1995 年第 2 期。

　　黄翔鹏:《传统是一条河流》,人民音乐出版社,1990 年;《溯流探源——中国传统音乐研究》,人民音乐出版社,1993 年;《中国人的音乐与音乐学》,山东文艺出版社,1997 年;《乐问》,中央音乐学院学报社,2000 年。

　　惠民地区文物普查队、阳信县文化馆:《山东阳信城关镇西北村战国墓器物陪葬坑清理简报》,《考古》1990 年第 3 期。

【J】

　　济南市考古研究所等:《山东章丘市洛庄汉墓陪葬坑的清理》,《考古》2004 年第 8 期。

　　江藩:《乐县考》,《粤雅堂丛书》,咸丰甲寅(1854)刻本。

　　江山市博物馆　柴福有:《浙江江山出土青铜编钟》,《文物》1996 年第 6 期。

江苏省丹徒考古队:《江苏丹徒北山顶春秋墓发掘报告》,《东南文化》1988 年第 3、4 期合刊。

江苏省文物管理委员会、南京博物院:《江苏六合程桥东周墓》,《考古》1965 年第 3 期。

江西省博物馆、江西省文物考古研究所、新干县博物馆:《新干商代大墓》,文物出版社,1997 年。

姜涛:《虢国墓地的再发掘与认识》,《中国文物报》1991 年 12 月 8 日;《虢国墓地发掘又获重大发现》,《中国文物报》1992 年 2 月 2 日。

蒋定穗:《试论陕西出土的西周钟》,《考古与文物》1984 年第 5 期。

蒋廷瑜:《羊角纽铜钟初论》,《文物》1984 年第 5 期。

金文达:《中国古代音乐史》,人民音乐出版社,1994 年。

荆州地区博物馆:《湖北枝江出土一件编钟》,《文物》1974 年第 6 期。

荆州专署文教局:《钟祥县发现古代铜钟》,《文物参考资料》1959 年第 6 期。

【K】

匡瑜、姜涛:《禹县阎砦龙山遗址》,《中国考古年鉴·考古新发现》,文物出版社,1984 年。

孔义龙:《两周编钟音列研究》,中国艺术研究院 2005 届音乐学博士学位论文。

【L】

李伯谦:《中国青铜文化结构体系研究》,科学出版社,1998 年。

李朝远:《从新出青铜钟再论"堵"与"肆"》,《中国文物报》1996 年 4 月 14 日。

李纯一:《关于歌钟、行钟及蔡侯编钟》,《文物》1973 年第 7 期;《曾侯乙墓编钟的编次和乐悬》,《音乐研究》1985 年第 2 期;《先秦音乐史》，人民音乐出版社，1994年；《先秦音乐史研究的两种基本史料》，《音乐研究》1994年第3期；《中国上古出土乐器综论》，文物出版社，1996年。

李格非：《汉语大字典》（简编本），四川辞书出版社、湖北辞书出版社，1996年。

李国梁：《皖南出土的青铜器》，《文物研究》1988年第4期。

李金桥：《江底淘沙喜获古钟》，《江汉考古》1984年第3期。

李瑾：《关于〈竞钟〉年代的鉴定》，《江汉考古》1980年第2期。

李零：《宋代出土的楚王章钟》，《江汉考古》1984年第1期。

李明珠：《瑰宝重现辉县琉璃阁甲乙墓器物图集》，台北国立历史博物馆，2003年。

李学勤：《东周与秦代文明》，文物出版社，1984年；《新出青铜器研究》，文物出版社，1990年；《试论楚公逆编钟》，《文物》1995年第2期；《补论子范编钟》，《中国文物报》1995年5月28日；《晋侯苏编钟的时、地、人》，《中国文物报》1996年12月1日；《走出疑古时代》，辽宁大学出版社，1997年。

李元庆：《三晋古文化源流》，山西古籍出版社，1997年。

李曰训：《章丘女郎山考古获重大成果》，《中国文物报》1991年第20期。

梁思永、高去寻：《侯家庄》第六本《1217号大墓》，台北历史语言研究所，1968年。

梁柱：《湖北广济发现一批周代甬钟》，《江汉考古》1984年第4期。

廖平：《经话》甲编卷一，《廖平学术论著选集》（一），巴蜀书社，1989年。

林济庄：《齐鲁音乐文化源流》，齐鲁书社，1995年。

临潼县文化馆：《陕西临潼发现武王征商簋》，《文物》1977年第8期。

刘彬徽:《随州擂鼓墩二号墓青铜器初论》,《文物》1985 年第 1 期。

刘东升、袁荃猷:《中国音乐史图鉴》,中国艺术研究院音乐研究所、人民音乐出版社,1988 年。

刘怀君:《眉县出土一批西周窖藏青铜乐器》,《文博》1987 年第 2 期;刘怀君:《眉县杨家村西周窖藏青铜器的初步认识》,《考古与文物》2003 年第 3 期。

刘新红:《殷墟出土编铙的考察与研究》,中央音乐学院 2004 届音乐学硕士学位论文。

刘绪:《天马——曲村遗址晋侯墓地及相关问题》,《三晋考古》第一辑,山西人民出版社,1994 年;《晋侯邦父墓与楚公逆编钟》,《长江流域青铜文化研究》,科学出版社,2002 年。

刘一俊、冯沂:《山东郯城县二中战国墓的清理》,《考古》1996 年第 3 期。

刘一曼:《安阳殷墓青铜礼器组合的几个问题》,《考古学报》1995 年第 4 期。

刘雨:《西周金文中的祭祖礼》,《考古学报》1989 年第 4 期。

刘再生:《中国音乐的历史形态》(音乐文集),上海音乐出版社,2003 年;《中国古代音乐史简述》(修订版),人民音乐出版社,2006 年。

刘振东、谭青枝:《客死他乡的国王——南越王陵揭秘》,四川教育出版社,1996 年。

卢连成、胡智生:《宝鸡㚣国墓地》,文物出版社,1988 年。

卢连成等:《陕西宝鸡县太公庙村发现秦公钟、秦公镈》,《文物》1978 年第 11 期;《古矢国遗址、墓地调查记》,《文物》1982 年第 2 期。

罗泰:《论江西新干大洋洲出土的青铜乐器》,《江西文物》1991 年第 3 期。

罗西章:《陕西扶风县北桥出土一批西周青铜器》,《文物》1974年第 11 期;《扶风出土的商周青铜器》,《考古与文物》1980 年第 4期;《周原出土的西周石磬》,《考古与文物》1987 年第 6 期。

罗勋章:《刘家店子春秋墓琐考》,《文物》1984 年第 9 期。

罗振玉:《殷墟书契前编》,1912 年;《铁云藏龟之余》,1915 年;《殷墟书契后编》,1916 年;《贞松堂集古遗文》;《三代吉金文存》,1937 年(影印本);

洛阳市文物工作队:《洛阳西工 131 号战国墓》,《文物》1994 年第 7 期;《洛阳林校西周车马坑》,《文物》1999 年第 3 期。

【M】

马承源:《上海博物馆藏青铜器》,上海人民出版社,1964 年;《商周青铜双音钟》,《考古学报》1981 年第 1 期;《商周青铜器铭文选》,文物出版社,1988 年;《晋侯苏编钟》,《上海博物馆集刊》第七期,上海书画出版社,1996 年;《中国音乐文物大系·上海卷》,大象出版社,1996 年;《中国青铜器》,上海古籍出版社,1997 年。

马得志:《一九五三年安阳大司空村发掘报告》,《考古学报》第 9 册,1955 年。

马良民、林仙庭:《海阳县嘴子前春秋墓试析》,《考古》1996 年第 9 期。

梅正国、余为民:《湖北大冶罗桥出土商周青铜器》,《文物资料丛刊》第五辑。

缪天瑞:《律学》(第三次修订版),人民音乐出版社,1996 年。

穆海亭、朱捷元:《新发现的西周王室重器五祀卫钟》,《人文杂志》1983 年第 2 期。

【N】

南京博物院、东海县图书馆:《江苏东海庙墩遗址和墓葬》,《考古》1986 年第 12 期。

南京博物院:《江苏六合程桥 2 号东周墓》,《考古》1974 年第 2

期。

宁立新、张矿生:《交口县东周墓葬清理简报》,《山西省考古学会第二届年会论文》,1986 年。

宁乡县文管所　李乔生:《湖南宁乡出土商代大铜铙》,《文物》1997 年第 12 期。

【P】

庞文龙:《岐山县博物馆藏古代甬钟、镈钟》,《文博》1992 年第 2 期。

彭适凡:《赣江流域出土商周铜铙和甬钟概述》,《南方文物》1998 年第 1 期。

平顶山市文管会、孙清远、廖佳行:《河南平顶山发现西周甬钟》,《考古》1988 年第 5 期。

【Q】

仇士华、张长寿:《晋侯墓地 M8 的碳十四年代测定和晋侯苏钟》,《考古》1999 年第 5 期。

齐文涛:《概述近年来山东出土的商周青铜器》,《文物》1972 年第 5 期。

秦嘉谟(辑):《世本八种》,商务印书馆,1957 年。

秦孝仪:《海外遗珍》(铜器续),台北国立故宫博物院,1988 年。

秦序:《先秦编钟"双音"规律的发现与研究》,《中国音乐学》1990 年第 3 期。

裘锡圭:《也读子范编钟》,台湾《故宫文物月刊》总 149 期,1995 年;《关于子范编钟的排次及其它问题》,《中国文物报》1995 年 10 月 8 日。

青海省文物管理处考古队等:《青海柳湾》,文物出版社,1984 年。

青海省文物考古队:《青海民和阳山墓地发掘简报》,《考古》1984 年第 5 期。

曲沃县博物馆:《天马——曲村遗址青铜器介绍》,《文物季刊》1996年第3期。

【R】

任相宏:《山东长清县仙人台周代墓地及相关问题初探》,《考古》1998年第9期。

韧松:《"记陕西蓝田县新出土的应侯钟"一文补正》,《文物》1977年第8期。

韧松等:《记陕西蓝田县新出土的应侯钟》,《文物》1975年第10期。

容庚:《商周彝器通考》,哈佛燕京学社,1941年;《宋代吉金述评》(续),《学术研究》1964年第1期。

阮元(校刻):《尚书正义》、《毛诗正义》、《周礼注疏》、《仪礼注疏》、《礼记正义》、《春秋左传正义》、《论语注疏》,中华书局,1980年。

【S】

山东大学考古系:《山东长清县仙人台周代墓地》,《考古》1998年第9期。

山东大学历史文化学院考古系:《长清仙人台五号墓发掘简报》,《文物》1998年第9期。

山东大学历史系考古教研室:《泗水尹家城》,文物出版社,1990年。

山东省博物馆、临沂地区文物组、莒南县文化馆:《莒南大店春秋时期莒国殉人墓》,《考古学报》1978年第3期。

山东省博物馆、山东省考古研究所:《邹县野店》,文物出版社,1985年。

山东省博物馆:《山东博物馆藏品选》,山东友谊书社,1991年。

山东省文物管理处、济南市博物馆:《大汶口》,文物出版社,1974年。

山东省文物考古研究所、青州市博物馆：《青州市苏埠屯商代墓地发掘报告》，《海岱考古》第一辑。

山东省文物考古研究所、沂水县文物管理站：《山东沂水刘家店子春秋墓发掘简报》，《文物》1984年第9期。

山东省文物考古研究所：《大汶口续集——大汶口遗址第二、三次发掘报告》，科学出版社，1997年。

山东省文物考古研究所：《山东淄博市临淄区淄河店二号战国墓》，《考古》2000年第10期。

山东省兖石铁路文物考古工作队：《临沂凤凰岭东周墓》，齐鲁书社，1987年。

山东诸城县博物馆：《山东臧家庄与葛布口村战国墓》，《文物》1987年第12期。

山西省考古所：《万荣庙前东周墓葬发掘收获》，《三晋考古》第一辑，山西人民出版社，1994年。

山西省考古研究所、山西省晋东南地区文化局：《山西潞城县潞河战国墓》，《文物》1986年第6期。

山西省考古研究所、太原市文物管理委员会：《太原金胜村251号春秋大墓及车马坑发掘简报》，《文物》1989年第9期。

山西省考古研究所：《侯马铸铜遗址》，文物出版社，1993年；《上马墓地》，文物出版社，1994年；《侯马陶范艺术》，美国普林斯敦大学出版社，1996年。

山西省考古研究所等：《山西灵石旌介村商墓》，《文物》1986年第11期；《太原晋国赵卿墓》，文物出版社，1996年。

山西省文物工作委员会、洪洞文化馆：《山西洪洞永凝堡西周墓葬》，《文物》1987年第2期。

山西省文物工作委员会晋东南工作组、长治市博物馆：《长治分水岭269、270号东周墓》，《考古学报》1974年第2期。

山西省文物管理委员会、山西省考古研究所：《山西长治分水岭战国墓第二次发掘》,《考古》1964年第3期。

山西省文物管理委员会侯马工作站:《山西侯马上马村东周墓葬》,《考古》1963年第5期。

陕西省博物馆、陕西省文物管理委员会:《陕西省博物馆、陕西省文物管理委员会藏青铜器图释》(唐兰《叙言》),文物出版社,1960年。

陕西省博物馆等:《扶风齐家村青铜器群》,文物出版社,1963年。

陕西省考古研究所等:《陕西出土商周青铜器》(二),文物出版社,1980年;《陕西出土商周青铜器》(三),文物出版社,1984年。

陕西省文物管理委员会:《长安普渡村西周墓的发掘》,《考古学报》1957年第1期。

陕西周原考古队:《陕西扶风庄白一号西周青铜器窖藏发掘简报》,《文物》1978年第3期。

商承祚:《殷契佚存》,金陵大学中国文化研究所丛刊甲种,1933年。

沈文倬:《宗周礼乐文明考论》,浙江大学出版社,1999年。

盛张:《岐山新出㝬匜若干问题探索》,《文物》1976年第6期。

施劲松:《长江流域青铜器研究》,文物出版社,2003年。

石志廉:《西周虎鸟纹铜钟》,《文物》1960年第10期。

[西汉]司马迁:《史记·五帝本纪》(卷一)、《史记·齐太公世家》(卷三十二)、《史记·孔子世家》(卷四十七),中华书局,1959年。

随县博物馆:《湖北随县城郊发现春秋墓葬和铜器》,《文物》1980年第1期。

孙华:《关于晋侯𫛢组墓的几个问题》,《文物》1995年第9期;《晋侯樵/斯组墓的几个问题》,《文物》1997年第8期。

孙清远、廖佳行:《河南平顶山发现西周甬钟》,《考古》1988年第 5 期。

孙诒让:《周礼正义》,中华书局,1987 年。

【T】

唐兰:《古乐器小记》,《燕京学报》第 14 期;《西周铜器断代中的"康官"问题》,《考古学报》1962 年第 1 期;《陕西省岐山县董家村新出西周重要铜器铭辞的译文和注释》,《文物》1976 年第 5 期;《中国青铜器的起源与发展》,《故宫博物院院刊》1979 年第 1 期;《论大汶口文化中的陶温器》,《故宫博物院院刊》1979 年第 2 期;《唐兰先生金文论集》,紫禁城出版社,1995 年。

台湾国立历史博物馆:《中国古代铜器》,台湾国立历史博物馆,1987 年。

陶富海:《山西襄汾大崮堆山发现新石器时代石磬坯》,《考古》1988 年第 12 期;《山西襄汾大崮堆山石器制造场的新材料及其再研究》,《考古》1991 年第 1 期。

天津市文化局文物组:《天津新收集的商周青铜器》,《文物》1964 年第 9 期。

【W】

王滨、贾志强:《五台县阳白遗址龙山特磬及相关问题》,《中国音乐学》1991 年第 4 期。

王彩梅:《燕国简史》,紫禁城出版社,2001 年。

王恩田:《晋侯苏钟与周宣王东征伐鲁——兼说周、晋纪年》,《中国文物报》1996 年 9 月 8 日;《鹿邑太清宫西周大墓与微子封启》,《中原文物》2002 年第 4 期。

王光祈(冯文慈、俞玉滋选注):《王光祈音乐论著选集》(上、中、下),人民音乐出版社,1993 年。

王国维:《释乐次》、《汉南吕编磬跋》、《古磬跋》,《观堂集林》(卷二、别集卷二),中华书局,1959 年。

王海文:《乐钟综述》,《故宫博物院院刊》1980 年第 4 期。

王龙正:《平顶山应国墓地九十五号墓年代、墓主及相关问题》,《华夏考古》1995年第4期。

[宋]王厚之:《钟鼎款识》,中华书局,1985年。

王清雷:《章丘洛庄汉墓乐器鉴定工作纪实》,《音乐研究》2001年第1期;《从山东音乐考古发现看西周乐悬制度的演变》,《中国音乐学》2004年第2期;《章丘洛庄编钟刍议》,《文物》2005年第1期;《山东地区两周编钟的初步研究》,《文物》2006年第12期。

王士伦:《记浙江发现的铜铙、釉陶钟和越王石矛》,《考古》1965年第5期。

王世民、蒋定穗:《最近十多年来编钟的发现与研究》,《黄钟》1999年第3期。

王世民、李学勤、陈久金、张闻玉、张培瑜、高至喜、裘锡圭:《晋侯苏钟笔谈》,《文物》1997年第3期。

王世民:《陕县后川2040号墓的年代问题》,《考古》1959年第5期;《西周暨战国时代编钟铭文的排列形式》,《中国考古学研究》(夏鼐先生考古五十年纪念论文集),1986年;《关于西周春秋高级贵族礼器制度的一些看法》,《文物与考古论集》,文物出版社,1986年;《春秋战国葬制中乐器和礼器的组合状况》,《曾侯乙编钟研究》,湖北人民出版社,1992年。

王献本、高西省:《初论江西新干大墓出土的三件镈》,《华夏考古》1998年第3期。

王学理、梁云:《秦文化》,文物出版社,2003年。

王宇信、张永山、杨升南:《试论殷墟五号墓的"妇好"》,《考古学报》1977年第2期。

王占奎:《周宣王纪年与晋献侯墓考辨》,《中国文物报》1996年7月7日;《晋侯苏编钟年代初探》,《中国文物报》1996年12月22日。

王震中:《中国文明起源的比较研究》,陕西人民出版社,1998

年。

王子初:《中国音乐文物大系·湖北卷》,大象出版社,1996 年;《中国音乐文物大系·江苏卷》,大象出版社,1996 年;《音乐考古学的研究对象和相关学科》,《中国音乐学》2001 年第 1 期;《中国音乐考古学》,福建教育出版社,2003 年;《残钟录》(音乐文集),上海音乐学院出版社,2004 年。

卫斯:《平陆县前庄商代遗址出土文物》,《文物季刊》1992 年第1 期。

魏建震:《商代墓道初探》,2004 会议论文。

吴镇烽等:《陕西省扶风县强家村出土的西周铜器》,《文物》1975 年第 8 期。

武汉市博物馆、湖北省文物考古研究所、黄陂县文物管理所:《1997～1998 年盘龙城发掘简报》,《江汉考古》1998 年第 3 期。

武汉音乐学院编钟古乐器研究陈列室、随州市博物馆:《擂鼓墩二号墓编钟及其音律测试》,《黄钟》1988 年第 4 期。

【X】

西安市文物管理处:《陕西长安新旺村、马王村出土的西周铜器》,《考古》1974 年第 1 期。

夏商周断代工程专家组:《夏商周断代工程 1996～2000 年阶段成果报告(简本)》,世界图书出版公司,2000 年。

咸博:《湖北省阳新县出土两件青铜铙》,《文物》1981 年第 1期。

项阳、陶正刚:《中国音乐文物大系·山西卷》,大象出版社,2000 年。

萧亢达:《南越王墓出土的乐器》,《西汉南越王墓文物特展图录》,台北国立历史博物馆,1998 年。

肖友梅:《17 世纪以前中国管弦乐队的历史的研究》,《音乐艺术》1989 年第 2～4 期。

熊卜发、刘志升:《大悟发现编钟等铜器》,《江汉考古》1980年第2期。

熊建华:《湖南省博物馆新征集的西周齿纹铜铙》,《湖南省博物馆文集》,岳麓书社,1991年。

修海林:《周代雅乐审美观》,《音乐研究》1991年第1期。

徐良高:《文化因素定性分析与"青铜礼器文化圈"研究》,《中国商文化国际学术讨论会论文集》,中国大百科全书出版社,1998年;《中国民族文化源新探》,社会科学文献出版社,1999年。

徐艺、孟华平:《中国礼乐文明之源——以史前乐舞遗存为例》,《东南文化》2003年第7期。

徐元诰(王树民、沈长云点校):《国语集解》,中华书局,2002年。

徐中舒:《四山彭县滢阳镇出土的殷代二觯》,《文物》1982年第6期。

徐州市博物馆、南京大学历史系考古专业:《徐州北洞山西汉墓发掘简报》,《文物》1988年第2期。

许敬参:《编钟编磬说》,《河南省博物馆馆刊》第九集,民国二十六年。

许倬云:《西周史》,三联书店,1994年。

【Y】

烟台市文物管理委员会、海阳市博物馆:《山东海阳县嘴子前春秋墓的发掘》,《考古》1996年第9期。

烟台市文物管理委员会:《山东蓬莱县柳格庄墓群发掘简报》,《考古》1990年第9期。

严文明:《我与考古学》,《走向21世纪的考古学》,三秦出版社,1997年。

杨宝成、刘森森:《商周方鼎初论》,《考古》1991年第6期。

杨宝顺:《温县出土的商代铜器》,《文物》1975年第2期。

杨伯峻:《论语译注》,中华书局,1980年;《春秋左传注》,中华书局,1990年。

杨华:《先秦礼乐文化》,湖北教育出版社,1997年。

杨锦新:《武昌县发现西周甬钟》,《江汉考古》1982年第2期。

杨宽:《西周史》,上海人民出版社,1999年。

杨匡民:《曾侯乙编钟音列及其他》,《曾侯乙编钟研究》,湖北人民出版社,1992年。

杨权喜:《楚文化》,文物出版社,2000年。

杨锡璋:《商代的墓地制度》,《考古》1983年第10期。

杨向奎:《周礼在齐论》,《管子学刊》1988年第3期;《宗周社会与礼乐文明》,人民出版社,1997年。

杨晓鲁:《中国音乐与传统礼仪文化》,吉林教育出版社,1994年。

杨荫浏:《中国音乐史纲》,万叶书店,1952年;《信阳出土春秋编钟的音律》,《文物参考资料》1958年第1辑;《中国古代音乐史稿》,人民音乐出版社,1981年。

杨志玖:《中国古代官制讲座》,中华书局,1992年。

姚孝遂:《小屯南地甲骨》,中华书局,1980年。

益阳地区博物馆　盛定国等:《宁乡月山铺发现商代的铜铙》,《文物》1986年第2期。

殷玮璋、曹淑琴:《长江流域早期甬钟的形态学分析》,《文物与考古论集》,文物出版社,1986年。

殷之彝:《山东益都苏埠屯墓地和"亚醜"铜器》,《考古学报》1977年第2期。

印群:《黄河中下游地区的东周墓葬制度》,社会科学文献出版社,2001年。

于省吾:《双剑誃古器物图录》,1940年(影印本)。

于弢:《中国古钟史话》,中国旅游出版社,1999年。

俞静安:《大克鼎铭文之研究》,《山西师范学院学报》1957年第1期。

俞伟超、高明:《周代用鼎制度研究》(上),《北京大学学报》1978年第1期;《周代用鼎制度研究》(中),《北京大学学报》1978年第2期;《周代用鼎制度研究》(下),《北京大学学报》1979年第1期。

袁珂(校译):《山海经·海内经》,上海古籍出版社,1985年。

袁荃猷:《中国音乐文物大系·北京卷》,大象出版社,1996年。

【Z】

《中国考古文物之美·岭南西汉文物宝库·广州南越王墓》,文物出版社、台湾光复出版社,1994年。

朝日新闻社　大田信男:《东洋美术》(第五卷·铜器),朝日新闻社,昭和四十三年。

曾永义:《礼仪乐器考》,中国东亚学术研究计划委员会年报第六期抽印本,1967年(台北)。

张长寿:《论井叔铜器——1983～1986年沣西发掘资料之二》,《文物》1990年第7期。

张典维:《湖北长阳出土一批青铜器》,《考古》1980年第4期。

张光远:《故宫新藏春秋晋文称霸"子范和钟"初释》,《故宫文物月刊》(台湾)总145期(1995年4月);《春秋晋国子范和钟的排次》,《中国文物报》1995年8月6日;《子范编钟的排次及补释》,《故宫文物月刊》(台湾)总150期(1995年9月)。

张光直:《中国青铜时代》,三联书店,1990年。

张国茂:《安徽铜陵地区先秦青铜文化简论》,《东南文化》1991年第2期。

张立东、任飞:《手铲释天书——与夏文化探索者的对话》,大象出版社,2001年。

张辛:《玉器礼义论要》,《中国历史文物》2003年第6期。

张新民:《湖北省秭归县发现周代甬钟》,《江汉考古》1988 年第 4 期。

张亚初、刘雨:《西周金文官制研究》,中华书局,1986 年。

张亚初:《论楚公蒙钟和楚公逆镈的年代》,《江汉考古》1984 年第 4 期。

张振涛:《笙管音位的乐律学研究》,山东文艺出版社,2002 年。

赵丛苍:《介绍一组青铜钟、铃》,《文博》1988 年第 3 期。

赵康民:《临潼零口再次发现西周铜器》,《考古与文物》1983 年第 3 期。

赵青云、赵世纲:《1958 年春河南安阳大司空村殷代墓葬发掘简报》,《考古通讯》1958 年第 10 期。

赵世纲:《中国音乐文物大系·河南卷》,大象出版社,1996 年。

赵一新:《浙江磐安深泽出土一件云纹铙》,《考古》1987 年第 8 期。

浙江省博物馆　张翔:《浙江萧山杜家村出土西周甬钟》,《文物》1985 年第 4 期。

浙江省文物管理委员会:《浙江长兴县出土的两件铜器》,《文物》1960 年第 7 期。

浙江省文物考古研究所:《浙江考古精华》,文物出版社,1999 年。

郑同修、隋裕仁:《山东威海市发现周代墓葬》,《考古》1995 年第 1 期。

郑州市博物馆:《郑州大河村遗址发掘报告》,《考古学报》1979 年第 3 期。

中共安徽休宁县屯光区委会　胡文:《安徽屯溪弈棋又出土大批西周珍贵文物》,《文物》1965 年第 6 期。

中国科学院考古研究所:《上村岭虢国墓地》,科学出版社,1959 年。

中国科学院考古研究所安阳发掘队:《殷墟出土的陶水管和石磬》,《考古》1976年第1期。

中国社会科学院考古研究所　中国历史博物馆　山西省考古研究所:《夏县东下冯》,文物出版社,1988年。

中国社会科学院考古研究所:《殷墟妇好墓》,文物出版社,1980年;《殷周金文集成》(一),中华书局,1984年;《殷周金文集成》(二),中华书局,1988年;《武功发掘报告》,文物出版社,1988年;《张家坡西周墓地》,中国大百科全书出版社,1999年。

中国社会科学院考古研究所安阳工作队:《安阳殷墟五号墓的发掘》,《考古学报》1977年第2期;《1969～1977年殷墟西区墓葬发掘报告》,《考古学报》1979年第1期;《安阳大司空村东南的一座墓》,《考古》1988年第10期;《安阳郭家庄160号墓》,《考古》1990年第5期;《1980年河南安阳大司空村M539发掘简报》,《考古》1992年第6期。

中国社会科学院考古研究所二里头工作队:《偃师二里头遗址新发现的铜器和玉器》,《考古》1976年第4期。

中国社会科学院考古研究所沣西发掘队:《长安张家坡西周井叔墓发掘简报》,《考古》1986年第1期。

中国社会科学院考古研究所山东工作队:《山东临朐朱封龙山文化墓葬》,《考古》1990年第7期;《滕州前掌大商代墓葬》,《考古学报》1992年第3期。

中国社会科学院考古研究所山西工作队、临汾地区文化局:《山西襄汾县陶寺遗址发掘简报》,《考古》1980年第1期;《1978～1980年山西襄汾陶寺墓地发掘简报》,《考古》1983年第1期。

中国艺术研究院音乐研究所、《中国音乐词典》编辑部:《中国音乐词典》,人民音乐出版社,1985年。

中央音乐学院民族音乐研究所调查组:《信阳战国墓出土乐器初步调查记》,《文物参考资料》1958年第1辑。

中央音乐学院中国音乐研究所等:《中国古代乐论选辑》,中央音乐学院中国音乐研究所,1961年。

周昌富、温增源:《中国音乐文物大系·山东卷》,大象出版社,2001年。

周到、刘东亚:《1957年秋安阳高楼庄殷代遗址发掘》,《考古》1963年第4期。

周文:《新出土的几件西周青铜器》,《文物》1972年第7期。

周原考古队:《陕西县云塘、西周建筑基址1999～2000年度发掘简报》,《考古》2002年第9期。

朱凤瀚:《古代中国青铜器》,南开大学出版社,1995年。

朱家溍:《国宝》,商务印书馆香港分馆,1983年。

朱启新:《关于子范编钟的讨论》,《中国文物报》1995年12月31日。

朱文玮、吕琪昌:《先秦乐钟之研究》,台湾南天书局,1994年。

淄博市博物馆、齐故城博物馆:《临淄商王墓地》,齐鲁书社,1997年。

邹安:《周金文存》(卷一),1916年。

邹昌林:《中国礼文化》,社会科学文献出版社,2000年。

后　记

　　拙作是在我的中国艺术研究院博士学位论文基础上,稍作修改而成。

　　书稿即将付梓,心里感慨颇多。不知不觉间,我赴北京求学、工作已近九年。

　　1998 年的夏天,因为前一年的一次车祸,身体还没有康复,暂时不能上班。为了让有限的光阴不再虚度,我从济南来到北京求学,参加了中国艺术研究院研究生部的研究生课程班。在这里,我第一次接触到了一个全新的领域;第一次认识了许多全国的知名专家。他们渊博的知识,特别是平易近人、虚怀若谷的精神深深打动了我。翌年,我有幸被研究生部录取为 1999 级硕士研究生。更为幸运的是,得以追随授业恩师王子初先生,开始了一个全新的学科——音乐考古学的研究。三年之后,我留院工作,成为音乐研究所的一名研究人员。2003 年我再次踏进研究生院的大门,攻读博士学位。记得刚上硕士的时候,音乐考古学,对于我这样一个原来主修钢琴的学生来说,完全是一穷二白。"实践出真知",在攻读硕士学位期间,我跟随业师参与了国家重点科研项目《中国音乐文物大系》的编撰工作,曾亲自考察过数百件编钟,并参与了章丘洛庄编钟的鉴定工作。在博士的学习过程中,作为《中国音乐文物大系·内蒙古卷》的副主编,参与了内蒙古卷的全部编撰工作。从这些考察实践中,使我对书本上的一些知识有了更为深刻、更为透彻的理解,并学到了很多书本上没有的知识,使我在学术水平上迅速提升。每当我有不懂的问题向业师请教,他从来不直接告诉我答案,只是指点迷津,然后由我自己去寻求问题的结果。当时我心里还有些不高兴,认为为什么不能直接告诉我呢? 自己去查找多浪费时间? 但是随着时间的推移,我渐渐明白了业师的一片苦心,他是在刻意培养我独立学习与科研的能力,是"授之以渔",而不是"授之以鱼"。当时愚钝的我竟然没有领会,真是惭愧。回顾这些年来的学习历程,正是业师的这种做法,才促使我在音乐考古学研究方面渐入佳境。在外出的考察工作中,业师考虑到我的腿伤,总是扛最重的行李。在平时的学习中,业师也总是提醒我注意保护好自己的身体,这让我一直感动不已。由于我的家境贫寒,业师一直在生活上无微不至地关心着我。至于博士论文,从选题到动笔,从修改到定稿,无不凝聚着业师的拳拳苦心和滴滴血汗。可以说,没有恩师对我的谆谆教诲和无私资助,就没有今天的我。此外,业师在百忙之中又为本书拨冗赐序。在此,我首先向我的授业恩师王子初先生致以崇高的敬意和诚挚的感谢!

音乐考古学是音乐学与考古学的交叉学科。在硕士和博士学习期间,我曾到北京大学考古文博学院跟随李伯谦教授和刘绪教授主修一些考古学的课程,使我的知识结构得到进一步完善。尤其是我的博士副导师刘绪教授,从我的选题、论文提纲,一直到论文的最终完成,刘先生始终给予悉心的指导。在初稿完成后,刘先生通读全文,逐句审阅,提出了许多宝贵的建设性意见,为本文的完成提供了重要保证。同时,秦序研究员、张振涛研究员、项阳研究员、李岩副研究员、苗建华教授、修海林教授等诸位先生从不同角度,均对本文提出过许多富有启发性的意见,开拓了我的思路,使论文的结构和内容逐步完善。在此,我向以上几位老师均表示深深的谢意!

在北京求学的日子里,乔建中研究员、伍国栋研究员、栾桂娟研究员、薛艺兵研究员、张振涛研究员、项阳研究员、崔宪研究员、萧梅研究员、国欣副所长、缪也先生、王芸女士、顾伯宝先生以及山东师范大学的刘再生教授等诸位师长曾给予我精神上的鼓励和师长般的关爱,使我在举目无亲的北京常能感受到亲人般的温暖。在此,我向他们致以衷心的感谢!

在我的学习过程中,研究生院的张晓凌院长、姜维康书记、吴非女士均给予了很多的关心和照顾,在此深表谢意!图书馆的李久玲女士、史婕女士、毕建玲女士、张蕾女士、徐丽荣女士在我查阅资料方面提供了积极热诚的帮助;各位同窗好友,如班丽霞、冯长春、程敏、裴培、张天彤、孔义龙、武爱文等等,也给予我许多的鼓励和关心,在此一并致谢!

在来北京求学之前,有许多老师多年来曾给予我精神的鼓励、心灵的安慰和无私的资助。在我人生的道路上,他们中的一些人曾给予我至为重要的影响。如德州师范学院音乐系的丁键教授、张国庆教授,德州二中的秦凤岚老师,山东大学音乐学院的侯康为教授,山东师范大学音乐学院的陈一鸣教授、宋莉莉教授,曲阜师范大学音乐学院的王福生教授等等。一直到现在,他们仍然一如既往地关心着我。这些贵人对我的无私关怀和眷顾,我将永生铭刻在心!

我还要感谢我的父亲、母亲、岳父、岳母以及妻子。他们给予我生活上的关爱和精神上的鼓励是我学习、工作的源泉和动力。

最后,再次向所有曾经给予我热情帮助的领导、老师、朋友和家人,表示诚挚的谢意,并致以深深的祝福!同时,作者诚望学界师长、同仁不吝珠玉,对拙作多提宝贵意见!

王清雷

2006 年 2 月初稿

2007 年 1 月修改于北京天通苑

责任编辑:李缙云

责任印制:梁秋卉

图书在版编目(CIP)数据

西周乐悬制度的音乐考古学研究/王清雷著.—北京:
文物出版社,2007.5
ISBN 978－7－5010－2127－7

Ⅰ.西… Ⅱ.王… Ⅲ.礼乐—考古学—研究
—中国—西周时代 Ⅳ.K892.9

中国版本图书馆 CIP 数据核字(2007)第 022398 号

西周乐悬制度的音乐考古学研究

王清雷 著

文物出版社出版发行

(北京东直门内北小街 2 号楼 100007)

http://www.wenwu.com

E-mail:web@wenwu.com

北京圣彩虹制版印刷技术有限公司印刷

新 华 书 店 经 销

850×1168 1/32 印张:9.25

2007 年 5 月第 1 版 2007 年 5 月第 1 次印刷

ISBN 978－7－5010－2127－7 定价:28.00 元